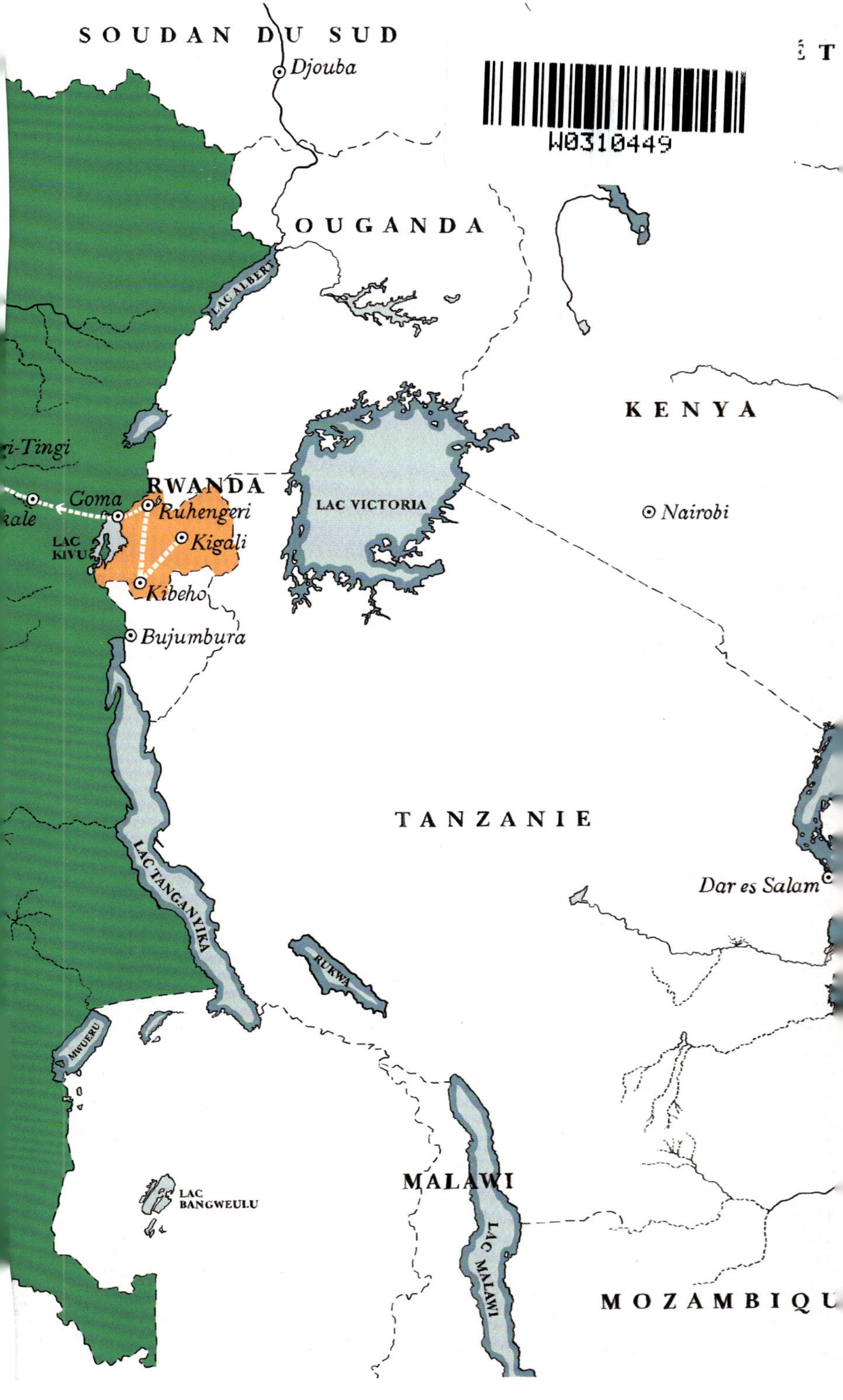
SOUDAN DU SUD
Djouba
OUGANDA
LAC ALBERT
KENYA
i-Tingi
RWANDA
Goma
kale
Ruhengeri
Kigali
LAC KIVU
Kibeho
Bujumbura
LAC VICTORIA
Nairobi
TANZANIE
Dar es Salam
LAC TANGANYIKA
RUKWA
MWERU
LAC BANGWEULU
MALAWI
LAC MALAWI
MOZAMBIQU
É T

W0310449

LA TRAVERSÉE

Du même auteur

- *L'Inavouable. La France au Rwanda*, Les Arènes, 2004
- *Complices de l'inavouable. La France au Rwanda*, Les Arènes, 2009
- *La Fantaisie des dieux. Rwanda 1994*, avec Hippolyte, Les Arènes BD, 2014

© Les Arènes, Paris, 2021
Tous droits réservés pour tous pays.

Les Arènes,
17-19, rue Visconti, 75006 Paris
Tél. 01 42 17 47 80
arenes@arenes.fr
www.arenes.fr

«On croit aisément
ce que l'on a besoin de croire.»

Marc Bloch dans *Réflexions d'un historien sur les formes nouvelles de la guerre*

PATRICK DE SAINT-EXUPÉRY

LA TRAVERSÉE

LES ARÈNES REPORTERS

AVANT-PROPOS

Ils étaient une poignée, à l'Élysée et à l'état-major. Ils avaient engagé notre pays au Rwanda. Ils parlaient d'un crime qui venait de s'accomplir. Un crime embarrassant pour eux. Huit cent mille morts en cent jours, entre avril et juin 1994. Sur mille collines rendues au silence.

Ils voulaient, disaient-ils, sauver l'honneur de la France. Dans une note à l'attention de la presse, diffusée quatre mois après le génocide, l'Élysée expliqua sa position : « Il n'y avait donc pas les bons et les méchants, les massacreurs et les libérateurs, cette vision manichéenne au nom de laquelle on a indignement caricaturé l'action de la France[1]. » Ni victimes ni coupables donc. Ou tous victimes et tous coupables. C'était au choix.

Ainsi débuta le déni.

Le président François Mitterrand confirma peu après la doctrine officielle au sommet France-Afrique

1. Note de l'Élysée diffusée à la presse le 28 octobre 1994.

de Biarritz[2]. Oui, il venait de se produire au Rwanda « un génocide », concéda-t-il. Mais lequel : « Celui des Hutu contre les Tutsi ? Ou celui des Tutsi contre les Hutu ? [...] Le génocide s'est-il arrêté après la victoire des Tutsi ? Je m'interroge... »

La justice internationale lui répondit et établit qu'il s'était produit un génocide « au-delà de tout doute possible » au Rwanda : celui des Tutsi. En France, les responsables politiques et les éditorialistes admirent le fait, sans pour autant désavouer la ligne tracée par l'Élysée selon laquelle il n'y avait ni massacreurs ni libérateurs. En fait, personne ou presque n'y comprenait rien. Dans la confusion, le déni prospéra, muta, se développa comme une tumeur.

Quelques années plus tard, des informations contradictoires arrivèrent selon lesquelles un deuxième génocide aurait eu lieu, cette fois-ci contre les réfugiés hutu au Congo, l'immense voisin du petit Rwanda. Pour les promoteurs de l'action de la France au Rwanda, il n'y eut pas de doute possible. C'était la preuve – a posteriori – qu'il n'y avait eu en 1994 ni victimes ni coupables, ou que des victimes et des coupables. C'est selon.

2. Le dix-huitième sommet France-Afrique s'est tenu à Biarritz du 7 au 8 novembre 1994.

C'est ainsi que persiste le déni, vingt-cinq ans après.

*

J'ai longtemps refusé de me confronter à la thèse du second génocide.

Envoyé spécial au Rwanda pour *Le Figaro*, j'avais *vu* le génocide des Tutsi. Cette première image restait ancrée en moi avec une perfection minérale. « Un génocide sous sa forme la plus pure », nota l'historien Raul Hilberg[3]. Les questions posées par l'engagement de mon pays aux côtés des tueurs me taraudaient. Qu'un autre crime se soit produit après n'y changeait rien.

La deuxième image, celle d'un supposé génocide des réfugiés hutu dans les forêts du Congo, n'arrivait pas à s'imprimer en moi. Ses promoteurs la posaient en miroir de la première, ce qui la rendait étrangement irréelle. Elle reproduisait nombre de caractéristiques du génocide des Tutsi, mais à l'envers : le même crime, dans un autre cadre et avec des acteurs qui auraient échangé leurs rôles. L'une se voulait réplique de l'autre. L'histoire se

3. Les dernières pages de son œuvre majeure, *La Destruction des juifs d'Europe* (édition définitive en 2006, Gallimard, « Folio histoire »), sont consacrées au génocide des Tutsi du Rwanda.

réduisait-elle à «une fable contée par un idiot, pleine de bruit et de fureur, et qui ne signifie rien[4]»?

Il existe à la radio ce qu'on appelle l'«effet Larsen», caractérisé par un insupportable sifflement. Cet effet Larsen apparaît lorsque le son se trouve piégé dans une boucle dite «rétroactive». À peine émis, il est aussitôt renvoyé pour être réémis légèrement décalé. Le son originel et le son-écho se superposent, provoquant l'insupportable sifflement.

Ce sifflement, je l'ai éprouvé dès le premier jour au Rwanda. Il était extrêmement désagréable, il m'accompagne encore. Il m'a fallu du temps pour comprendre que j'étais piégé dans une boucle à effet Larsen, dans une histoire qui se referme sur elle-même comme une trappe vous avale.

Avant le génocide, les extrémistes hutu avaient annoncé leur projet d'extermination des Tutsi en le justifiant au nom d'une menace qui pèserait sur la communauté hutu.

Pendant le génocide, alors que le crime s'accomplissait, ces mêmes extrémistes ont renforcé la boucle qu'ils avaient mise en place: nous tuons, disaient-ils, pour ne pas être tués par les Tutsi, dont nous pensons qu'ils veulent nous tuer.

Après le génocide, les extrémistes défaits et réfugiés au Congo réfutèrent le crime qu'ils avaient commis: il

4. William Shakespeare, *Macbeth*.

ne s'est pas produit ce que vous croyez, il y eut bien un génocide mais c'était le nôtre, celui des Hutu, nous sommes les seules victimes, les vraies.

Au Rwanda, les rescapés étaient hébétés. Sur les collines tapissées de morts, la défiance entre les vivants était extrême. Certains avaient tué, d'autres avaient vu les assassins. Il y avait des règlements de compte, des vengeances, des coups de sang. Combien ? On ne savait pas précisément. Des rumeurs circulaient, reprises par les extrémistes hutu, de l'autre côté de la frontière, au Congo, qui s'en repaissaient et les gonflaient.

De leur refuge, les extrémistes répétaient en boucle : ces Tutsi que vous prenez pour des victimes, ils ne sont pas innocents, ils continuent à nous menacer, nous qui avons dû fuir, nous qui sommes réduits à la faim et à la soif, nous qui pleurons les nôtres restés au pays, où ils subissent la loi de vainqueurs occupés à parfaire leur crime. La parole des tueurs se dupliquait sans fin.

Quinze mois après leur fuite hors du Rwanda, les artisans du génocide furent attaqués dans leurs places fortes congolaises. Voilà la preuve, crièrent-ils en s'enfuyant. Le deuxième génocide, celui que nous vous annoncions depuis le premier jour, est arrivé. Enfin.

L'effet Larsen, intense, brouille l'entendement.

*

Rembobinons encore le temps, longtemps en arrière.

Présents dans plusieurs pays de la région des Grands Lacs, les Tutsi constituent 20 % de la population du Rwanda, tandis que les Hutu, présents également dans plusieurs pays alentour, forment les 80 % restants. Génétiquement, rien ne distingue les Tutsi des Hutu. Ils parlent la même langue, vivent de la même manière.

Au Rwanda, dernier pays d'Afrique à avoir été colonisé, les Allemands puis les Belges exacerbèrent la différence entre Tutsi et Hutu ; elle permettait de diviser pour mieux régner ; en donnant du pouvoir à la « minorité » tutsi, les colons belges s'assuraient des fidélités. Quand vinrent l'indépendance et la fin de l'Empire belge, la jeune République rwandaise fut proclamée, en 1961, à l'issue d'une révolution « sociale » menée au nom du « peuple majoritaire », les Hutu. L'esprit de revanche du nouveau pouvoir provoqua une première vague d'exil de Tutsi.

Dès 1964, un groupe d'exilés tente un retour en force au Rwanda. En représailles, dix mille Tutsi sont tués dans tout le pays et le premier président de la jeune « République hutu », Grégoire Kayibanda, adresse alors un « message aux réfugiés[5] » à l'étranger.

5. « Message du président Grégoire Kayibanda aux réfugiés rwandais », publié dans *Rwanda Carrefour d'Afrique*, n° 31, mars 1964.

« Qui est génocide[6] ? » interroge à cinq reprises Grégoire Kayibanda. Le mot « génocide » frappe dans sa bouche, il est prémonitoire. « À supposer par l'impossible que vous veniez à prendre Kigali d'assaut, comment mesurer le chaos dont vous seriez les premières victimes ? Vous le dites entre vous : "Ce serait la fin totale et précipitée de la race tutsi." Qui est génocide ? »

Son « nous » désigne les Hutu, son « vous », les Tutsi. L'adresse aux réfugiés se veut dissuasive : qu'ils bougent un cil et les Tutsi restés à l'intérieur du pays en payeront le prix ; qu'ils avancent jusqu'à Kigali, la capitale, et ce sera leur « fin totale et précipitée ».

Le chef de l'État rwandais ne bluffe pas. Il dispose de l'arme ultime. Il est « le peuple majoritaire », il a le nombre et la puissance, la masse qui permet d'enclencher une explosion. Il a le doigt posé sur le

6. Le mot « génocide » a été forgé en 1944 par le juriste Raphaël Lempkin à partir de la racine grecque *génos*, « naissance », « genre », « espèce », et du suffixe *-cide* qui vient du latin *caedere*, « tuer », « massacrer » : « De nouveaux concepts nécessitent de nouveaux mots. Par génocide, nous entendons la destruction d'une nation ou d'un groupe ethnique », écrit-il dans son étude *Axis Rule in Occupied Europe*. À la suite des travaux de Lempkin, l'Assemblée générale des Nations unies approuve à l'unanimité le 9 décembre 1948 la Convention pour la prévention et la répression des crimes de génocide (CPRCG). Lorsque le président rwandais Grégoire Kayibanda utilise en 1964 ce nouveau concept de « génocide », il en fait un usage essentialiste, ajoutant aux clichés raciaux hérités de l'africanisme colonial – qui prêtaient aux Tutsi une « culture de la dissimulation et du mensonge » – l'intention cachée de « génocide ».

bouton. Pour éteindre la menace, il est prêt à activer son « peuple majoritaire », sa bombe. La garantie d'une « fin totale et précipitée » en cas d'agression est la pierre angulaire des doctrines de dissuasion.

Les Tutsi du Rwanda se sont longtemps résignés à l'ordre du « peuple majoritaire ». Dans ce petit pays isolé où le café et le thé, les principales ressources, sont cultivés sur d'étroites parcelles enserrées de rudes montagnes, ils courbent la tête pour se faire discrets, comme tenus en otage. Citoyens de seconde zone, ils assistent, impuissants, aux déchirements d'une « République hutu » qui règle ses comptes sur leur dos par des pogroms réguliers. Les vagues de fuyards tutsi s'additionnent au fil des ans.

En 1990, ils sont plus de six cent mille apatrides à vivre au Congo, au Burundi, en Ouganda, en Tanzanie. La première génération de réfugiés berce ses enfants de comptines du pays. Devenus adultes, ceux-ci s'élancent à la poursuite du rêve de leurs parents : revenir au Rwanda. L'organisation dans laquelle ils se rassemblent s'appelle le Front patriotique rwandais. Le mouvement est politique et militaire. Le FPR affiche ses objectifs : le retour des exilés, la démocratie, la construction d'une identité nationale dépassant le clivage Hutu-Tutsi.

Le 1er octobre 1990, ils brisent l'interdit en tentant un retour en force à partir de l'Ouganda. L'attaque est contenue par les Forces armées rwandaises, fortement appuyées par la coopération militaire française. Le FPR frôle la déroute, mais garde le contrôle d'une portion de territoire dans le nord du pays.

Le conflit se durcit.

Alors que le Rwanda n'a jamais été une colonie française, qu'aucun accord de défense n'existe entre les deux pays, la France de François Mitterrand s'engage aux côtés de Kigali en déployant la panoplie de ses moyens : politiques, financiers, militaires, diplomatiques.

Le Quai d'Orsay et l'état-major sont à l'unisson de l'Élysée. En 1992, le chef du FPR, Paul Kagame, rencontre le directeur Afrique du ministère des Affaires étrangères, Paul Dijoud. « Si vous ne déposez pas les armes, vous trouverez tous les vôtres déjà exterminés à votre arrivée à Kigali[7] », lui dit le diplomate, qui se fait directement l'écho des extrémistes hutu, prêts, depuis bientôt trente ans, à précipiter « la fin totale de la race tutsi ».

Depuis la fin de la Seconde Guerre mondiale et Hiroshima, la doctrine de la dissuasion a été efficace. Nul n'a jamais appuyé sur le bouton de la destruction. Sauf au Rwanda. Le 6 avril 1994, quelqu'un pose le doigt sur le bouton. Et appuie. Deux missiles

7. « Quand la France jetait Kagame en prison », *Le Figaro*, 23 novembre 1997.

sont tirés dans la nuit de Kigali contre l'avion du président rwandais Juvénal Habyarimana, de retour de Tanzanie, abattu en plein vol. L'explosion déclenche une réaction en chaîne.

Les extrémistes hutu, qui occupent déjà de nombreux postes officiels, attribuent aussitôt l'élimination du chef de l'État rwandais à leur ennemi, le FPR de Paul Kagame. L'accusation justifie les premières tueries massives contre les Tutsi et l'assassinat de traîtres hutu à la cause du «peuple majoritaire».

Après avoir nettoyé le terrain, les mêmes s'emparent de tous les leviers du pouvoir. Un président par intérim est nommé, un «gouvernement des sauveurs», formé. C'est un coup d'État. Qui permet d'activer l'arme ultime, non pas une bombe atomique, mais un peuple endoctriné. Son souffle dure cent jours, au rythme effrayant de huit mille morts par jour.

Pendant des années, la France de François Mitterrand a consenti à la menace du génocide brandie par le régime rwandais, l'a relayée même, s'en est faite le porte-parole dans les négociations, et l'a renforcée en fournissant des troupes, des armes, des instructeurs, des conseillers et des spécialistes à son allié.

Après l'attentat contre le président Habyarimana, le gouvernement provisoire est constitué dans l'enceinte de l'ambassade de France; c'est ce gouvernement qui procède à l'extermination des Tutsi. Trois mois durant, la France poursuit en sous-main sa coopération avec les extrémistes lancés dans une politique d'annihilation «totale» des Tutsi. Des armes sont acheminées, et un soutien diplomatique est assuré.

Malgré tout, le FPR progresse et se rend peu à peu maître du pays. Les ordonnateurs du génocide fuient au Congo, sous protection de l'Élysée, qui stoppe net toute velléité d'arrestation des tueurs et organise leur exfiltration. Le 14 juillet 1994, deux millions de Rwandais, coupables et innocents mêlés, les rejoignent dans la débâcle, de l'autre côté de la frontière rwandaise du Congo.

François Mitterrand, chef de l'État français, commandant des armées, pouvait-il reconnaître l'échec d'une stratégie avalisée dans le secret des conseils de défense? Il ne le peut pas, les hommes de l'Élysée ne le peuvent pas, les plus hauts responsables de l'armée ne le peuvent pas. Le génocide commis, il est trop tard pour faire machine arrière.

*

À quel moment franchit-on le point de non-retour? Est-ce par un premier pas dont on mesure mal la portée? Quand on persiste dans l'aveuglement? Ou lorsqu'on refuse d'admettre la faute commise? À quel moment un homme, un État, franchit-il le point de non-retour? Lorsqu'il pense dominer l'histoire? Ou quand il entreprend de l'écrire?

Cent ans avant que la France s'engage au Rwanda, un marin embarquait pour un long voyage sur le fleuve Congo. De retour en Angleterre, Joseph Conrad publiait *Au cœur des ténèbres*, inspiré de son périple.

L'Europe était à l'époque saisie par la fièvre coloniale ; la France, la Belgique et la Grande-Bretagne se taillaient des empires en Afrique. Le héros de Conrad, Charles Marlow, un jeune officier de la marine marchande britannique, capitaine d'un navire à vapeur, s'enfonce dans le continent africain à la recherche d'un représentant d'une compagnie belge, Kurtz, un collectionneur d'ivoire dont on est sans nouvelles.

Les rives du fleuve que remonte le bateau de Marlow sont parsemées de comptoirs isolés. « Un flot de produits manufacturés, cotons de pacotille, verroteries et fils de laiton, était dirigé vers les profondeurs des ténèbres d'où découlait en retour un mince filet d'ivoire précieux. » Au fur et à mesure que le vapeur de Charles Marlow s'enfonce au cœur du Congo, au cœur des ténèbres, il perd ses repères. « Nous étions coupés de toute compréhension de ce qui nous entourait. »

De halte en halte, Marlow en apprend davantage sur Kurtz, que la rumeur présente comme un personnage exceptionnel, un « émissaire de la pitié, de la science, du progrès, du diable sait quoi encore… ». Le capitaine retrouve Kurtz. Sa maison est entourée de têtes humaines fichées sur des pieux, il est le maître d'une tribu à sa dévotion et préside à des « rites indicibles ».

Marlow tombe sur un rapport «vibrant d'éloquence» que Kurtz a écrit pour «la Société internationale pour la suppression des coutumes sauvages». Dix-sept pages de «nobles mots enflammés» qui se terminent «par une sorte de note, au bas de la dernière page, griffonnée évidemment bien plus tard et d'une main mal assurée»: «Exterminez toutes ces brutes.»

*

Pour Conrad, le cœur des ténèbres n'était pas l'Afrique, mais l'Europe en Afrique. «Toute l'Europe avait collaboré à la confection de Kurtz», écrit-il. La folie coloniale avait engendré un monstre. À quel moment cette Europe avait-elle franchi le point de non-retour? En posant le pied en Afrique? En établissant le premier comptoir? En voulant apporter «la civilisation»? En rêvant d'Empire? C'était la question que posait le Kurtz de Conrad.

À quel moment la France de François Mitterrand avait-elle franchi le point de non-retour? C'était la question que je me posais. Et la réponse se trouvait aussi au Congo, au cœur de l'Afrique où, selon les officiels français, se serait produit un deuxième génocide, celui des Hutu.

Saint-Symphorien-de-Marmagne,
le 1er décembre 2020

1

JE SUIS À KIGALI. « En Corée du Nord », m'a dit un diplomate français sans rire. J'y suis arrivé sans visa. À l'aéroport, j'ai rempli une fiche, payé trente dollars de frais et tendu mon passeport. Un coup de tampon a claqué, accompagné d'un jovial « Welcome ».

Des touristes, des hommes d'affaires, des familles avec enfants, des Rwandais, des Congolais patientaient devant le tapis roulant des bagages. J'ai demandé à une jeune femme, une Occidentale en short, si j'étais bien en Corée du Nord, le pays des goulags, elle a fait : « Hein ?! » J'ai répété ma question, elle m'a regardé d'un air inquiet.

Elle avait de jolis yeux verts, alors j'ai gentiment insisté. « C'est une blague ? » a-t-elle demandé en plissant ses sourcils. Son copain s'est approché. Elle lui a répété ma question. Ils ont rigolé entre eux à voix basse, et s'en sont allés en se bécotant. Que la diplomatie française ne soit pas prise au sérieux m'a rendu un peu triste.

Alors j'ai persévéré. Et je me suis adressé à un agent d'influence potentiel, un jeune Rwandais d'une trentaine d'années qui portait ses bagages vers un taxi. Il ne connaissait pas la Corée du Nord. Je lui ai expliqué la dictature impitoyable, les camps de travail forcé, l'esclavage, les trafics nucléaires, la famine. Il a sorti son téléphone portable et a googlé. « Ah ! je vois, c'est en Asie… Ben non, ici c'est l'Afrique. » J'étais déçu, il l'a senti et a aussitôt tenté de se rattraper en m'indiquant le meilleur endroit « où manger des brochettes de chèvre ».

L'avion avait atterri à une heure du matin. À la sortie de l'aéroport, d'imposants lampadaires éclairaient le parking comme en plein jour. Un chauffeur m'a alpagué, je l'ai suivi. Lorsqu'il a voulu démarrer, un taxi officiel l'a bloqué. Les deux chauffeurs ont discuté, l'un menaçant l'autre d'en appeler à la police. J'ai transféré mes bagages de coffre à coffre. Le taxi officiel s'est excusé : « Je paye une licence, lui pas. » Il avait l'air de dire vrai.

Nous avons remonté un long boulevard, sans trous dans la chaussée. De petits panneaux électroniques sous les feux de circulation annonçaient qu'il restait encore trente secondes, ou vingt, ou dix, avant qu'ils ne passent au vert. Les voitures mettaient leur clignotant. Deux joggeurs nocturnes couraient sur un trottoir. Le chauffeur de taxi disait être « heureux » au Rwanda. Il avait encore l'air de dire vrai. Les façades des nombreux hôtels étaient illuminées. J'ai cherché des affiches, genre Corée du Nord, du président rwandais, Paul Kagame, en leader éclairant le peuple de son aube. Je n'en ai pas trouvé.

En 1994, Paul Kagame était le chef politique et militaire des exilés tentant un retour en force au pays. Il avait trente-sept ans, portait de fines lunettes cerclées d'acier et un treillis. Fin, élancé, visage aigu, cheveux courts, sens de l'autorité, il répondait en tout point au canon de « l'idéal tutsi » tel que le définit l'imaginaire colonial. L'Élysée le détestait.

Dans les notes de l'époque, la présidence française le décrit en revanchard, nostalgique du passé, prêt à tout pour s'emparer du pouvoir. Kagame n'était pas l'ami des gens de l'Élysée, qui préféraient l'autre camp, le camp qui a commis le génocide.

En cet été 2019, le chef de l'État rwandais a soixante-deux ans. Il a été réélu trois fois depuis son premier mandat, en 2000. Il porte de plus grosses lunettes, est resté fin et élancé, et s'est laissé pousser une petite barbe.

Au matin, je me suis réveillé *Chez Lando*, un hôtel à soixante-dix dollars la nuit, petit déjeuner compris avec télé, Wi-Fi illimité, jardins et fleurs dans la chambre. Il faisait beau, l'air s'était réchauffé. J'ai un peu traîné avant de me rendre chez Ildephonse.

Je ne vous l'ai pas dit, j'aime les prénoms rwandais : Ildephonse, Séraphine, Aimé, Scholastique, Marie-Rose, Florentine, Bertin, Marie-Hyacinthe… Ils s'égrènent comme des fleurs de jacaranda, on les retrouve jusqu'au Congo, où sont aussi passés les missionnaires.

J'avais rencontré Ildephonse quelques mois plus tôt, c'est à cause de lui que j'étais de retour. Deux heures durant, perchés sur des tabourets autour d'une table taillée dans un tronc, il m'avait raconté son histoire ; elle menait à Kinshasa, la capitale de la République démocratique du Congo, où il avait vécu quinze ans. J'avais pris des notes, je voulais les lui faire relire. J'avais besoin d'être certain des détails avant de partir sur les traces d'un possible deuxième génocide au cœur de l'Afrique. Ildephonse a relu, il n'avait rien à y redire.

J'ai repris mes notes et les ai fourrées dans ma poche.

« Tu es vraiment sûr de vouloir traverser la forêt équatoriale ? m'a-t-il demandé.

— …

— Tu sais que c'est dangereux. La jungle, l'épidémie d'Ebola, les bandits, le paludisme, les groupes armés. T'es perdu là-bas, personne peut t'aider, personne peut rien faire. »

J'ai fait celui qui ne comprenait pas.

« Réfléchis ! »

Ildephonse avait peut-être raison, mais c'était trop tard. Son histoire m'avait envoûté. Il m'a donné un ultime conseil : « Avant de t'en aller, va à la résidence officielle de Juvénal Habyarimana ! »

J'ai écouté Ildephonse. Je connaissais le village natal de l'ancien président rwandais, tué le 6 avril 1994 dans un attentat contre son avion. Il se trouve au nord du pays, dans une magnifique région de hautes montagnes volcaniques aux versants couverts d'épaisses forêts embrumées.

Sur une parcelle en aplat, au débouché d'une vallée, le grand-oncle avait d'abord construit une petite bicoque. Son frère en a construit une autre à son tour, légèrement plus grande. Juvénal Habyarimana, l'héritier, s'est fait bâtir un pavillon en briques rouges, avec jardin enclos et cheminée dans le salon.

Les trois demeures, témoins de l'histoire familiale, se dressent, désertes et en ruine, à trente mètres les unes des autres. Accroché au flanc de la montagne, un monastère catholique les domine. Ses cloches tintent jusqu'au fond de la vallée. Légèrement en contrebas, sur la rive opposée d'un ruisseau encombré de joncs, se trouvait la maison d'Agathe Kanziga, la jeune femme qu'a épousée le président rwandais. Mais je ne peux décrire l'habitation, elle a été rasée.

Le village s'appelle Karago, il respire une vie rude, paysanne. De petits potagers de subsistance, des pieds et des mains dans la boue, les dos courbés la

KIGALI,
OÙ TOUT A COMMENCÉ

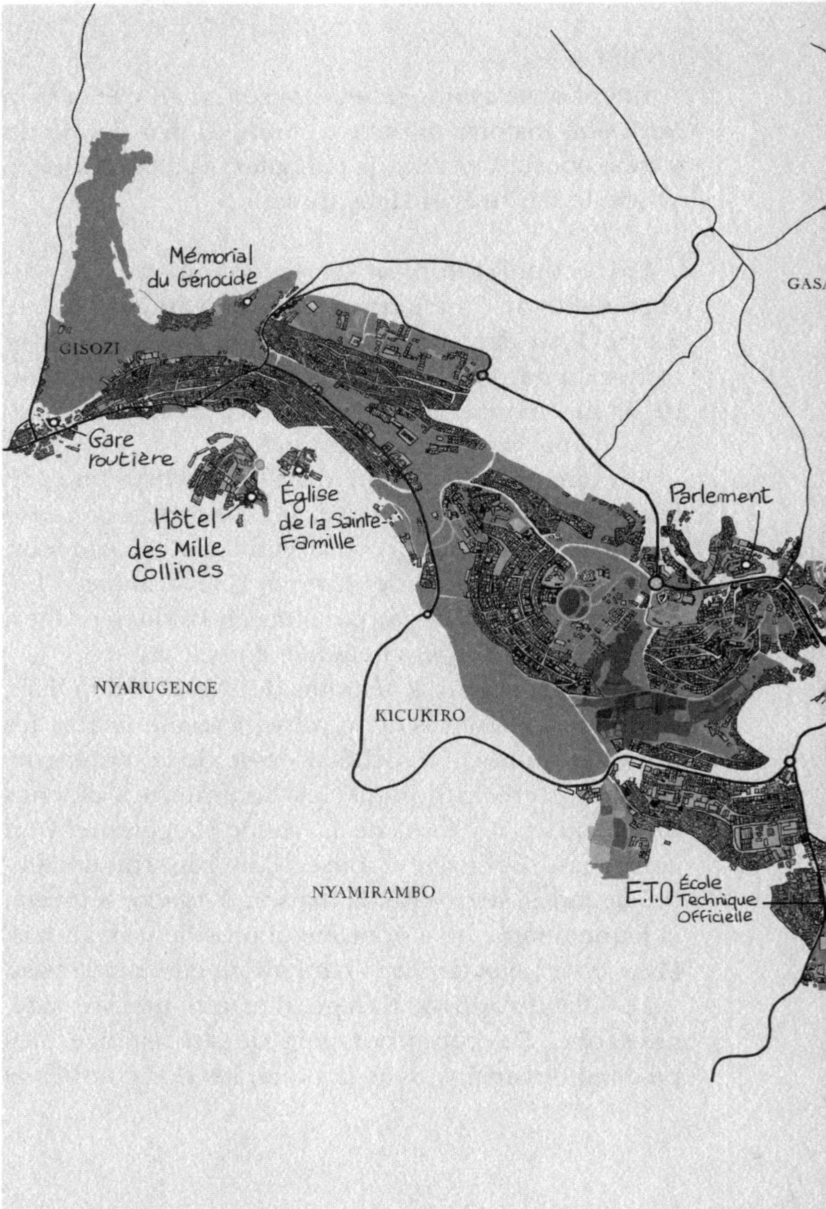

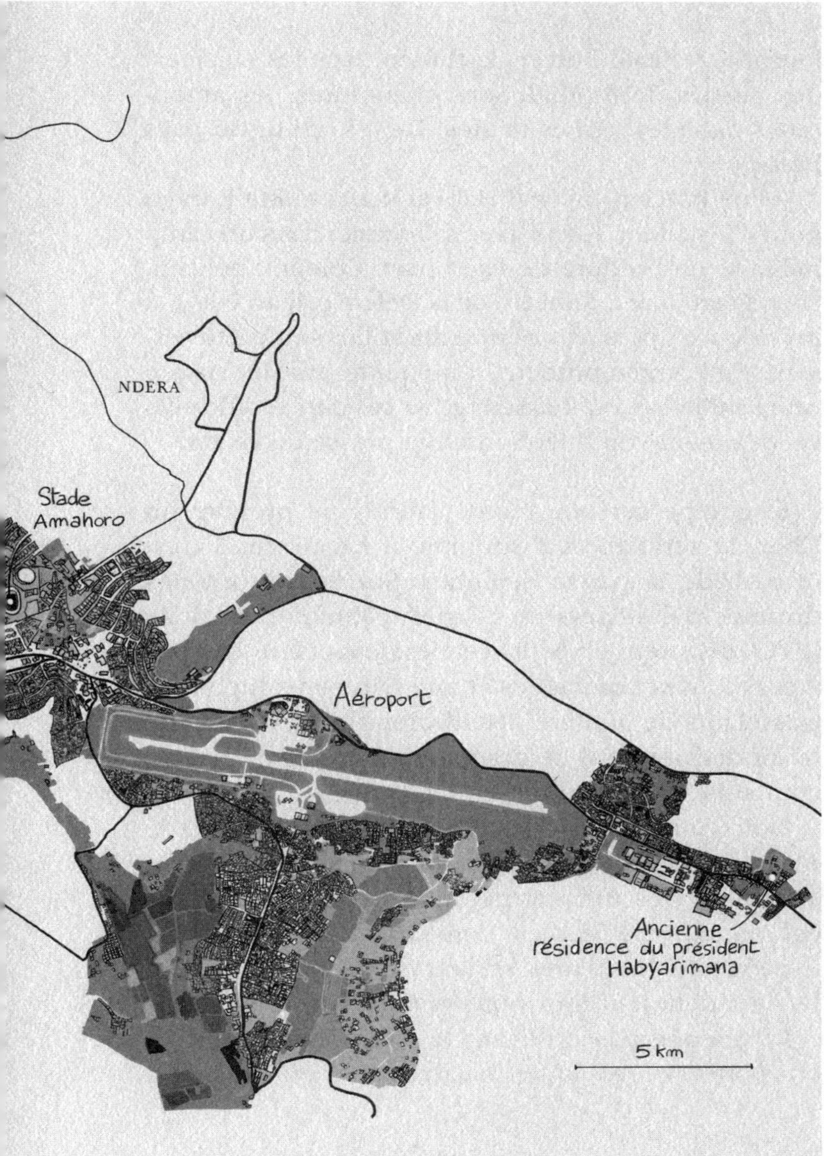

NDERA
Stade Amahoro
Aéroport
Ancienne résidence du président Habyarimana
5 km

journée, le froid l'hiver, la fumée dans les cuisines, des parties de football sans chaussures, les amourettes dans les herbes hautes. C'est le cœur du pays hutu.

Jeune officier, Juvénal Habyarimana quitte Karago pour s'installer à Kigali avec sa femme, dans un camp militaire en bordure de l'aéroport. Colonel, général, chef d'état-major, ministre de la Défense, il accède à la présidence après avoir fait embastiller son prédécesseur. En homme prudent, il ne quitte pas son ancien camp militaire, où il aménage sa résidence officielle, celle-là même qu'Ildephonse me presse de visiter.

Je grimpe sur une moto. J'aurais pu prendre un Uber, le service est disponible à Kigali, mais c'est le rush de la pause déjeuner. Sur le trottoir, des dizaines d'étudiants de l'École technique officielle (ETO) discutent en petits cercles devant leur campus aux pelouses ombragées et aux bâtiments high-tech ruisselants de lumière. Ils arborent le dress-code de la modernité cool et branchée. Ils sont détendus, confiants. On se croirait en Californie.

Deux mille Tutsi ont été massacrés à l'ETO le 11 avril 1994. Cette tuerie, la première d'envergure, annonçait les massacres systématiques dans les églises, dans les écoles, dans les stades. Nés après le génocide, les jeunes brûlent de s'écrire un avenir. Ils attendent leur tour pour grimper sur une moto.

La mienne passe devant le Parlement rwandais, qui conserve quelques balafres. J'ai eu du mal à expliquer au motard où je voulais me rendre. Il parlait le kinyarwanda, la langue du pays. Je lui ai dit «aéroport», «Habyarimana», «maison». Arrivé à l'aéroport, il s'arrête et me demande en langue des signes où aller.

Je lui répète «Habyarimana», puis «maison». Il comprend «Habyarimana», mais «maison», il ne voit pas, «résidence» non plus. J'interpelle en français un passant. Non, il ne sait pas. D'autres s'approchent. S'ensuit un conciliabule d'où il ressort qu'il faut aller au «musée d'art».

La moto longe les clôtures de la piste de l'aéroport, dévale un sentier en terre battue et pile devant une pancarte délavée. Du bras, le motard indique une bâtisse isolée. Je rends au «451», numéro inscrit sur son dossard rouge fluo, le casque qu'il m'a prêté.

Je ne suis plus en Californie, c'est presque la campagne. Des arbres, quelques oiseaux, des herbes folles, un parking vide et une guérite plombée par la chaleur. «Vous venez pour le musée?» interroge une voix somnolente. Ils sont une dizaine, pétris d'ennui, entassés dans la guérite. De jeunes étudiants des beaux-arts, des femmes un peu plus âgées, tous guides au «musée d'art». L'entrée est à cinq mille francs rwandais, cinq euros.

Il faut enlever ses chaussures. Je suis gêné, j'ai de gros trous à mes chaussettes. Je dis que je ne peux pas visiter en chaussettes trouées la demeure d'un ancien chef d'État, même transformée en musée. Je le dis en souriant. Le guide-étudiant reste inflexible.

Il s'en fiche, il se fiche d'Habyarimana, je pourrais danser la gigue sur sa tombe qu'il n'aurait pas un sursaut. Je défais mes lacets.

« Ce n'était pas un homme bon », dit-il.

Je foule en chaussettes trouées la moquette usée du living d'un homme qui n'était « pas bon » et que l'étudiant ignore superbement. Il ne s'intéresse qu'aux œuvres exposées, ne parle que de cela. Je l'interroge sur Habyarimana, il répond techniques picturales. Je lui demande où est la cuisine. Il évoque la portée symbolique d'une sculpture. Et les toilettes? « La première à gauche. »

Les portes s'ouvrent enfin.

Il y a des coins et des recoins, des passages discrets, des salons isolés, des débarras, des escaliers. Les meubles d'origine ont disparu, subsistent quelques boiseries ornées de motifs traditionnels : les paysans aux champs, les houes, les vaches. L'ensemble est sobre, impersonnel, sans chaleur. Comme si Habyarimana n'avait jamais vraiment quitté son lointain village de Karago. Au plus haut de la résidence présidentielle, sous le toit, accessible par un escalier extérieur, sa femme Agathe avait sa chapelle privée. À Karago, un monastère dominait les futurs époux.

On accède au jardin par une terrasse. Il est planté d'arbres fruitiers et de buissons fleuris. Des sentiers le sillonnent qui mènent à une piscine ou au bassin du python, un cadeau du président Mobutu Sese Seko. Le chef du Congo et le président rwandais, maréchal et général tous deux arrivés au pouvoir par la force, se tenaient l'un l'autre pour des frères d'armes. Mobutu était le « grand frère », Habyarimana son « petit frère ». C'est ainsi qu'ils s'appelaient entre eux du temps de l'Afrique d'avant 1994, d'avant ce génocide qui allait tout changer.

J'avance dans le jardin, je recule dans le temps.

Je franchis un muret, je suis au milieu de grues cendrées.

Je ne vois d'abord qu'elles, si inattendues, si incongrues. Elles dodelinent de la tête sur un carré d'herbe, piquent leur bec dans la terre, indifférentes aux débris d'avion qui les entourent : un bout d'aile, un moteur…

Tout est resté là, intact.

Je suis au soir du 6 avril 1994.

Il est vingt heures trente. Jean-Luc, un des fils du président rwandais, sort de la piscine quand deux éclairs lumineux percent la nuit. Le baigneur lève la tête. Il voit exploser l'avion de son père. Des chocs sourds résonnent au fond du jardin, les débris s'écrasent. Jean-Luc se précipite. En claquettes, une serviette autour de la taille, des soldats de la garde présidentielle sur les talons. Le bout d'aile et le moteur sont brûlants, des fumerolles s'en dégagent.

Jean-Luc et les soldats arpentent le jardin présidentiel. Des lampes de poche ont été apportées. Elles zèbrent l'obscurité, explorent les décombres calcinés, fouillent les herbes. Un premier corps est trouvé, puis un deuxième.

Dans la résidence illuminée pleins feux, le personnel guette aux fenêtres. Agathe, recluse en sa chapelle, est en prières. Jean-Luc fait déposer le corps de son père sur la terrasse. Des tirs d'armes légères partent du camp militaire. Il grimpe à la chapelle avertir sa mère. Un soldat coupe l'électricité. On ne voit plus que le sillon rougeoyant des balles traçantes hachant la nuit.

Le 7 avril, au matin, une quarantaine de proches sont rassemblés autour du corps d'Habyarimana exposé dans le living familial. Jean-Luc les a reçus un fusil d'assaut à la main. Descendue de sa chapelle, Agathe mène à voix haute la prière au salon.

Un garde présidentiel se présente en se vantant du meurtre d'un opposant. L'assemblée se réjouit. « Prenez une arme comme mon fils ! » lance Agathe. Un deuxième meurtre est annoncé, un troisième. De la cuisine, une sœur d'Habyarimana, une religieuse, sœur Godelieve, s'exclame : « Il faut tuer tous les Tutsi ! »

« Qu'ils nous en débarrassent ! » reprend Agathe.

À dix-neuf heures, le chef de l'État rwandais est déplacé dans la chambre froide de l'hôpital du camp militaire. Assassinée dans la matinée par l'armée, la Première ministre, une opposante, l'y rejoint. Jean-Luc dit vouloir tirer une balle dans le corps de la traîtresse, des soldats crachent sur sa dépouille quasiment nue.

À dix-neuf heures trente, François de Grossouvre, qui suit les affaires rwandaises pour François Mitterrand, se suicide à Paris dans son bureau de l'Élysée.

Trente-six heures après l'attentat, les extrémistes hutu forment un « gouvernement des sauveurs ».

J'ai quitté la résidence. Je ne sais plus si l'étudiant m'a raccompagné. Je crois, oui. Je ne lui ai pas raconté ces scènes alors que je le suivais au salon, sur la terrasse, à la piscine, au bassin du python, au milieu des grues. J'avais lu les dépositions de la famille et des proches au Tribunal pénal international pour le Rwanda (TPIR). Ils avaient vécu ces moments effarants, ils avaient partagé ce crépuscule, ils s'étaient abîmés en imprécations avec Agathe. Ils étaient l'*Apocalypse* gravée par Dürer.

Je suis revenu à pied vers Kigali en longeant la clôture de l'aéroport. Les avions atterrissaient et décollaient. De ou vers Kinshasa, Nairobi, Johannesburg, Libreville, Addis-Abeba, Bruxelles, Amsterdam, Istanbul, New York, Doha, Pékin. Des touristes débarquaient, attirés par les grands singes de Diane Fossey et les lodges élitistes nichés au creux des volcans et dans les forêts primaires. Des hommes d'affaires se dirigeaient vers le *Marriot*, le *Serena*, le *Mille Collines* ou le *Radisson* et son centre de congrès flambant neuf.

J'ai croisé une jeune élégante en talons : aurait-elle eu le droit de vivre ? Un groupe d'ouvriers occupés à refaire une canalisation : auraient-ils dû mourir ? Un homme d'une cinquantaine d'années attablé à un café : Hutu ou Tutsi ?

En 1994, en plein génocide, le général Quesnot, chef de l'état-major particulier de François Mitterrand, affirme que le Front patriotique rwandais (FPR) de Paul Kagame, « le parti le plus fasciste que j'aie jamais rencontré en Afrique[1] », peut être assimilé aux « Khmers noirs[2] ».

Ce n'est pas la première fois que le général Quesnot parle de « Khmers noirs ». Il est obsédé par les ethnies. Du bout de la lorgnette qu'il pointe de son bureau de l'Élysée vers le Rwanda, il ne voit que cela : le facteur identitaire. Le reste n'entre pas dans le champ de vision de cet officier formé à Saint-Cyr dans les années 1960.

Pour lui, Paul Kagame est à la tête d'un gang de tueurs de sang-froid prêts à liquider tous les Hutu pour créer un « Tutsiland[3] ». C'est ce que lui disent depuis des années ses frères d'armes rwandais, c'est ce que rapportent les coopérants militaires français, c'est ce qu'a envie d'entendre François Mitterrand.

Lorsque le génocide débute, le général Quesnot est persuadé que le chef des « Khmers noirs » a lâché

1. Archives de l'Élysée, *Entretiens avec Françoise Carle*, 29 avril 1994.

2. Note du général Christian Quesnot « à l'attention de Monsieur le Président de la République », 24 mai 1994.

3. Note du général Christian Quesnot « à l'attention de Monsieur le Président de la République », 6 mai 1994.

ses tueurs. Lorsqu'il apparaît que les Tutsi sont ciblés, il y voit la confirmation du machiavélisme d'un Paul Kagame prêt à laisser assassiner les siens pour se poser en victime. Lorsque le chef du FPR arrive au pouvoir, il se désole de n'avoir pu empêcher la victoire des «fascistes». Et se rassure en se disant que l'honneur de l'Élysée, l'honneur de la France, est sauf.

Le général Quesnot est un soldat engagé dans une guerre. Il scrute ses ennemis. Le général Quesnot ne se demande jamais s'il ne s'est pas trompé de guerre, trompé d'époque, s'il ne devrait pas regarder autrement ses alliés. Il a le nez sur le guidon, il pédale. Tout l'Élysée pédale.

Madeleine m'a dit, un jour, vouloir déchirer son passeport français. Elle n'a pas énoncé la liste des siens «effacés» au Rwanda, mais j'ai compris qu'elle était longue, très longue. Madeleine est très belle, très pudique aussi. C'est une «dame», comme on dit. Ce jour-là, elle pleurait.

Je l'ai revue plusieurs fois. Nous n'avons jamais reparlé de ces «effacés» qu'elle avait enfouis en elle, bien profondément. Mais des années plus tard, au hasard d'une discussion, elle m'a dit ceci: «En 1994, c'est tout le Rwanda qui a été effacé. D'un coup, il n'y a plus rien eu à quoi s'accrocher. Notre disque dur avait disparu, nous étions seuls avec tout à reconstruire.»

Madeleine parlait de l'identité, de son identité, de ces identités fratricides qui avaient mené un pays à la catastrophe absolue. Comment se dire Tutsi, après, en croisant son voisin hutu? Comment se dire Hutu, après, en croisant son voisin tutsi? Comment ne pas verser à nouveau dans le piège de l'histoire? Comment déminer les mémoires? Madeleine est restée française, elle s'est découverte rwandaise «de la génération 1.0».

C'est étrange un pays qui repart à zéro. C'est incertain, ténu, sinueux. J'ai vu Madeleine, elle a souffert. J'ai dîné avec Florentine et ses sœurs, Aimé aussi; ils ont souffert. On ne se reconstruit pas sans en payer le prix. On ne réinitialise pas une histoire qui a «buggé». On vit avec des trous, on s'accroche aux détails, on sait toujours respirer, mais on cherche l'air, la vie, comme une petite grenouille au bord de la mare.

Des villages pétrifiés, des églises linceuls, des forêts sans froissement, mille collines figées, des casseroles moisies sur l'âtre, la poussière dans les éviers, des robinets qui gouttent, des matelas sans dormeurs, les champs gagnés par la mauvaise herbe, les routes rétrécies par le taillis, des bananes mûres, les jacarandas en fleur, le parfum entêtant des eucalyptus, leurs feuillages bercés par la chaleur et la lumière; le Rwanda, année zéro.

Marie-Rose est arrivée en avance *Chez Lando*. Elle était seule sur la terrasse devant un thé qu'elle avait commandé. Il faisait un peu frais, elle portait un gilet. Je me suis excusé, elle a souri. Quand une légère pluie s'est mise à tomber, elle a ouvert un parasol et nous sommes restés sur la terrasse. «J'aime être dehors», a-t-elle dit.

Marie-Rose est née en 1968 à Karago, le fief d'Habyarimana. Le futur président rwandais, tout juste promu lieutenant-colonel, avait épousé Agathe cinq ans plus tôt. «Quand ils venaient, ils habitaient au fond de la vallée, à l'aplomb du monastère.» Marie-Rose est fille d'agriculteurs, «hutu, comme on disait auparavant».

À l'été 1994, elle suit les extrémistes dans leur fuite. «Les militaires et le gouvernement nous ont dit "repli général".» Docile, elle fait son riz, prépare une petite valise, ferme sa porte et s'en va. «Je pensais que c'était pour quelques jours.»

Marie-Rose ne voit pas l'année zéro du Rwanda. Ni l'année un, ni même l'année deux. «J'étais au Congo, dans les camps.» Elle est institutrice, ils sont deux millions comme elle à avoir suivi le flot. «J'étais terrifiée, nous ne savions pas ce qui se passait, nous vivions dans la peur.»

Elle raconte en détail, à plat, sans pathos, sa vie dans les camps. Elle raconte du même ton sa fuite deux ans plus tard à travers la forêt équatoriale du Congo. Une marche infernale de deux mille kilomètres, son enfant en bas âge qui meurt, son mari qui manque de succomber à la maladie, la faim, la soif, la fièvre. La peur qui les pousse à s'enfoncer toujours plus loin.

Elle raconte enfin – et c'est cela qui m'intéresse pour l'instant – son retour au Rwanda. À la suite d'un invraisemblable concours de circonstances, elle se retrouve brinquebalée trois ans après son départ dans un bus de rapatriés. Tous sont dans un sale état. Diarrhées, vomissements, vêtements qui puent. «Je pensais qu'on allait nous tuer, je transpirais, je tremblais.»

Les portes du bus s'ouvrent, elle aperçoit sa famille. Elle est incrédule: «Je les croyais morts.» Marie-Rose s'installe avec son mari chez sa mère handicapée, retrouve ses frères et sœurs, reprend son travail d'institutrice, devient coordinatrice au Conseil national des femmes, est élue députée, nommée gouverneur de province.

Elle est hutu, elle a suivi les extrémistes au Congo pour finalement rejoindre le FPR de Paul Kagame. A-t-elle subi un lavage de cerveau? A-t-elle été manipulée? S'est-elle laissé acheter? Elle éclate de rire: «Ça se passe comme ça chez vous?» Son rire est cristallin. Pas celui d'une «Khmère noire», pas celui d'une Nord-Coréenne. Un rire d'institutrice.

Je referme mon carnet de notes. «Il ne pleut plus», remarque Marie-Rose, debout, les yeux dans les nuages. Je lève la tête, je ne la vois pas, mais je l'entends: «Je prie pour ceux qui sont restés au Congo, pour qu'ils puissent rentrer.» Le carrelage de la terrasse est trempé. Nous faisons flic-floc en marchant. Je lui demande si elle connaît Ildephonse:

«Non, qui est-ce?

— Oh, quelqu'un qui m'a aussi beaucoup parlé du Congo...»

2

L'ÉGLISE N'A PLUS DE NOM, PLUS DE CLOCHES. Dressée sur la colline, elle offre aux vents sa carcasse rafistolée : un toit neuf posé sur une charpente calcinée, des briques pour reboucher les murs éventrés, des carreaux à la place des vitraux. Son parvis noirci ouvre sur une esplanade de terre ravinée par la pluie. Deux enfants accroupis jouent avec des cailloux, seuls sous le ciel. Il n'y a pas un bruit, juste la mélodie d'un *Kyrie eleison* lointain qui s'échappe d'une petite maison.

Je suis dans le sud-ouest du Rwanda, pays consacré en 1946 au Christ-Roi. Je suis à Kibeho, sanctuaire dédié en 1988 à la Vierge, la «Mère du Verbe» en kinyarwanda. Je suis à Lourdes en Afrique. Au pied d'une église qui fut et n'est plus, comme me le signifie la première phrase d'un panonceau apposé à la droite du porche: «Veuillez honorer la mémoire des Tutsi qui ont péri dans cette église et ses environs, massacrés pendant le génocide perpétré contre les Tutsi en 1994.»

Tournant le dos à l'église perchée sur son sommet pelé, j'ai vu l'école Marie-Merci, un centre d'accueil nommé Regina Pacis, «Reine de la paix», une autre église, neuve celle-ci, avec devant des gradins pour les pèlerins et sur le côté une grande estrade protégée d'un auvent, un peu plus loin encore, sur une butte appelée «Sinaï», une immense croix plantée devant une chapelle, et, tout au long de la crête, des vendeuses d'eau bénite derrière leurs comptoirs alignés au bord de la piste.

J'ai relu la première phrase du panonceau. Je l'avais sentie pesante, lourde d'un non-dit. Ce «Veuillez honorer», suivi des mots «péri», «massacrés», «génocide» et de la répétition de «Tutsi», sonnait tel un impératif d'expiation éternelle. Mais qui devait expier? Et quoi?

À Kigali, j'avais rencontré le père Martin, un jésuite du centre Christus. Il m'avait parlé de Kibeho, des voyantes à qui la Vierge était apparue, des visions de sang et de feu qu'elles avaient eues, du chapelet des Sept-Douleurs qui leur avait été révélé, du don de la souffrance qu'elles avaient reçu, de leur martyre, de la construction dans les années 2000 de l'église Notre-Dame-des-Sept-Douleurs.

Le père Martin était un homme jovial, sympathique. Alerte, il s'exprimait avec chaleur et miséricorde. C'était tout juste s'il n'avait pas dessiné Kibeho sur un tableau noir. Un bref moment, ses bras, qu'il faisait virevolter, s'étaient pourtant figés : « La Mère du Verbe n'a pas protégé Kibeho, pas plus que le reste du pays. » Affligé, sincèrement affligé, le père Martin avait repris : « Il aurait fallu une vraie conversion. »

Je comprenais maintenant que là, dans ces mots du père Martin, était la clé de ce « Veuillez honorer » que je lisais à Kibeho. L'Église rwandaise usait de la scène magnifiée de l'apparition de la Mère du Verbe pour appeler ses fidèles à expier. Ce n'était pas elle qui avait fauté, mais les siens qui n'avaient pas su parvenir à la vraie conversion.

Je suis resté une petite heure devant l'église sans nom perchée sur son sommet pelé. J'avais rendez-vous avec Silas, je n'avais pu le prévenir de mon retard, mais j'espérais son arrivée. Silas avait vécu à Kibeho les événements de 1994. Hutu de l'opposition et professeur au chômage, il en avait témoigné dans un récit qu'il avait intitulé *L'Histoire de la guerre d'extermination*[1]. J'avais son manuscrit avec

1. Le document original, traduit par l'historienne Hélène Dumas, est intitulé *Amateka y'intambara y'itsembabwoko mu Karere ka Komini Rwamiko na Mubuga*.

moi, une amie me l'ayant gentiment transmis traduit en français.

Assis sur les marches du porche de cette église «aux murs très épais et très hauts, au toit très élevé», dont Silas disait que la construction avait débuté en 1934, date de la fondation de la paroisse, j'ai commencé à lire le manuscrit. Il faisait beau, un léger vent soufflait, il y avait peu de passage, pas de distractions.

Le récit de Silas était extrêmement détaillé. Il remontait aux années 1950, citait une centaine de noms et déroulait, implacable, la chaîne des événements qui avait mené à 1994. Silas prenait soin de préciser que son récit n'était «pas destiné à tout le monde», que nul n'avait le droit d'en user «pour se venger ou menacer».

Il parlait de la «mauvaise atmosphère» qui imprégnait la commune, des menaces qui fusaient de partout contre les Tutsi et les Hutu suspectés de les protéger, des milices rassemblées sous la bannière des autorités locales.

Le dimanche 10 avril 1994, trois jours après le début du génocide, Silas se rend à la première messe de Pâques. Les pourchassés, raconte-t-il, affluent à l'église «exténués, remplis de peurs, traumatisés, certains gravement blessés». Les miliciens rôdent, on ne sait trop où, ils sont là, autour.

Ils surgissent à la nuit pour attaquer le cabaret de Kibeho et son stock de bières. Silas est réveillé en sursaut par les cris d'une vieille femme. Puis d'autres cris, une course-poursuite. «Nous sommes finis!» dit-il à sa femme. Terrifiés, ils crient tous deux. Il y a des bruits étouffés, des chocs, des halètements, des morts. Le village terré crie dans la nuit. On entend la peur, les «cris encore plus stridents» des mis à mort.

Au matin, les gendarmes arrivent. Pas pour restaurer l'ordre: pour se concerter avec les miliciens. Il faut tuer tous les pourchassés, qu'il n'en reste plus un, pas même un enfant. À un chef qui demande avec quels fusils, les gendarmes promettent d'«apporter le matériel nécessaire». Les attaques se multiplient.

Je suis toujours sur les marches de l'église, Silas n'est pas arrivé. Le *Kyrie eleison* que j'entendais au loin s'est éteint, la chorale se disperse. Je me lève, marche un peu. Je lis la deuxième phrase du panonceau apposé à la droite du porche: «Les Tutsi qui avaient trouvé refuge dans cette église furent tués avec différentes sortes d'armes.» J'observe les alentours. Les deux enfants qui jouaient sur l'esplanade sont partis, je suis seul. Des cloches sonnent. Est-ce celles de l'école Marie-Merci ou celles de Notre-Dame-des-Sept-Douleurs?

Le 13 avril, Silas a le sentiment d'une légère accalmie. Le 14 avril aussi: «Avant midi, il régnait un semblant de paix», écrit-il. Tout bascule en début d'après-midi, lorsque les cinq milices «les plus féroces» se rassemblent au pied de la petite colline de Sinaï. Quatre mille commerçants, paysans, soldats, ouvriers, gendarmes et même des femmes se lancent à l'attaque des réfugiés. La foule grimpe vers la paroisse « en tuant ».

Les pourchassés fuient, s'entassent dans l'église, dans l'arrière-cour du presbytère. Toutes les entrées sont fermées, bloquées avec des bancs empilés « presque jusqu'en haut ». À la porte principale, l'empilement atteint l'orgue.

Les miliciens « tirent des grenades avec des fusils » qui percent les murs. À travers les trous, ils tirent des balles, lancent des grenades ordinaires, des pierres et des lances. Un ordre fuse, un ordre « sacrilège », dit Silas. Les miliciens partent chercher « du bois très sec » et l'entassent en fagots derrière la grande porte.

La grande porte s'enflamme. L'incendie se propage aux bancs, puis gagne l'orgue. Des motos ont été mises à l'abri, leurs réservoirs d'essence explosent. La charpente prend feu, le toit s'embrase. Le prêtre dans l'église appelle les pourchassés à la confession pour leur « donner la bénédiction ».

Je lève à nouveau les yeux. Le linteau au-dessus de la grande porte n'est pas vieux. Les marches sont noircies, cendrées. Je lis la troisième phrase du panonceau : « Et puis le 14 avril 1994, les génocidaires incendièrent l'église avec l'essence, tuant ainsi tous ceux qui étaient à l'intérieur. »

Quelques jours plus tard, Silas s'engage sur la piste qui mène à l'église. Il est saisi par « une odeur fétide, méphitique», il voit des «torrents de sang séché sur la terre». Il traverse la colline du Sinaï et découvre des enfants tués dans la brousse et chez les sœurs. Il passe les écoles primaires, et «cela a commencé à couper le souffle».

Il dépasse l'école Marie-Merci, plongée dans un silence lugubre. Il monte vers l'église devant laquelle repose un enseignant fusillé, mains en l'air. Dans l'arrière-cour du presbytère, il aperçoit de «très nombreux corps, innombrables». Il entre dans l'église «et là, le cœur a semblé s'arrêter».

L'entassement des corps atteint le sommet de l'autel, les personnes «les plus importantes» gisent sur l'autel. Comme s'il voulait reprendre son souffle, Silas s'autorise une réflexion personnelle: «Les plus importantes s'étaient réfugiées à cet endroit parce qu'elles pensaient peut-être que Dieu allait les sauver.»

Silas estime que six mille à neuf mille personnes sont mortes. La préfecture, note-t-il, «n'a exprimé aucune tristesse, ses dirigeants ont envoyé les Caterpillar pour enterrer les corps».

«C'est pour cela qu'une partie de l'église sert de mémorial où reposent certains corps des victimes», dit la dernière phrase du panonceau, qui conclut par une citation du Livre de l'Exode: «Tu ne tueras point.»

Je n'ai pas refermé tout de suite le manuscrit de Silas. Je n'espérais plus son arrivée, il était bien trop tard, mais j'avais envie de m'attarder dans son récit, dans sa voix au pied de cette église. C'était un homme pieux, croyant, bon aussi, et attentif aux autres. Il avait des remarques qui glaçaient. «Sur le chemin, on ne croisait plus que des tueurs», écrit-il à un moment. On le sent égaré et confus, mais en même temps d'un scrupule extrême. Il ne précise pas son âge, j'imaginais la quarantaine. Il était au chômage, je l'ai dit. Et marié.

J'ai quitté l'église, un peu sonné. Je suis passé devant Marie-Merci, Notre-Dame-des-Sept-Douleurs, les écoles primaires, les vendeuses d'eau bénite, la chapelle et sa croix, Radio Maria, le cabaret. Je me suis enfoncé sur un flanc de la colline de Sinaï. Dans la forêt, un sentier raide et sinueux faisait chemin de croix. Je l'ai monté, descendu, puis remonté.

Il débouchait sur une scène grande comme une arène. Sur le côté d'une estrade, une immense colombe peinte sur un fond de rayons bleus à bords rouges. Derrière l'estrade, les quatorze stations du calvaire du Christ, et à gauche une sculpture grandeur nature de Jean-Paul II avec des drapeaux du Vatican, de la Pologne et des États-Unis. Face à l'estrade, des bancs et, tout autour, six confessionnaux à double place en briques rouges.

Un gardien m'observait. Il ne comprenait pas très bien ce que je faisais là. Moi non plus. J'ai pris une petite allée au fond de l'arène. Elle m'a mené à une crèche conçue comme un tableau vivant et édifiant.

Un ruisseau l'irriguait et en faisait le tour, passant sous trois pyramides d'Égypte. Des étoiles roses et bleues clignotaient. Jésus avait la taille d'un bébé, Marie celle d'une femme et l'âne d'un animal. Le ruisseau glougloutait. J'ai trouvé Marie un peu triste, je n'ai pas bien compris les pyramides. J'ai fumé une cigarette. Le gardien m'observait, désapprobateur. J'ai mis le mégot dans ma poche, il a souri.

J'ai fait demi-tour pour m'en aller. À travers le feuillage de la forêt, j'ai entraperçu l'église incendiée sur son sommet pelé. Elle était à un kilomètre à vol d'oiseau de la colline de Sinaï, l'œil dans la tombe regardait Caïn.

Au retour, j'ai pris une bière au cabaret. C'était une pièce en terre battue où tenaient un banc et une chaise, pas de table. La Primus était fraîche. J'ai repensé aux églises découvertes en 1994 alors que j'accompagnais les hommes du FPR de Paul Kagame avançant sur Kigali. À Nyamata, des milliers de morts, et une femme reposant dans la crypte, transpercée par un pieu du vagin à la bouche. À Nyarubuye, des milliers de morts, et la Vierge décapitée ornant la façade de l'église. À Kigali, le centre Christus qui sentait la mort. À Kibuye, pendant l'opération Turquoise avec les soldats français, le toit criblé de balles de l'église Saint-Jean, nettoyée et récurée comme si de rien n'était. Et les briques fracassées de l'église de Nyange, dont les murs avaient été abattus au bulldozer sur les pourchassés, à la demande du prêtre.

Heureusement, il y avait sœur Marie-Hyacinthe. Ce jour-là, c'était à son tour de tenir la réception du centre d'accueil Regina Pacis. Le grand parking était désert, la réception, vide. Je me suis assis sur un vieux canapé et j'ai attendu. Elle est arrivée dix minutes plus tard, voilée, en robe de religieuse bleu-gris, des lunettes sur des joues rondes, un regard malicieux et le pas un peu traînant. Elle avait une petite cinquantaine.

« Oh, excusez-moi, j'étais aux cuisines. »

Elle s'est installée derrière son comptoir, dans un grand fauteuil profond. Sur une petite bibliothèque à sa droite, il y avait des prospectus religieux, des bibles, un portrait du pape. Elle a ouvert son registre, pris un stylo, redressé ses lunettes :

« Que puis-je pour vous ? »

Une chambre était-elle disponible ?

« Oui, bien sûr, c'est trente mille, petit déjeuner compris. »

J'étais fatigué, un peu abattu. J'ai voulu négocier :

« Il n'y a personne. Vous me faites un prix. Vingt-cinq mille ? lui ai-je demandé.

— Trente-cinq mille », m'a-t-elle répondu du tac au tac.

C'est alors que je l'ai vraiment regardée. Ses yeux pétillaient, elle s'amusait. C'était la première fois qu'on me faisait un coup pareil, je ne savais plus très bien que dire. Pour jouer, j'ai poursuivi sur ma lancée :

« Vingt-huit mille ?

— Non, trente-deux mille. »

J'étais coincé. Sœur Marie-Hyacinthe avait gagné.

« Bon, eh bien d'accord. Trente mille. »

Elle a enchaîné, mine de rien, en parlant de chambres agréables et d'un petit déjeuner copieux. Nous avions fait connaissance, elle avait envie de bavarder. Je lui ai fait part de mes impressions. Elle écoutait, attentive, debout maintenant derrière son comptoir.

Je lui ai parlé des voyantes. Sœur Marie-Hyacinthe était à Kibeho au tout début des apparitions, elle se souvenait de la vision qu'avait eue Alphonsine, une jeune collégienne, la première à avoir vu la Vierge dans le réfectoire de son école. Ça s'était produit pendant la messe de l'Assomption, le 15 août 1982. Alphonsine était entourée d'autres jeunes filles, Nathalie, Marie-Claire et Valentine. En plein office, Alphonsine s'était écriée : « Si vous ne vous convertissez pas, le pays va tomber dans un gouffre. »

C'était étrange, sœur Marie-Hyacinthe racontait cela avec distance. Le ton de sa voix ne trahissait aucune ferveur, aucun enthousiasme. Elle parlait platement, elle disait que cette messe de l'Assomption s'était déroulée à l'église qui, depuis, a été incendiée. Oui, celle-là, là-haut, sur le sommet pelé.

Elle voyait bien que j'étais intrigué, mais elle semblait avoir une idée en tête. Nous avons continué sur le même ton. Elle m'a expliqué la révélation qui se propage, la foule qui se rassemble et grossit les années suivantes, l'estrade dressée d'abord

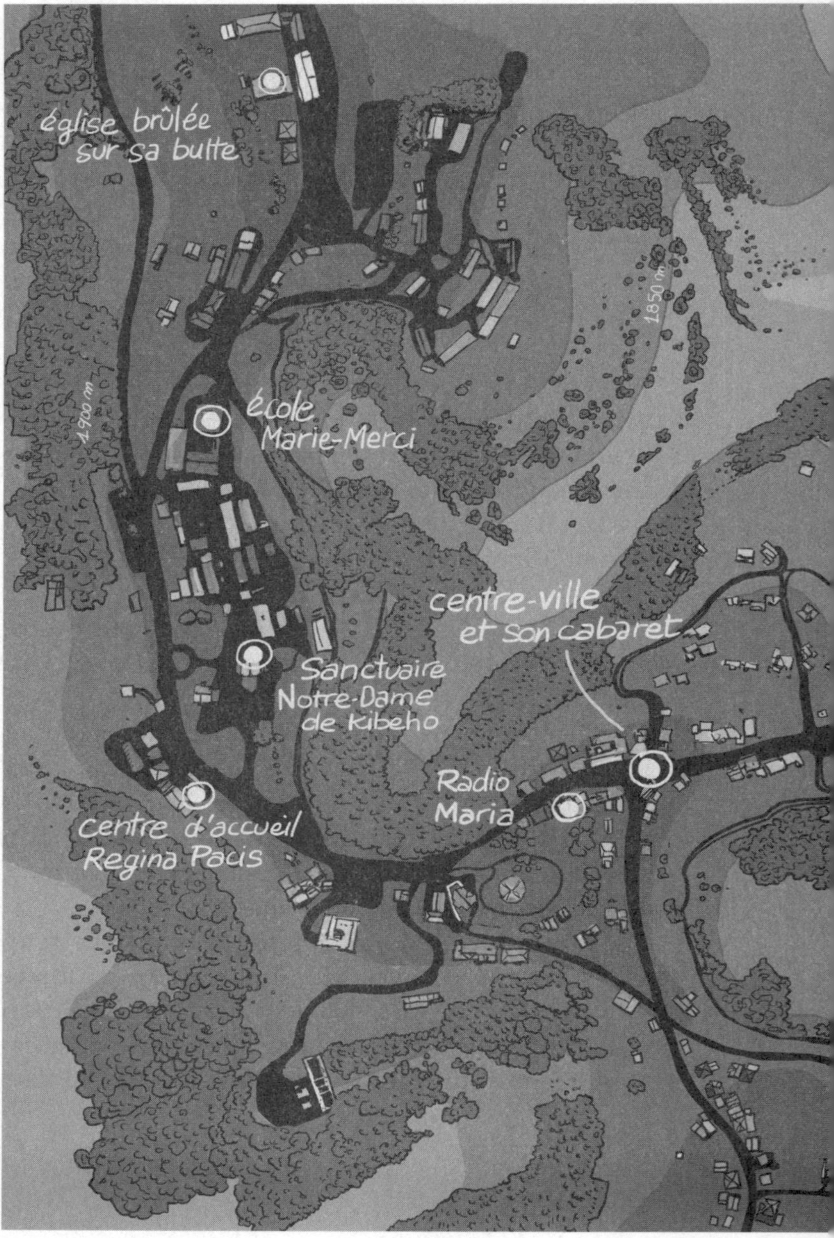
église brûlée
sur sa butte
1850 m
1 900 m
École
Marie-Merci
centre-ville
et son cabaret
Sanctuaire
Notre-Dame
de Kibeho
Radio
Maria
Centre d'accueil
Regina Pacis

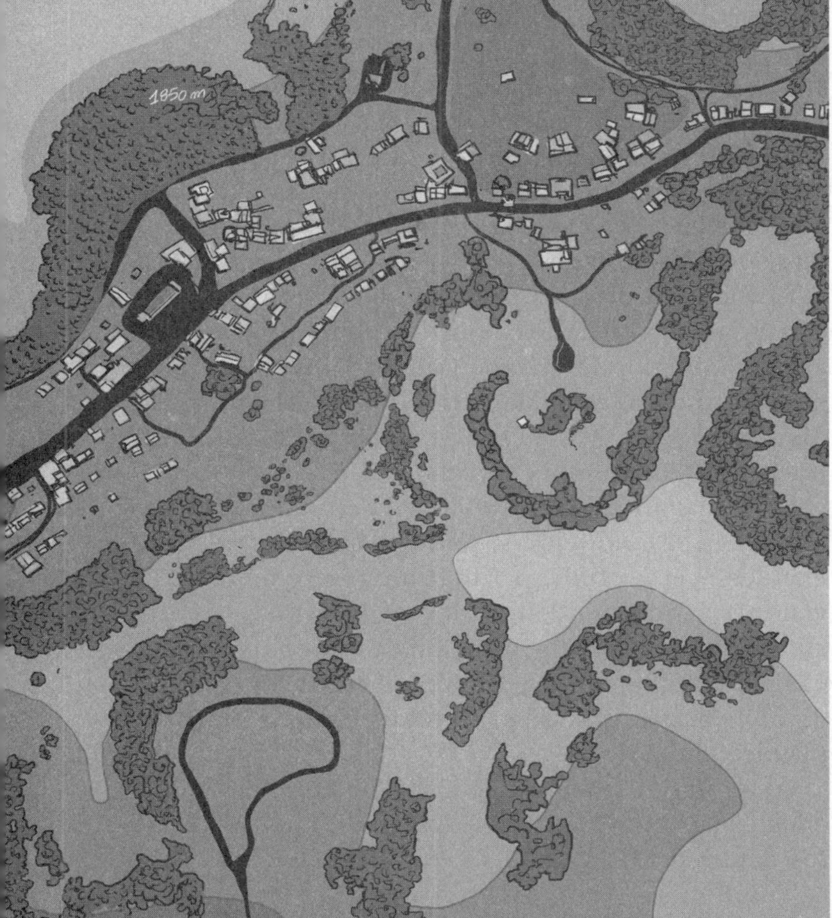
Vers Butare
1850 m
200 m

en bois puis en métal. « Il y avait jusqu'à cinq mille personnes. »

Je lui dis que j'ai vu des photos du rassemblement du 15 août 1991, des photos en noir et blanc. On y voit Kibeho pavoisée de petits fanions, et une foule compacte rassemblée autour d'une scène ceinturée de cordes, comme un ring. Sur la scène, en plein air, une voyante extatique en robe blanche, debout, à genoux, les bras en l'air, les bras implorants, les yeux ouverts, les yeux fermés, une autre jeune fille en robe à pois, et des officiels en costumes blancs et à la chevelure épaisse, la mode de l'époque, rasta, dirait-on sans doute.

La foule au pied du ring brandit des radios, j'en distingue des dizaines, lourdes et rustiques. Les apparitions sont diffusées en direct, j'imagine le son poussé au maximum. Mais surtout, et c'est ce que je dis à sœur Marie-Hyacinthe, je ne comprends pas la présence de nombreux soldats.

Sur une photo, l'un en treillis sur l'estrade s'adresse à la foule. Il tend le bras, porte trois étoiles sur ses épaulettes et est filmé par un cameraman de la télévision rwandaise. D'autres, en treillis-béret, tout autour, prennent des notes sur des calepins et des cahiers tandis que les voyantes parlent. Les canons de leurs fusils dépassent les têtes, certains ont des pistolets au côté.

Sœur Marie-Hyacinthe se tait. Elle attend quelque chose, mais quoi ? J'insiste en lui disant que les photos datent de 1991, que cette année-là les hommes du FPR de Paul Kagame se sont emparés d'une petite parcelle de territoire dans le nord du pays, très loin de Kibeho, qu'il règne sans doute un état de guerre. Elle se tait toujours. Je lui dis, sans trop bien savoir pourquoi, qu'à Kigali j'ai visité la résidence officielle de Juvénal Habyarimana, que j'ai été impressionné…

Elle me coupe: «Vous saviez qu'Agathe, sa femme, est venue ici plusieurs fois?»

Non, je ne savais pas. Agathe avait sa chapelle. Agathe était dévote et pieuse. Qu'elle soit venue à Kibeho n'aurait pas dû me surprendre, je l'étais pourtant. «Agathe ne venait pas seule, elle était accompagnée de femmes de dirigeants et de soldats», reprend sœur Marie-Hyacinthe. Qui ajoute: «Elle a aussi fait venir plusieurs fois Alphonsine à Kigali.»

La première voyante de Kibeho et la première dame du Rwanda réunies toutes deux dans la chapelle de la résidence présidentielle à implorer la Vierge, l'image s'imposa immédiatement. Habyarimana était-il avec elles? Que disait voir Alphonsine? Que lui demandait Agathe? En quels cieux s'abîmaient-elles?

De derrière son comptoir, le stylo toujours à la main, sœur Marie-Hyacinthe coupe court à toute interrogation. Sa voix reste distante, détachée. Le ton est paisible, sans reproche. Mais la sentence définitive: «À voir les fruits qu'Agathe a eus, ça montre qu'elle ne célébrait pas le vrai Dieu.»

Elle ôte ses lunettes et se met à parler. Elle commence par dire qu'elle est hutu, et c'est comme un verrou qui saute. Sœur Marie-Hyacinthe parle d'un flot. Je ne l'interromps pas, je l'écoute. Sa voix se réchauffe, ses yeux retrouvent leur vivacité, ses mains s'animent.

Du génocide, elle dit peu. Elle l'a traversé à Save, une des premières missions catholiques, fondée en 1899, à une trentaine de kilomètres de Kibeho. La mission a été attaquée huit fois par les miliciens, les «Interahamwe[2]», dit-elle, et cela lui suffit pour tout dire.

Le 15 mai 1994, elle écoute Radio Mille Collines, la voix des extrémistes surnommée «Radio la Mort», et entend Valentine, une des voyantes, intervenir devant l'église incendiée de Kibeho, remplie de cadavres. Les animateurs de «Radio la Mort» se réjouissent: «À ceux qui sont au front, courage! La Sainte Vierge est avec nous, elle l'a dit à Valentine...»

Elle croise les soldats français de l'opération Turquoise lorsqu'elle fuit au Congo, emportée par le fleuve humain que les extrémistes poussent avec eux sur la route de l'exil. Elle y reste un peu plus d'un an dans un camp surpeuplé où règnent terreur et désespoir.

Elle revient à Kibeho. Ne reconnaît rien, c'est un désert: les arbres coupés, la végétation en poussière,

2. Créée en 1992 par l'ancien parti unique de Juvénal Habyarimana, le Mouvement révolutionnaire national pour le développement (MRND), la milice Interahamwe, la plus importante du pays, participa activement au génocide.

la terre piétinée, quelques bâtiments encore debout. Et la peur à nouveau, celle de l'après qu'on ne parvient pas à deviner, l'incertitude qui grignote l'espérance. La longue attente, les années qui passent. Le Vatican qui, en 2001, consacre Kibeho au culte marial: «Ça nous a aidés, ceux qui sont partis sont partis en paix.»

D'un geste très doux, très fluide, sœur Marie-Hyacinthe pose son stylo sur le comptoir et tend sa main vers le casier des clés: «Bon, je vous montre votre chambre?» Elle passe de l'autre côté du comptoir, je la suis dans Regina Pacis.

Un couloir tout en carrelage, un escalier qu'elle grimpe sans se presser. Elle parle du temps qu'il fait, me recommande de bien me couvrir la nuit: «Nous sommes à deux mille mètres d'altitude, il peut faire froid.» Un autre couloir. «Voilà, c'est ici. Vous verrez, il y a de l'eau chaude.» Je la remercie. «Il y a aussi des couvertures.» Je la remercie encore. Ses sandales claquent sur le carrelage, elle rayonne d'une bonté sereine. «Trente mille?» je lui demande. «Oui, c'est bien ça», confirme-t-elle, amusée. Elle en avait besoin, j'en avais besoin.

C'est à Kibeho que l'histoire du «deuxième génocide» commence à s'écrire. Sœur Marie-Hyacinthe l'a évoqué lorsqu'elle a parlé de son retour du Congo, de ce désert qu'elle trouve à Kibeho. Un massacre venait de se produire. C'était un an après le génocide, quelques jours après la première commémoration.

Cent mille personnes vivaient regroupées dans un immense bourbier sur la colline. Le camp de Kibeho était le dernier camp au Rwanda encore contrôlé par les miliciens Interahamwe et les anciens soldats d'Habyarimana. Depuis des mois, les militaires du FPR arrivé au pouvoir incitaient les déplacés de l'intérieur à regagner leurs villages. Il fut décidé de le démanteler, et ce fut un désastre.

L'opération débuta le 18 avril 1995. Un soldat australien, le caporal Paul Jordan, présent sur les lieux pour l'ONU, l'a racontée en détail[3]. Les premiers jours, les soldats du FPR de Paul Kagame encerclent le camp et commencent à évacuer les déplacés. Qui résistent. La situation se tend.

Les soldats entrent dans le camp en tirant en l'air pour contraindre la masse humaine à se fragmenter. La peur se répand. Les déplacés sont terrifiés par cette armée dont ils ont toujours entendu dire qu'elle voulait exterminer les Hutu, les soldats craignent d'être débordés par la masse. Peur contre peur.

Le 22 avril, vers dix heures, Paul Jordan observe un mouvement. Il entend des tirs de fusils automatiques, des explosions de grenades, des rafales de mitrailleuses lourdes. Protégé par des sacs de sable, il voit les déplacés fauchés par les tirs, soigne des blessés.

3. Dans *A Personal Account of the 1995 Kibeho Massacre*. Disponible sur Internet, ce texte prépublié dans *The Australian Army Journal* est curieusement précédé de la mention « *Witness to Genocide* ».

«À cinquante mètres de nous», raconte-t-il, une femme se dresse, mains en l'air. Un soldat s'approche et la fait descendre de la colline, son bras «autour des épaules». Puis soudainement, «il lui fait faire demi-tour en nous regardant», la jette à terre et la tue d'une balle.

La fusillade dure deux heures, presque sans interruption. Elle reprend parfois, sporadiquement, sous la pluie qui tombe.

Paul Jordan revient au camp le lendemain et le surlendemain pour «compter les morts». Il trouve des blessés, se fait braquer par un déplacé armé. Et compte, compte, compte. Il arrive au chiffre de quatre mille victimes.

Des hommes, beaucoup, des femmes et des enfants aussi, étaient morts, tués par balle ou piétinés par la foule. Ceux qui les avaient tués étaient ceux qui avaient mis un terme au génocide, ceux-là même qui étaient soupçonnés du pire par l'Élysée.

3

IL EST SEPT HEURES DU MATIN, L'HEURE DE LA LITURGIE CÉLÉBRÉE TOUS LES JOURS À NOTRE-DAME-DES-SEPT-DOULEURS. Quelques silhouettes traversent précipitamment la grande esplanade pour s'engouffrer dans l'église, je les suis. L'église est récente, ses vitraux n'ont pas les teintes profondes que donne la patine du temps.

Les travées sur la gauche sont occupées par une jeune Polonaise, un Américain avec qui j'ai échangé quelques mots la veille au restaurant du Regina Pacis, trois missionnaires en chasubles raides à l'allure de templiers, des femmes et quelques hommes plutôt âgés.

Les travées à droite restent vides jusqu'à l'arrivée, deux minutes avant l'office, des collégiens de Marie-Merci. Les filles s'installent devant, les garçons derrière, tous en uniformes bleu et blanc. Quelques-uns ont les cheveux encore ébouriffés. La célébration commence en kinyarwanda et en latin. Je crois entendre par moments les mots *Nyina wa Jambo*, « la Mère du Verbe », je n'en suis pas certain.

Je suis venu dans l'espoir de rencontrer Nathalie, l'une des trois voyantes reconnues par l'Église, la seule à vivre à Kibeho. On m'a dit qu'elle assistait tous les matins à la messe. Je n'ai jamais rencontré de voyantes, je ne sais pas comment les reconnaître. Portent-elles des stigmates ? Existe-t-il un ordre des voyantes que l'on pourrait identifier à un détail vestimentaire ? Je scrute les visages, j'observe les tenues, à la recherche d'un signe.

Le destin des voyantes m'intrigue. Adolescentes, elles reçoivent la révélation, une révélation brutale. La Vierge qu'elles voient, et qui leur parle, ne les illumine pas de lumière et de joie, leurs visions sont apocalyptiques : « des cadavres abandonnés sans sépulture », « un arbre entièrement en feu », « un gouffre béant », « un monstre », « des têtes décapitées ». Jeunes femmes, elles grandissent avec ces images présentées après-coup comme annonciatrices du génocide. Femmes, elles sont emportées dans un tourbillon.

Alphonsine, la première voyante, qui se rendit chez les Habyarimana, fuit au Congo puis en Côte d'Ivoire, où elle vit désormais sous le nom d'«Alphonsine de la Croix glorieuse». Nathalie, connue pour son message sur «la souffrance expiatoire», fuit au Congo, puis à Nairobi, avant de regagner Kibeho en 1996. Marie-Claire, à qui la Vierge professa le repentir et enseigna le chapelet des Sept-Douleurs, fut tuée en 1994 dans des circonstances restées obscures.

Quant à Valentine, voyante proclamée mais non reconnue par l'Église, elle poursuivit son dialogue avec la Vierge – qu'elle appelle «Maman» – au Congo, au Kenya, au Togo et, aujourd'hui encore, à Bruxelles, où elle rassemble une fois par an, à l'église Saint-Roch, la communauté de ceux qui n'ont jamais reconnu le génocide.

Les déplacements des voyantes de Kibeho à travers le monde sont fascinants. Ils tissent une toile qui s'étend sur l'Afrique et jusqu'en Europe. Si je les superpose à ceux de la veuve du président, la dévote Agathe – Centrafrique, France, Gabon, Congo, Kenya et banlieue parisienne, où elle vit aujourd'hui –, apparaît alors la carte des foyers extrémistes enfermés dans la négation.

J'ai fini mon inspection matinale de l'assemblée sans parvenir à distinguer Nathalie. Déçu, je me rends à la paroisse. J'ai à peine franchi le seuil de la cour que le père François avance de quelques pas, avec un grand sourire et la main tendue. Il vient de célébrer la messe, il me prend pour un pèlerin, il est heureux. Je suis gêné. «Aucune importance», dit-il.

Il m'entraîne dans son bureau. Je lui explique que je souhaiterais rencontrer Nathalie. « Pourquoi ? » Pour entendre son histoire. Il refuse très gentiment, j'insiste très gentiment. Nous échangeons chaleureusement. Le père François est brillant, cultivé. Il use d'arguments spécieux, ses mots sont choisis, ses sophismes imparables : « Si Nathalie était une statue, je l'aurais mise là, sur la table, entre nous. »

Bertin est le président de la branche locale d'Ibuka, l'association des rescapés du génocide. Il était dans l'église quand l'incendie la ravagea. Sa jambe gauche est prise dans un plâtre, « un accident », dit-il. Je le retrouve chez lui, une petite maison au bord d'une piste creusée par l'écoulement des eaux, à un kilomètre du cabaret. Il est jeune, trente-quatre ans, et porte un tee-shirt rose. Dans l'église incendiée, il y eut quatorze survivants. Dont Bertin, qui avait neuf ans.

« Mon père et ma sœur avaient été tués, j'ai fui au Burundi avec ma mère. Il y avait des barrages de miliciens partout, j'ai passé sept jours dans la forêt. »

Bertin parle très vite. Il revient avec sa mère à Kibeho au début de l'opération Turquoise, lancée par François Mitterrand : deux mille cinq cents soldats français déployés au Congo pour intervenir au Rwanda.

« Nous sommes repartis. Nous avions peur des Français, ils protégeaient les tueurs, ils étaient de leur côté. »

L'affirmation n'est pas fausse. Les troupes françaises de Turquoise opéraient du côté des tueurs. Sur instruction de l'Élysée, elles ont laissé fuir au Congo les principaux responsables du génocide des Tutsi. Elles ont aussi bloqué l'avancée du FPR de Paul Kagame qui mettait fin au génocide. Seulement, Bertin avait neuf ans, et je me demande bien sur quels souvenirs il s'appuie. Je l'interroge, il me parle de l'église. Je l'interroge encore, il me parle toujours de l'église.

« Il n'y a pas eu de prêtres ici jusqu'à l'inauguration de Notre-Dame-de-la-Douleur, en 2001. Sur les trois de la paroisse, les deux Tutsi avaient été tués, le troisième, Hutu, était parti. Il vit au Vatican. »

Bertin tourne en rond. Son horloge intime reste bloquée sur le temps du génocide, sur le temps de ses terreurs enfantines. J'essaie de le faire avancer. Je lui parle du massacre qui a eu lieu à Kibeho un an après le génocide, et qui donna consistance à la théorie du « double génocide ». Il vivait à Kibeho, il avait dix ans. Peut-il m'en parler?

Il tressaille.

A-t-il vu les soldats du FPR impliqués dans l'opération?

Il part, boitillant, se chercher un verre d'eau.

Y a-t-il eu de nombreux tirs?

Il regarde la fenêtre, sa montre, sa femme, ses enfants.

Dans quel état étaient les déplacés?

Je le vois nouer ses mains, mais je ne comprends pas que je l'ai perdu. Qu'il se méfie. Il parle à un

Français, un de ces Français qui «protégeaient les tueurs», et ce Français semble s'intéresser davantage au sort de ceux qui ont participé au génocide qu'à ses victimes.

Je m'apprête à poser une nouvelle question, Bertin se lève:

«Désolé, mais j'ai un rendez-vous!»

Et c'est comme s'il avait dit: Pouce! Nous convenons de nous retrouver plus tard. Il semble soulagé.

Je n'ai rien à faire. Je me promène, retourne à la crèche, repasse devant l'immense colombe. Je fais comprendre au gardien, le même, que, non, je ne vais pas fumer cette fois-ci, pas à côté de la crèche en tout cas. Je redescends vers la piste. Un jeune homme en blouson, casque à la main, attend à côté d'une petite moto. Il est policier et travaille au service de l'émigration, son chef aimerait me rencontrer. Bien sûr, d'ici une heure? Non, tout de suite, là, maintenant. Ça m'embête, je lui dis. Il opine, il comprend, mais il ne peut rien faire. J'appelle Bertin pour le prévenir, il ne fait aucun commentaire.

Le poste est flambant neuf, un vaste bâtiment aux vitres fumées, ceint d'une clôture, avec, à côté, un garage pour voitures à gyrophare. Il y a des policiers en uniformes bleu nuit, des soldats en treillis vert, des inspecteurs en civil, des pompiers, des infirmières d'un service de santé. On me fait monter dans une grande pièce occupée par deux ordinateurs et quelques chaises. On m'invite à prendre place, le jeune policier s'assied à côté. Nous attendons dans la pièce vide.

La porte s'ouvre, ça résonne, le chef entre : blouson bleu, visage en lame, chaussures noires, la cinquantaine. La porte s'ouvre à nouveau, c'est un inspecteur en civil : chemise blanche, baskets, la quarantaine repue. Nouvel écho, un deuxième inspecteur en civil : blouson en faux cuir, discret, attentif.

Le chef demande mon passeport, je le lui tends. Nom ? Prénom ? Lieu de résidence ? Ah, Français ? Qu'est-ce que je fais ici, à Kibeho ? Qu'est-ce qui m'intéresse ? Le nom de ma femme ? De mes enfants ? Où je loge ? Qui ai-je vu ? Quand suis-je arrivé au Rwanda ? Pourquoi venir au Rwanda ? Le nom de mes parents ? Ah, ce n'est pas la première fois que vous venez ? Les dates des séjours précédents ?...

Bon, quand je le résume comme ça, ça a l'air un peu rude. En réalité, l'interrogatoire fut civil et courtois. Mais la discussion s'est compliquée lorsque, pressé de questions, j'ai dû expliquer que j'avais été présent au Rwanda avant le génocide, pendant le génocide, puis avec les soldats français de l'opération Turquoise, et encore après. En entendant le mot « Turquoise », j'ai cru voir un inspecteur froncer les sourcils. Je me trompe peut-être, une minute plus tard des limonades nous étaient servies.

Le chef a feuilleté mon passeport et est tombé sur le visa congolais :

« Vous avez l'intention d'aller au Congo ?

LA ZONE TURQUOISE,
LE PROTECTORAT DE PARIS AU RWANDA

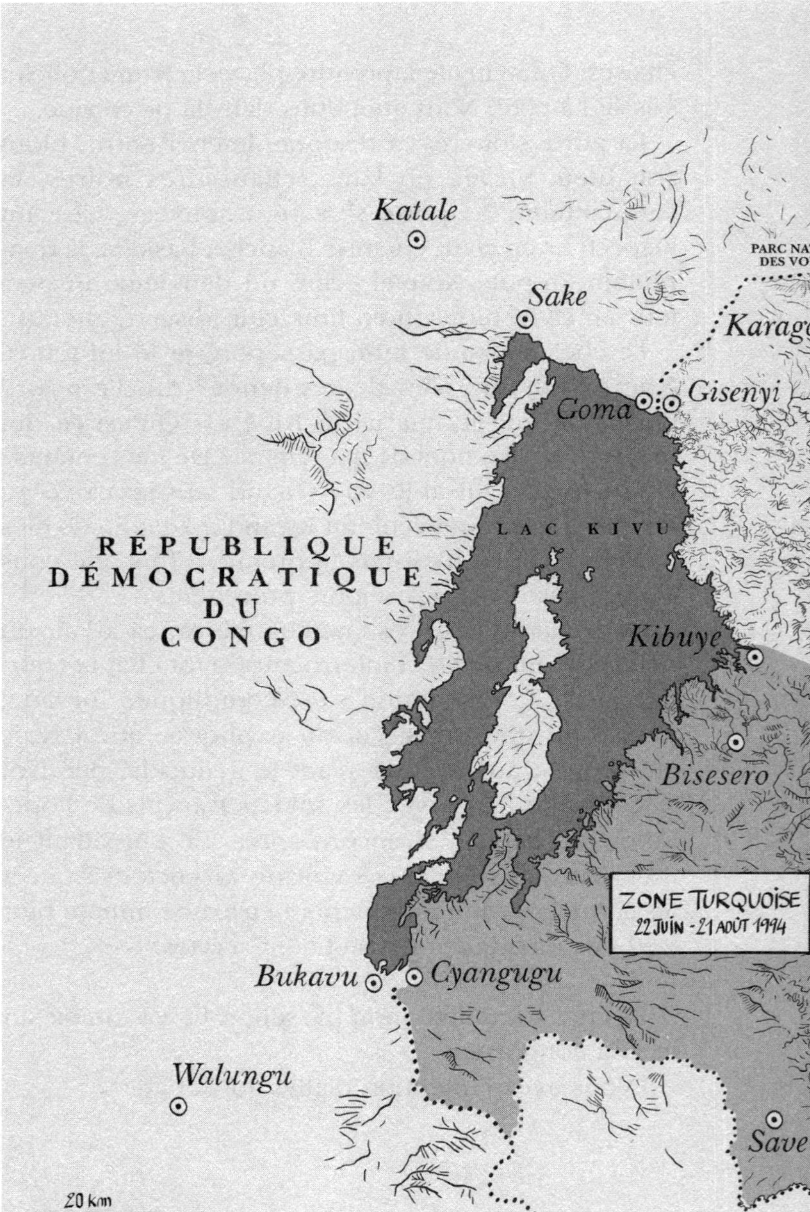

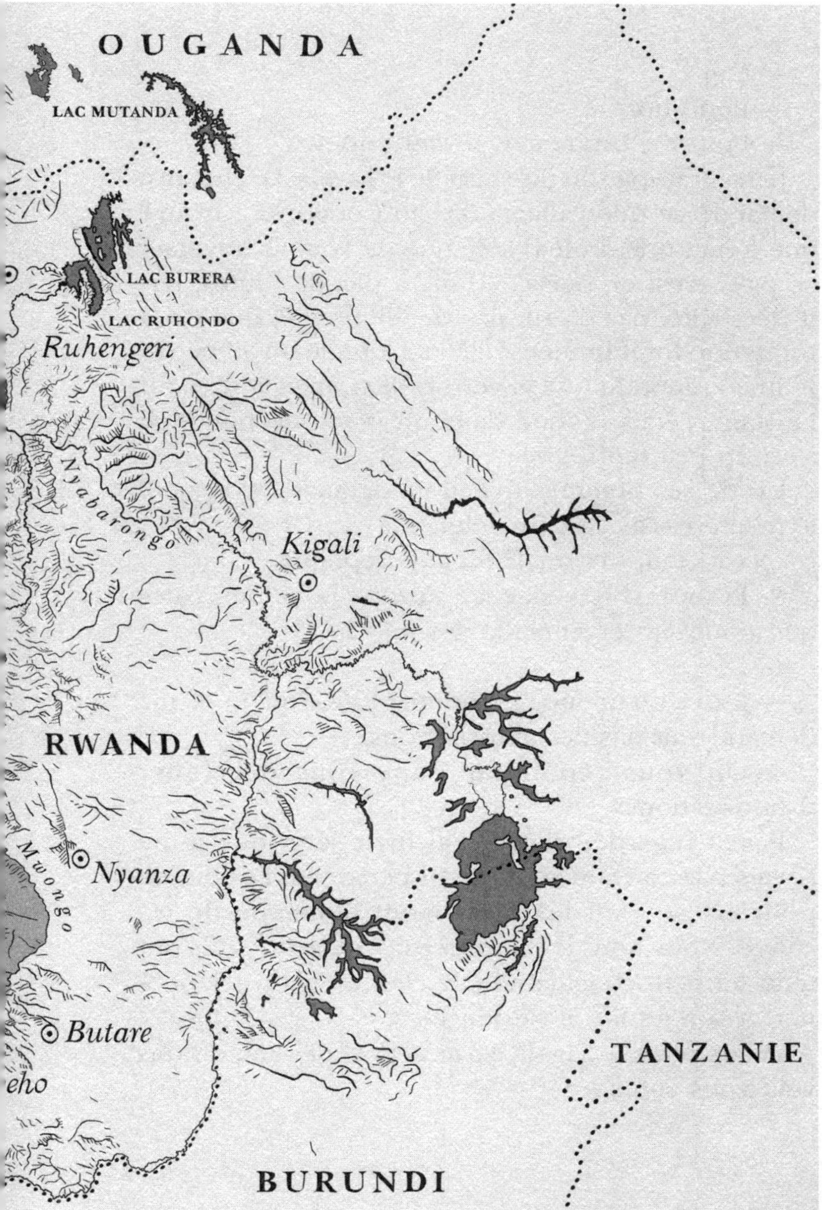
OUGANDA
LAC MUTANDA
LAC BURERA
LAC RUHONDO
Ruhengeri
Nyabarongo
Kigali
RWANDA
Mwongo
Nyanza
Butare
eho
TANZANIE
BURUNDI

— Oui

— Pourquoi?

— Pour me promener. Je suis curieux.»

Je n'aurais pas dû dire cela, je le savais. Le chef m'a demandé ce que j'allais faire au Congo. Il a trouvé que c'était une drôle d'idée que de vouloir traverser ce pays d'est en ouest: «Il n'y a pas de routes, pas d'électricité, pas d'eau, pas de téléphone, que de la forêt, une forêt immense, dans laquelle on se perd.» Je lui ai répondu que je verrais bien, mais que, pour l'instant, j'étais bloqué dans un poste de police. Il s'est un peu renfrogné.

Un de ses hommes m'a alors demandé pourquoi je m'intéressais au génocide.

«N'est-ce pas normal? lui ai-je répliqué.

— Et moi, si je venais en Europe pour poser des questions sur le génocide des Juifs?

— ...

— Est-ce qu'on me répondrait? Est-ce qu'on ne me demanderait pas des autorisations?

— On vous répondrait sans vous demander d'autorisations.»

Il m'a regardé, pensif. J'ai bien senti que je ne l'avais pas convaincu, ni lui ni personne. Les quatre policiers se sont levés et m'ont demandé de les suivre. Nous nous sommes retrouvés dehors. Ils ont tenu un petit conciliabule, le chef est parti téléphoner. À son retour, il s'est avancé.

«Vous allez à Kigali, la direction des migrations veut vous entendre.

— J'irai demain, j'ai un rendez-vous.

— Non, tout de suite, ils vous veulent dès ce soir.»

J'étais venu en voiture. Énervé, j'ai fait rugir le moteur et planté les policiers au bord de la route. Après dix kilomètres, un pick-up blanc m'a rattrapé en klaxonnant pour m'obliger à m'arrêter. La route longeait un à-pic impressionnant, des bûcherons tailladaient la forêt. Le chef a jailli de son pick-up en claquant la portière, furieux. Il avait l'air de croire que je voulais m'enfuir.

Je lui ai expliqué que, moi aussi, j'étais énervé, que j'avais l'intention d'arriver vers midi dans la ville de Butare pour y déjeuner au restaurant de mon ami Michel que j'avais manqué à l'aller, que j'y prendrais une bière, un steak-frites et une mousse au chocolat, un café aussi. Le chef m'a laissé repartir, j'ai bien vu qu'il était songeur.

Michel s'est marré. Il était derrière sa bière, à sa table sur la terrasse, et a tout de suite compris qu'il y avait un loup. Michel est belge. Né au Rwanda, il y a toujours vécu. Son père a exploité une mine d'étain, lui a monté un hôtel-restaurant à Butare. Il a souvent l'air un peu assoupi, il ne faut pas s'y fier.

Pendant le génocide, il s'est querellé avec un étrange garagiste français installé dans cette petite ville universitaire et dont la principale activité n'était sans doute pas son garage. Sur déposition faite à la police belge le 9 août 1994, il a accusé ce garagiste d'avoir été en cheville avec un officier de l'armée rwandaise chargé des achats d'armes pendant et après le génocide. Plus tard, Michel a perdu son hôtel *Ibis* et créé un nouveau restaurant, l'*E-Bis*. Il a chez lui une bibliothèque considérable, c'est un des meilleurs connaisseurs du pays. Il en a une appréhension aussi érudite qu'intuitive.

Michel m'a proposé une bière, une Virunga Gold à l'étiquette verte représentant le parc naturel des grands gorilles de Diane Fossey. «C'est la meilleure, de loin.» Il était belge, j'étais français, nous étions au Rwanda: nous avons parlé bières.

Autour de nous, il y avait quelques Rwandais et des touristes débarquant de voitures de safari avec esquisses de gorilles sur les capots et frigos à l'intérieur. Des Anglais, des Américains, des Français, des Suisses, des familles avec enfants, des femmes en groupes, des retraités et, aussi, quelques humanitaires plongés derrière l'écran de leur ordinateur connecté au Wi-Fi. Sa clientèle, auparavant composée de vieux profs et de lettrés devisant des heures autour d'une bière, avait bien changé.

«Bah! Là, j'attends la rectrice américaine de l'université de Butare, qui arrive des États-Unis. Elle vient deux fois par an et est royalement payée.

— Dis, Michel, t'étais bien là pendant le massacre de Kibeho? Tu as dû voir débouler les évacués du camp de déplacés…

— Je les ai vus à leur arrivée, quand les camions les débarquaient au stade. Ils étaient entassés les uns contre les autres, tous couleur latérite et puants.

On aurait dit des fantômes. La ville était pleine de mouches, il y en avait partout, partout. Des grosses mouches. Certains se sont fait tabasser, d'autres cracher dessus. Pas franchement un accueil chaleureux, mais bon...

— Bon, quoi?

— Tu sais ce qui s'est passé ici... Pendant des mois après le génocide, toute la région était vide, vide, vide... Et les survivants les voient arriver... Ils avaient perdu les leurs, et ils voient arriver ces gens-là qui s'étaient rassemblés à Kibeho, qui acceptaient la loi des miliciens et des extrémistes, qui les protégeaient même. Fallait pas s'attendre à autre chose!

— Et que sont devenus ces déplacés?

— Quelques-uns ont été arrêtés, emprisonnés et jugés. D'autres ont été tués. Mais la plupart sont rentrés dans leurs villages. Il y avait de longues files indiennes sur toutes les routes, partout. Ceux de Kibeho qui rentraient chez eux, mais aussi tous ceux qui avaient fui le pays pendant le génocide et qui étaient de retour. C'était un immense chassé-croisé, des milliers et des milliers de personnes qui se traînent sur le bitume, épuisées, à bout de forces. Imagine un pays dont la population entière arpenterait les routes, c'était ça le Rwanda!»

Oui, c'était ça. Michel n'exagérait en rien. Les routes étaient bordées de cadavres: ils étaient si peu à être en état d'enterrer les morts, et il y en avait tant. Une génération plus tard, on découvre toujours des ossements lorsqu'une route est taillée, lorsque des sanitaires sont refaits, lorsque des fondations sont creusées…

« Et il y en a qui osent dire que les morts du massacre de Kibeho ont été déplacés pour être ensevelis dans les mémoriaux des victimes du génocide ! Pour augmenter les chiffres ! Un professeur d'université soutient cette thèse, un Belge. Faudrait qu'il arrête de jouer avec les morts, qu'il vienne ici un jour… »

Michel, en colère, se lève pour accueillir la rectrice de l'université de Butare, venue des États-Unis. Il la joue à l'américaine avec son accent belge. En se rasseyant, il me demande ce que je fais dans le coin. Je lui parle du Congo, il me fixe interloqué : « Me blague pas. » Et d'un coup plonge la tête vers sa bière. J'ai regardé dans mon dos : j'ai vu s'approcher le chef de la police de Kibeho.

Le shérif avait fait une heure de voiture pour vérifier que j'étais bien là, en route vers Kigali. Il était arrivé avec deux hommes chargés de m'escorter jusqu'à la capitale, m'a-t-il informé. J'ai reconnu l'un des inspecteurs du poste de police. Michel se pinçait les joues. J'ai fait remarquer que j'attendais un steak-frites. Il n'y avait plus de mousse au chocolat, j'ai pris une glace, et un café. « N'exagère pas trop », m'a glissé Michel. J'ai repris la route de Kigali, avec une escorte.

À Nyanza, la voiture des deux policiers a fait des appels de phare. J'ai compris qu'il fallait que je m'arrête sur l'aire d'une station-service. Une voiture était garée : la relève. Les policiers se sont passé le colis.

Nous sommes arrivés à la nuit tombante au pied du QG du service des migrations à Kigali.

J'ai attendu une heure, peut-être deux. On m'a conduit à un ascenseur. Il marchait bien, j'ai pensé à Aimé, le responsable d'Otis au Rwanda, avec qui j'avais dîné et qui installe partout des ascenseurs. Au quatrième étage, j'ai traversé une pièce où étaient exposés des brevets d'excellence, des diplômes, des médailles, des certificats attribués par des polices des migrations du monde entier.

Régis, le directeur général, a fait : « Ah, vous voilà ! » Il était accueillant et n'avait pas l'air de me prendre pour un espion. Je ne lui ai pas parlé du Congo, j'en avais assez de m'entendre dire qu'il ne fallait pas y aller.

James Kabarebe, lui, m'en a parlé. Ses mains volaient sur la carte du Congo que j'avais sortie de mon sac pour la déplier sur la table. L'espace représenté était si vaste qu'il avait fallu pousser son verre de lait et ma bière. L'est du Congo plongeait dans la piscine du *Marriott*, l'ouest pointait vers le bar de l'hôtel.

La carte, une Michelin intitulée *Afrique Centre et Sud, Madagascar*, était à l'échelle d'un centimètre pour quarante kilomètres. Le Rwanda y occupait difficilement quelques centimètres carrés, le Congo débordait de toutes parts.

Côté congolais, on ne voyait qu'une immense tache verte, la forêt équatoriale, parcourue par un fleuve sinueux de quatre mille sept cents kilomètres. Il y avait trois traits, plus fins et plus courts, avec des portions indécises : de supposées routes figurées par un cartographe optimiste ou esthète. C'était tout, et c'était la carte la plus précise que j'avais trouvée.

James Kabarebe la parcourait avec aisance. Son doigt glissait sur la tache verte par sauts de quelques centaines ou milliers de kilomètres. Il localisait sans difficulté les rares villes, mentionnait des villages qu'il situait du bout de son ongle, là sur le vert, et ici sur le vert, et encore là sur le vert. D'un coup de stylo, je faisais alors une croix sur la carte avant de me faire épeler un nom inconnu.

À un moment, son doigt s'est arrêté au nord-est de la tache verte et il a expliqué que là, dans ce nulle part, il était tombé avec ses soldats sur un camion bloqué depuis un an dans un trou de boue.

James Kabarebe connaît le Congo comme sa poche, comme l'Ouganda, où il a été officier de renseignement, et le Rwanda, où il conseille Paul Kagame. La soixantaine, il marche du pas chaloupé des militaires et porte un costume. « Toute ma vie, je me suis battu », dit-il en lâchant la carte.

Fils d'exilés né au Congo en 1959, il avait trente et un ans lorsqu'il est revenu au Rwanda avec le FPR. Aide de camp de Paul Kagame du temps du maquis, il a affronté l'armée d'Habyarimana et les soldats français qui en avaient le commandement opérationnel jusqu'à leur départ, fin 1993. Sur les images d'archives, il a l'allure d'un gamin tout juste sorti du bain qui viendrait d'enfiler une tenue d'officier.

« Cette guerre, dit-il, a été très difficile. »

J'attends, il se tait.

J'attends encore, il boit une gorgée de lait.

« Vous l'avez gagnée cette guerre, je finis par lui dire.

— La guerre oui, mais il y a eu le génocide... »

Il pose son verre de lait.

« Et l'idéologie du génocide existe toujours. »

Comment un soldat affronte-t-il un génocide ? Qui est l'ennemi ? Ce garde champêtre ? Cet intellectuel ? Ce policier ? Cette villageoise poussée à tuer ? Quel est l'uniforme du génocide ? Comment l'identifier ? Où est le front ? Comment combattre un génocide, une « idéologie » ?

Je l'interroge sur l'opération Turquoise lancée par François Mitterrand, ces deux mille cinq cents soldats français déployés à partir du Congo à la fin du génocide. Il raconte avoir fait désarmer une compagnie française d'une centaine d'hommes opérant au Rwanda fin juin 1994. Il mentionne des échanges de feu avec les soldats français. Il parle des Mirage de l'aviation française qui « essayaient de nous intimider ».

Il évoque les immenses camps de réfugiés qui se sont formés au Congo, sous le parapluie de Turquoise, lorsque les extrémistes ont organisé l'exil de leur armée, de leur administration, de leurs banques, de leurs biens, et de tous ceux qui les suivaient parce qu'ils n'avaient plus rien, parce qu'ils avaient peur, parce qu'on leur mentait.

Il avance dans le temps. Et affirme que l'armée d'Habyarimana se reconstituait dans ces camps de plus d'un million de personnes, que l'état-major du génocide s'y réorganisait, que les réfugiés s'y entraînaient. Avec « l'aide de la France », dit-il, et de son protégé à la tête du Congo, le maréchal Mobutu, le « grand frère » d'Habyarimana.

Quelques mois plus tard, James Kabarebe entre avec ses soldats dans ces camps. Parti démanteler une menace à la frontière du Rwanda, il poursuit sa course jusqu'à Kinshasa.

« Le pays est très grand, très vaste. Nous avons marché dans la forêt en nous battant assez peu, c'était comme s'enfoncer dans un ventre mou. L'armée d'Habyarimana et les miliciens emportaient les réfugiés. Ils étaient devant, nous avancions sur leurs traces. »

Je lui fais part de ma perplexité. Une enquête des Nations unies sur cette guerre au Congo[1] parle de

1. Intitulée *République démocratique du Congo, 1993-2003*, et sous-titrée « Rapport du projet Mapping concernant les violations les plus graves des droits de l'homme et du droit international humanitaire commises entre mars 1993 et juin 2003 sur le territoire de la République démocratique du Congo – août 2010 », cette enquête non conclusive de 581 pages a été publiée par le Haut-Commissariat des Nations unies aux droits de l'homme (HCDH).

crimes contre l'humanité, de crimes de guerre, «voire de génocide», et fait état de plusieurs dizaines de milliers de victimes «probables». L'a-t-il lue?

«Oui.»

Et alors?

«C'est de la politique», dit-il, très calme, très ferme, très sûr de lui.

C'est étrange, un génocide. On voudrait que la victime soit pure, qu'elle et ceux qui la représentent n'aient jamais commis le moindre acte répréhensible. On le voudrait ainsi parce que ce crime dépasse notre entendement et que nous avons un besoin vital de croire en l'humanité, en sa raison. Ce dont, justement, le crime de génocide nous déshabille.

Je dis cela parce que James Kabarebe, accusé pendant des années par la justice française d'avoir planifié l'attentat contre l'avion du président Habyarimana pour s'emparer du pouvoir «au prix du massacre des Tutsi[2]», a finalement été libéré de toutes charges et poursuites.

Cet homme avec qui je venais de discuter n'était donc pas le monstre de cynisme supposé avoir sacrifié les siens pour parvenir à ses fins en 1994. Cela

2. Extrait de l'ordonnance de soit-communiqué rendue le 22 novembre 2006 par le juge Bruguière, qui lance alors neuf mandats d'arrêt internationaux contre, entre autres, James Kabarebe et Paul Kagame.

n'en faisait pas pour autant un parangon de vertu : que s'était-il passé au Congo deux ans plus tard ?

Je suis reparti avec ma carte Michelin et sa tache verdâtre couverte de biffures, de ratures, de croix et de dates. À la gare routière de Nyabugogo, à Kigali, j'ai acheté une place dans un bus pour Ruhengeri, dans le nord du pays, au pied du parc des Volcans. Je voulais rencontrer Marc, un journaliste flamand installé depuis des années au Rwanda, d'où il suit les affaires congolaises. Nous avions rendez-vous à l'hôtel *Muhabura*, le plus vieux de la ville.

Du temps de la colonisation belge, c'était *Le Mimosa*. Façade rose, terrasse décatie, il respirait la nostalgie. Le réceptionniste m'a proposé la chambre 12, « celle de Diane Fossey ». Sur le site de l'hôtel, j'avais lu que « de retour de son camp de gorilles », la primatologue y « prenait un bain, puis un repas décent au restaurant ». J'ai décliné, sans regret. Il n'y avait pas d'eau chaude, et les spaghettis étaient insipides.

Marc les a avalés à grands coups de fourchette. Le géant barbu était fatigué et affamé. Entre deux bouchées, il trouvait tout de même le temps de parler. Il avait une manière extrêmement plaisante de s'exprimer : ses « R » roulaient en cascade et il appuyait fort sur les « on ». Il avait aussi un tic, il ponctuait ses propos de « Tu comprends ? ». C'était sa virgule et cela donnait :

« En Europe, on a une vue un peu extra-terrestre du Congo. Trop de gens regardent le cheval dans les yeux. Tu comprends ? »

Ou encore :

« Ce pays, c'est comme le Pacifique. Un tapis vert avec de temps en temps une petite île. Tu comprends ? »

Ou encore :

« Faut imaginer un bateau au fond de l'océan avec des gros trous. La communauté internationale pompe, mais l'eau entre de partout. Tu comprends ? »

Oui, je comprenais. Marc me décrivait une mare à crocodiles de la taille de la mer Méditerranée sillonnée d'« appétits féroces », de génocidaires « prêts à sacrifier les leurs », de « gens sans remords », pour qui « une vie, ça veut rien dire ». Je voyais la tache verte de ma carte prendre des allures de marécage fangeux.

Au dessert, il m'a raconté avoir descendu en kayak la rivière Lukenie à la recherche d'une « lumière » au Congo :

« En kayak ! ai-je sursauté.

— Oui, en kayak. Sur mille cinq cents kilomètres. Trois mois. Et j'en ai fait un livre, publié en flamand.

— Sous quel titre ?

— *Le Cœur des ténèbres revisité.* »

4

JE SUIS DANS UN BUS. Qui monte, descend, monte et descend. Je suis dans un ascenseur qui donne à voir le matin du monde. Le bus saute par paliers successifs de plateau en plateau. La terre est noire, l'herbe d'un vert phosphorescent, l'air translucide. Sur chaque plateau, une enfilade de champs, de villages, de petites forêts. Et brutalement, le plateau se referme sur un étroit goulot pentu qui mène à un autre plateau, plus haut ou plus bas, mais toujours dominé par un volcan.

J'en vois défiler six : le Muhavura, le Gahinga, le Sabyinyo, le Visoke avec ses gorilles dans la brume, le Karisimbi à quatre mille cinq cents mètres, et le Nyiragongo au cratère de lave rougeoyante.

Le village natal des Habyarimana est à quelques kilomètres, au cœur de ce «pays hutu». La question tutsi fut vite réglée, ici. La plupart avaient été tués avant 1994. Quinze jours après le début du génocide, il n'en restait plus un.

Qu'a-t-on fait au pays hutu après avoir éliminé les Tutsi? Continua-t-on à cultiver? À envoyer ses enfants à l'école? Oui, mais le «travail» se poursuivait dans tout le pays et le fief des époux Habyarimana – quand bien même en pointe – ne pouvait rester désœuvré.

Les extrémistes se mirent donc à épurer les rangs des supposés «traîtres» à la cause hutu. Il suffisait de peu : un petit nez, un teint clair, un ventre mince, une jalousie, une querelle de voisinage et, hop, une dénonciation.

Le processus fut identique dans tout le Rwanda. «Nous allons nous retrouver en train de nous exterminer nous-mêmes, les Hutu», s'alarma un jour un auditeur à l'antenne de Radio Mille Collines, la radio des extrémistes[1].

Juvénal Habyarimana, le président tué dans l'attentat contre son avion, ne fut pas inhumé dans son village natal. Sa dépouille, récupérée au milieu des débris de l'appareil, resta quelques jours à Kigali.

1. Radio Télévision Mille Collines (RTLM), non daté, archives du TPIR.

Sa veuve, Agathe, fut évacuée hors du pays par un avion français. Le colonel Grégoire de Saint-Quentin lui avait donné une demi-heure pour quitter sa résidence, elle abandonna derrière elle son clan et le corps de son mari.

Le clan gagna la ville de Gisenyi, à la frontière du Congo, celle-là même où se rend mon bus. Il emporta dans sa fuite la dépouille présidentielle. Qui fut stockée trois mois, le temps du génocide, dans un frigo de la Bralima, une brasserie de bière.

Le corps avait-il été embaumé ? J'avais posé la question à Ildephonse lorsqu'il m'avait raconté à Kigali l'histoire de la dépouille présidentielle avant de m'inciter à visiter la résidence des Habyarimana. Il n'avait pas su me répondre, et nous étions restés tous deux, pensifs, à imaginer le cadavre présidentiel gisant dans la brasserie de cette jolie petite ville au bord du lac Kivu, dans le nord-ouest du Rwanda, la dernière avant l'immensité congolaise.

Deux jours après l'attentat, le temps de liquider les principaux opposants, un « gouvernement des sauveurs » s'était emparé du pouvoir. La composition de ce gouvernement avait été décidée par les extrémistes réunis à l'ambassade de France à Kigali. Aussitôt nommés, les « sauveurs » furent à la manœuvre sur deux fronts : la guerre contre le FPR de Paul Kagame et l'extermination.

C'est compliqué de se battre sur deux fronts, ça demande une folle énergie. Il faut sans cesse motiver l'arrière, entretenir la paranoïa pour s'assurer que l'extermination soit bien menée, qu'il n'y ait pas de relâche, qu'il n'en reste pas un, nulle part. Et il y a toujours des traîtres, des récalcitrants, des mous du genou. Des Hutu qui abritent des Tutsi, des maris qui protègent leur femme, des enfants qui ne dénoncent pas leurs parents. Des qui se cachent dans des trous, dans les fosses des latrines, dans des faux plafonds ; des qui ont été mal tués et qui survivent sous des piles de morts, des qui se sont enfoncés dans la boue des marais et qu'il faut débusquer.

Dans le même temps, il y a la guerre. Avec les exigences des militaires qui veulent plus de fusils, plus de munitions, plus de fuel, plus de véhicules, plus de radios, plus d'argent, plus de renforts. Mais l'argent se fait rare. Et le renfort est occupé, il extermine. Que faire ?

Débordé par l'ampleur de la tâche, le gouvernement des sauveurs recule, perd du terrain et perd la guerre peu après l'arrivée au Congo, à l'été 1994, des soldats français de l'opération Turquoise. Début juillet, le FPR de Paul Kagame contrôle plus de la moitié du pays et s'empare de Kigali.

À l'hôtel *Méridien* de Gisenyi, siège provisoire d'un gouvernement des sauveurs devenu « génocidaire[2] », les réunions se succèdent.

2. Le 28 juin 1994, la Commission des droits de l'homme de l'ONU qualifie la « guerre » au Rwanda de « génocide des Tutsi ».

Les extrémistes hutu se savent acculés, dos au mur. S'ils ne veulent pas se rendre, ils n'ont qu'une solution : organiser leur repli au Congo. Mais pas seuls. Avec leur peuple, leur armée, leurs autorités, leurs banques, leurs commerces, leurs biens. La décision est prise le 12 juillet à l'issue d'un dernier Conseil des ministres en terre rwandaise.

« C'est alors, m'avait raconté Ildephonse, qu'ils ont décidé de sortir du frigo la dépouille du président Habyarimana. C'était la déroute, ils ne pouvaient pas l'abandonner derrière eux. Le cadavre devait être trimballé de l'autre côté de la frontière, à Goma, au Congo. Ils en avaient besoin. C'était le symbole de leur cause, le martyr du peuple hutu. »

L'opération de repli, celle de la dernière chance, l'ultime carte, est déclenchée le 14 juillet. Il faut ne rien laisser derrière, faire table rase. Fuir, oui. Mais un pays vidé, rendu exsangue, pour affaiblir l'ennemi et préparer la revanche. Ce n'est pas une défaite, c'est un revers ; ce n'est pas la fin de la guerre, c'est le début d'une autre guerre.

Rien ne sépare Gisenyi (Rwanda) de Goma (Congo). Rien qu'une légère clôture, et une barrière branlante que les douaniers meuvent en jouant d'une ficelle. D'un coup, comme un barrage qui aurait lâché, ils sont des centaines de milliers à se diriger vers la barrière.

Partis de Kigali, du centre, de l'est, du sud et du nord du Rwanda, ils ont obéi aux ordres. Apeurés, à bout de forces, ils se coulent en un flot compact vers le Congo. Les vieux et les nouveau-nés qui ne pouvaient marcher, ils les ont tués parfois eux-mêmes pour, disent-ils, «qu'ils ne soient pas tués par le FPR» ou pour «ne pas être retardés».

C'est la débâcle.

Ils ont embarqué tout ce qu'ils pouvaient jusqu'aux tôles des toits, jusqu'aux matelas, jusqu'aux casseroles, jusqu'aux vaches, jusqu'aux chèvres, jusqu'aux télévisions, jusqu'aux cahiers de classe, jusqu'aux habits, jusqu'aux réserves de nourriture, jusqu'au café et au thé tout juste récoltés, jusqu'aux chaises, jusqu'aux poutres, jusqu'aux fils électriques, jusqu'aux pioches, jusqu'aux houes, jusqu'aux tournevis, jusqu'aux machines à écrire, jusqu'aux téléphones, jusqu'aux générateurs, jusqu'aux machines-outils.

Le pays qu'ils quittent, ils l'ont chargé sur leur dos, sur des brouettes et des trottinettes en bois, sur des vélos, des motos, des voitures, des camions, des bus, des bulldozers. Ce qu'ils ne pouvaient prendre, ils l'ont incendié ou détruit. Et ils ont avancé, ahanant sous le soleil, ployant d'épuisement, chutant, se relevant. Goutte à goutte au départ de leurs villages, en petits ruisseaux sur les pistes, en rivières sur le macadam, en fleuve à l'approche de Gisenyi par la route des volcans, la route du matin du monde. «Nous avons ressenti une vibration très sourde venant du sol, nous avons pensé à un tremblement de terre», dira un témoin.

La marée humaine – des femmes, des paysans, des ouvriers, des commerçants, des miliciens, des préfets, des enfants, des vieux, des soldats, des médecins, des malades, des banquiers – se déverse sans répit sur le Congo. Et quelque part, noyée dans cette marée, une brindille flottante : le corps d'Habyarimana.

« À Goma, Habyarimana a été installé dans un autre frigo, m'avait raconté Ildephonse. Je ne sais pas combien de temps exactement il est resté là, mais, assez vite, les extrémistes ont affrété un avion. Le cadavre du président a été chargé en soute, des soldats de la garde présidentielle l'escortaient. Ils voulaient l'inhumer à Kinshasa, chez leur allié le maréchal Mobutu. »

Ildephonse vivait alors dans la capitale du Congo, où il était propriétaire d'une petite entreprise de télécommunications. Début août, il accompagne à la morgue la famille d'une de ses nièces, morte du sida.

« Nous nous sommes retrouvés à l'hôpital de Ngaliema, un quartier plutôt chic de Kinshasa. Devant la morgue, il y avait un gars avec un fusil, béret baissé sur les yeux. Tout le monde disait que ce soldat avait une tête de Rwandais. On comprenait pas, mais on est entrés pour récupérer ma nièce. Et là, on nous a ouvert le tiroir numéro 2. J'ai vu un immense drapeau rwandais posé sur le corps. Et j'ai regardé le visage. Je n'y croyais pas : c'était Habyarimana ! Oui, c'était bien lui. On voyait ses cheveux, mais une partie était un peu cramée, comme de la lave. Le gars a vite refermé le tiroir en s'excusant. Il s'était trompé... »

KARAGO,
LE CŒUR DU « PAYS HUTU »

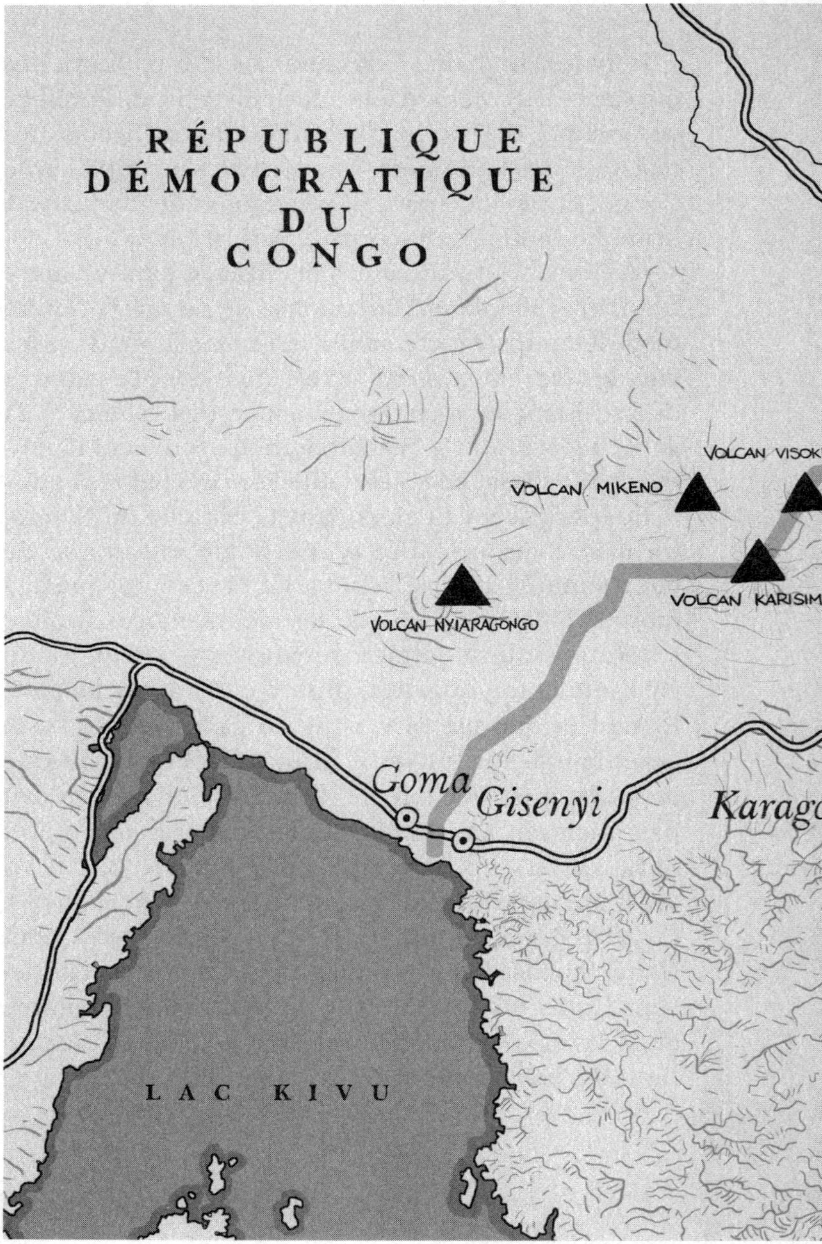

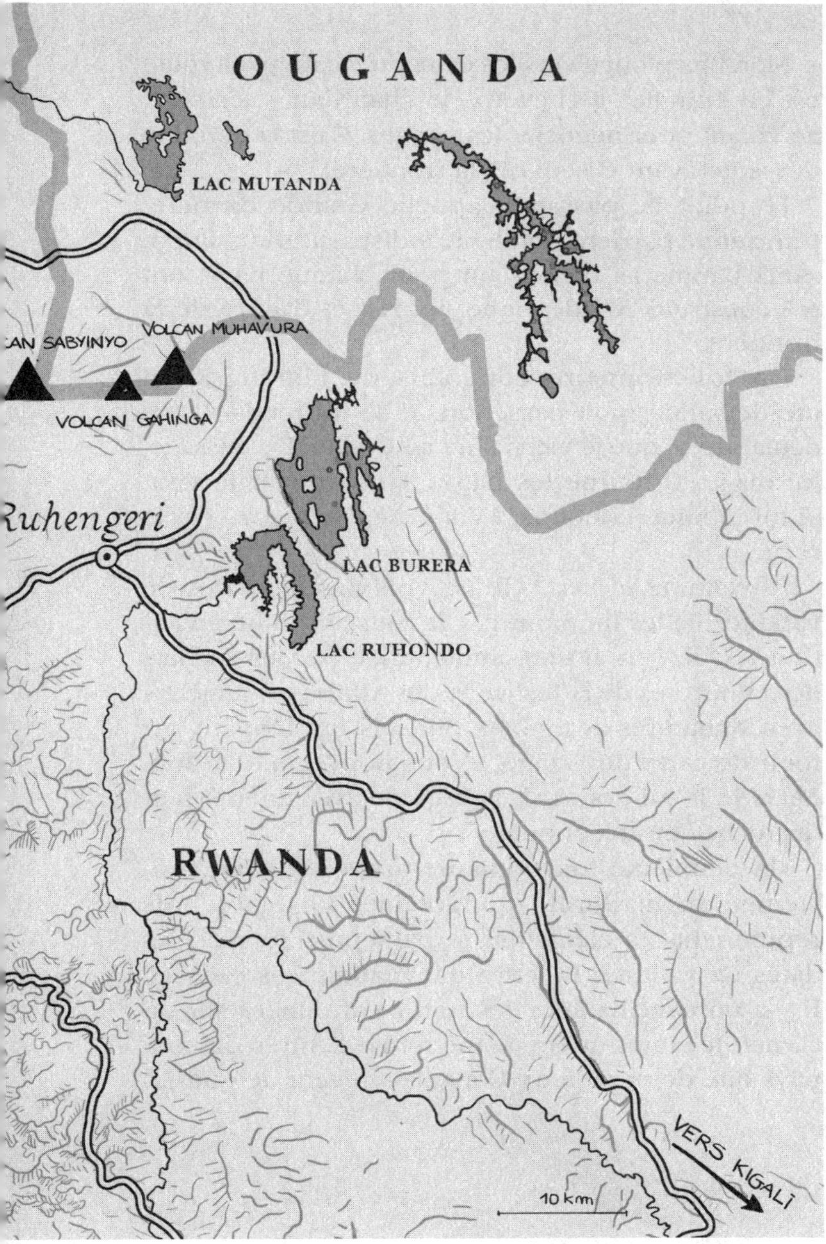
OUGANDA
LAC MUTANDA
VOLCAN MUHAVURA
CAN SABYINYO
VOLCAN GAHINGA
Ruhengeri
LAC BURERA
LAC RUHONDO
RWANDA
VERS KIGALI
10 km

Mon bus plonge vers les eaux du lac Kivu. La route est en épingles à cheveux, le chauffeur s'accroche au volant pour négocier les virages. C'est la dernière descente avant Gisenyi et la frontière.

Le point de passage s'appelle Grande Barrière. L'ancienne barrière branlante a disparu. Deux imposants bâtiments blancs, un pour chaque pays, ont été construits à l'identique de part et d'autre de la frontière.

Un fonctionnaire congolais de l'immigration me demande mon passeport, je le lui tends. Il me demande ce que je viens faire au Congo. De passage, lui dis-je. Il tourne les pages sans trouver le visa, je lui indique la bonne. «Vous avez le reçu?» J'ai le reçu.

Il examine le visa. «Je ne vois pas les dates de validité», je les lui montre. «Et vous avez une invitation?» Oui, j'en ai une, authentifiée par les cachets des ministères de la Justice et des Affaires étrangères, avec signatures et timbres officiels, un léopard sur fond de carte du Congo. «Vous pouvez me la donner?» Je la lui donne. Il la regarde avec attention et décroche son téléphone.

Un deuxième fonctionnaire arrive. Puis un troisième, de la Sûreté congolaise. Ensemble, ils reprennent les éléments: le passeport, le visa, les dates de validité, la lettre d'invitation, ses cachets. Il y a un conciliabule, des notes griffonnées sur un carnet. Je crains qu'on ne me refuse l'entrée dans ce pays que de nombreux Congolais rêvent de quitter.

Les fonctionnaires me fixent, semblant peser le pour et le contre. Deux partent, sans un mot. Le dernier tamponne le passeport, comme à regret.

À la sortie du poste, des dames en masques blancs et gants de plastique attendent devant une rangée de robinets alignés au-dessus d'un long bac. Elles tiennent à la main une espèce de pistolet qu'elles braquent sur la tempe.

« 37,4 °C ; c'est bon, me dit l'une.

— C'est bon quoi ?

— Votre température, elle est bonne. Vous n'êtes pas contaminé par Ebola ! Allez, désinfectez-vous les mains maintenant… »

Je passe les mains sous un filet d'eau très symbolique, et j'entre « désinfecté » à Goma, la ville jumelle de Gisenyi. Comment dire ? J'ai l'impression de marcher sur un fil.

À l'été 1994, la frontière avait également « désinfecté » les centaines de milliers de Rwandais qui s'étaient déversés sur le Congo. Les extrémistes et leur bouclier humain n'avaient pas seulement quitté leur pays, ils s'étaient lavé les mains du génocide. D'un coup, ils étaient devenus des réfugiés. Des vaincus, des victimes.

J'étais à Goma lorsque le fleuve humain venu du Rwanda inonda la ville. Ce fut une submersion, brutale, une marée épaisse et boueuse, pleine de remugles, qui ne cessa de monter, s'infiltrant dans les rues, bloquant la circulation, se répandant dans les jardins, sur les terre-pleins, au bord des décharges, dans le moindre interstice.

L'exode dura trois jours. Au rythme effarant de quinze mille personnes par heure. Les premiers arrivés s'installaient au plus près de la frontière, laissant difficilement un passage pour les suivants qui s'installaient plus loin, et les suivants qui s'installaient encore plus loin.

Des épuisés qui chutaient, des gamins qui s'appuyaient sur les plus grands, des femmes aux yeux révulsés, l'une s'affalant, son enfant dans les bras. Partout, dans la ville et sur les abords, des bras inertes, des jambes flasques, des corps mous. Tous si fatigués, lâcha un réfugié, qu'ils n'avaient « même plus la force de tuer ».

Et l'armée d'Habyarimana passait par colonnes entières avec armes, véhicules, canons tractés, blindés Panhard. Et l'appareil du génocide suivait : des ministres, des généraux, des députés, des préfets, des bourgmestres, des cadres de l'administration. Et le corps du président Habyarimana fut entreposé dans un frigo. Et le commandement de l'opération Turquoise s'agitait dans cette ville de trois cent mille habitants, désormais capitale d'un million de Rwandais exilés.

La ville se couvrit de l'épaisse fumée âcre des milliers de feux de camp allumés par les défaits.

Goma bouillonna de la haine brute, amère, viscérale de ceux qui n'avaient su arracher la victoire au prix d'un génocide. Les vaincus.

Près de deux millions de Rwandais furent emportés au Congo par l'appareil du génocide.

Et l'Élysée protégea les vaincus.

Dans un télégramme daté du deuxième jour de l'exode[3], Yannick Gérard, l'ambassadeur de France détaché auprès de Turquoise, affirma: «nous n'avons pas d'autre choix, quelles que soient les difficultés, que d'arrêter ou de mettre immédiatement en résidence surveillée» les autorités qui «portent une lourde responsabilité dans le génocide».

Le message était clair: «Pas d'autre choix que de les arrêter.»

La France en avait les moyens: deux mille cinq cents hommes, les meilleures unités de l'armée déployées sur le terrain. Le mandat: Turquoise opérait sous le chapitre VII de l'ONU, le plus coercitif. L'obligation juridique: le Code pénal en vigueur depuis le 1er mars 1994 intégrait les crimes contre l'humanité et le génocide.

«Pas d'autre choix», donc.

Une dépêche d'agence de presse annonça que la France était prête à interpeller les responsables du génocide[4]. Hubert Védrine, le secrétaire général de la présidence, l'annota de quelques mots définitifs: «Lecture du président. Ce n'est pas ce qui a été dit chez le Premier ministre.»

3. Télégramme diplomatique du 15 juillet 1994.

4. Dépêche de l'agence Reuters du 15 juillet 1994, titrée «Paris prêt à arrêter les membres du gouvernement intérimaire».

Édouard Balladur, le Premier ministre, précisa plus tard ce qui avait « été dit ». Pour François Mitterrand, écrivit-il, « il n'était pas question de châtier les auteurs hutu du génocide[5] ».

Le gouvernement de cohabitation se plia à la décision de François Mitterrand, chef des armées. La raison d'État s'imposa à l'appareil d'État. Par la volonté du président de la République française, les « auteurs hutu » du génocide ne furent pas arrêtés.

Ils traversèrent la zone Turquoise et purent gagner le Congo.

En toute impunité.

L'aide humanitaire se déversa sur les réfugiés, les armes aussi. L'état-major de Turquoise et les anciens conseillers militaires français de l'armée d'Habyarimana maintinrent le contact avec les autorités défaites.

Dix jours après l'exode, le gouvernement des génocidaires se réunit pour un premier Conseil des ministres au Congo. L'état-major de l'armée exilée produisit dans le même temps un document de cent pages passant en revue les nouvelles stratégies à mettre en œuvre : mainmise sur les camps, ressources à dégager, entraînements à poursuivre, réarmement et, bien sûr, propagande. C'est important, la propagande, quand on vient de commettre un génocide.

5. Dans un courrier du 9 juin 1998 adressé à la mission d'information parlementaire sur le Rwanda.

Le choléra, qui fit trente mille morts dans les camps, fut utile de ce point de vue : les extrémistes présentèrent cette épidémie comme la preuve que l'on voulait leur mort. Les télévisions et les envoyés spéciaux, les organisations humanitaires, nos soldats transformés en infirmiers et en médecins : tout le monde était sur le pont. Cette épidémie de choléra, un drame humanitaire, était plus facile à raconter et à mettre scène qu'un génocide, surtout quand on est français et que son président a choisi le camp des tueurs.

Le corps du président Habyarimana, « martyr » de la cause hutu, fut à nouveau déplacé. De la morgue de Kinshasa, on l'expédia à Gbadolite, le palais tropical du « grand frère », le maréchal Mobutu, un Versailles de béton à jets d'eau colorée construit dans les confins du Congo.

Agathe, la veuve du président rwandais, réapparut à cette occasion. Elle avait beaucoup voyagé depuis sa fuite du Rwanda : Bangui, où l'armée française l'avait évacuée, puis Paris, en classe affaires, réglée par le ministère français de la Coopération, Libreville, après avoir rencontré François Mitterrand, et maintenant, en ce début septembre, Kinshasa, pour rallier le palais de Gbadolite, où se trouvait son défunt mari.

Ces retrouvailles, Ildephonse me les avait racontées :

« Mobutu voulait de vraies funérailles pour son ami Habyarimana. Il avait invité tout le monde : l'archevêque, le gouvernement rwandais en exil, les militaires rwandais en exil. Ils étaient tous là en costume, robe et uniforme, venus des camps de réfugiés ou de pays étrangers. Et ils ont prononcé un serment sur la dépouille d'Habyarimana. C'est le commandant des militaires rwandais en exil qui a parlé. Il a dit: "Nos forces seront réorganisées pour enterrer dignement notre chef au Rwanda." C'était une promesse de reconquête, une drôle de promesse après un génocide.»

Au départ des derniers soldats français de Turquoise, les structures politiques, militaires et civiles du génocide sont reconstituées, en ordre de marche. Dans les camps de réfugiés, les chantres du génocide font régner la terreur. «On a l'impression que rien ne les arrêtera, que la haine et la violence sont leurs seuls maîtres», dit un docteur de Médecins sans frontières[6].

L'idéologie du génocide avait été exportée au Congo. Et implantée.

L'heure du deuxième génocide était arrivée.

Rebondissant sur la sourde clameur venue des camps du Congo, sur ces milliers de voix de «victimes» que l'armée française avait protégées,

6. Dans le document *Camps de réfugiés rwandais Zaïre-Tanzanie 1994-1995*, collection «Prises de parole publiques de MSF», p. 60, témoignage du docteur Françoise Seive, médecin responsable du camp de Kahindo.

François Mitterrand lança au sommet franco-africain de Biarritz, en présence de son invité d'honneur le maréchal Mobutu, l'hypothèse du double génocide.

Oui, dit-il, il s'était bien produit un génocide, celui des Tutsi. Mais était-on certain que les Hutu n'avaient pas, eux aussi, été génocidés? Et d'ailleurs, était-il possible d'affirmer que ce deuxième génocide s'était arrêté «après la victoire des Tutsi»?

L'inversion était totale, la grille de lecture renversée.

Le coupable ne serait-il pas la victime? La victime ne serait-elle pas le coupable?

Vertigineuse, l'hypothèse fut le point de départ du négationnisme, cet exercice de haute voltige dont la finalité vise à placer la victime sur le banc des accusés. Si les Tutsi avaient été exterminés, il devait y avoir une raison, non?

Je marche dans Goma, je foule mes souvenirs. Je vois le ciel, un ciel bleu, clair, lumineux; en 1994, il avait été avalé par la fumée des feux de camp. Je vois de l'herbe, oui, de l'herbe; en 1994, il n'y avait que de la poussière. Je vois des voitures dans la rue; en 1994, on ne pouvait plus circuler. Je vois des magasins achalandés; en 1994, tout avait été pillé. Je vois des policiers faire la circulation; en 1994, ils rackettaient.

Je m'installe à la terrasse du café de l'*Hôtel des Grands Lacs*. Il n'y a pas un chat, tout est calme, paisible. Il émane de Goma une sérénité troublante.

Les yeux mutins, Rebecca arrive en jean et sac à dos. Elle a vingt-quatre ans, elle est militante de la Lutte pour le changement, en abrégé la «Lucha», un mouvement pacifique apparu au Congo il y a quelques années. Elle se présente en quelques mots martiaux:

«Je suis née en 1994, dans la guerre, et je lutte pour ne pas mourir dans la guerre.»

De quoi parle-t-elle? Goma semble si calme.

«Oui, Goma est calme, mais la guerre est autour. Tu vois ces soldats des Nations unies dans la rue, et ces soldats congolais sur ce pick-up: pourquoi crois-tu qu'ils sont là? Le Kivu est contrôlé par les bandits et les groupes armés. Il y a des opérations militaires, des combats, des morts, des kidnappings, des viols, des assassinats. Mes parents m'ont dit que ça avait commencé à ma naissance, en 1994. Je n'ai connu que cela. Ça fait vingt-quatre ans que je vis avec. C'est ma vie.

— Que s'est-il passé en 1994?

— Les réfugiés rwandais sont arrivés et ils se sont installés ici, dans toute la région. Partout, il y avait des camps. Et ils ont voulu se poser au-dessus de nous. Ils ont pris le contrôle, ils ont imposé leur loi et donné à la population congolaise le goût de tuer.

— Comment donne-t-on le goût de tuer?

— Je ne sais pas. C'est comme une maladie qui se transmet…»

En 1994, le Congo s'appelait Zaïre. Et le Zaïre était un État failli, en banqueroute totale. Le maréchal

Mobutu, au pouvoir depuis trente ans, jouait sa survie. L'opposition contrôlait les institutions, il lui restait l'armée et sa fortune personnelle, estimée à dix milliards de dollars. La bataille était féroce, sourde, ravageuse. Mobutu ne voulait pas d'élections. Pour ce chef d'État, qui avait fait d'une toque de léopard sa marque, la donne était simple. C'était : moi ou le chaos.

Lorsqu'il fut sollicité pour le déploiement de l'opération Turquoise – ses deux mille cinq cents soldats, ses avions de chasse, ses hélicoptères de combat, ses batteries de mortier, ses transports de troupes… –, Mobutu accepta immédiatement, y voyant une opportunité de revenir en grâce. L'homme était habile et retors, on ne reste pas trente ans à la tête d'un pays par hasard. Il sut regagner les faveurs de l'Élysée.

Il se produisit alors un passage de témoin. Les responsables du génocide, que les soldats de Turquoise avaient eu ordre de ne pas interpeller, furent pris en charge par Mobutu, qui leur accorda protection et assistance.

Cette alliance de circonstance répondait aux vœux du général Quesnot. Regrettant, dans une note produite le 6 mai 1994 – à l'heure où l'extermination battait son plein et où les alliés extrémistes de l'Élysée reculaient sur tous les fronts –, de ne pouvoir « rétablir un certain équilibre » en usant d'une « stratégie directe difficile politiquement à mettre en œuvre » – l'euphémisme était admirable pour désigner une opération militaire aux côtés des tueurs –, le chef d'état-major particulier de la présidence de la République avait «à défaut» prôné l'emploi d'une «stratégie indirecte» de soutien: «Nous disposons des moyens et des relais.»

Mobutu avait organisé les funérailles d'Habyarimana; il avait fourni des passeports de complaisance à Agathe, la veuve, ainsi qu'à nombre de dignitaires; il avait facilité les livraisons d'armes à Goma. Pour survivre, il s'était fait «relais» des intérêts de l'Élysée.

Et ce fut le chaos.

Un an après, le Parlement de Kinshasa dénonça la situation dans l'est du Congo, plongé «dans une insécurité totale, où, chaque jour, des morts d'hommes sont enregistrées» en raison de la présence des réfugiés rwandais, qui «se comportent comme des conquérants sur le territoire d'accueil et y exercent des activités militaro-politiques».

Le colonel Théoneste Bagosora[7], un proche d'Agathe, la veuve, avait énoncé on ne peut plus clairement son projet: «Mener une guerre longue et meurtrière jusqu'à ce que la minorité tutsi soit anéantie et ait complètement quitté le pays.»

L'est du Congo devint un État dans l'État. Dans leur bastion hors-sol, les partisans de la revanche cultivèrent une schizophrénie paranoïaque. La région

7. Ce colonel, «cerveau» du génocide des Tutsi au Rwanda, a été condamné à perpétuité en première instance en 2008 pour génocide et crimes contre l'humanité, peine réduite à trente-cinq ans de prison après appel.

du Kivu bascula dans la terreur. Les deux millions de réfugiés rwandais et la population congolaise furent emportés par la «maladie», celle qui donne «le goût de tuer».

Rebecca n'a pas connu ces années, elle n'était encore qu'une gamine. Mais elle en a subi les effets. Elle a vu la «maladie» à l'œuvre. Elle a grandi dans un environnement dont toute compréhension lui échappait. Comment lutter contre la «maladie»? se demanda-t-elle. Y avait-il un vaccin, un remède?

Jeune femme, elle participa aux premières manifestations de la Lucha. Ils étaient une poignée et risquaient leur vie. Plusieurs ont été assassinés. Rebecca fut arrêtée: six mois à la prison centrale de Goma pour incitation à la désobéissance civile.

«Ça a été dur?

— J'ai tenu, et ça m'a rendue plus forte.»

Toujours militante, elle prépare une thèse qui lui permettra, espère-t-elle, de s'engager dans l'armée congolaise pour y être psychologue:

«Je veux comprendre comment vit un soldat qui a massacré et violé, je veux savoir ce qui nous est arrivé. J'en ai besoin, c'est ma vie.»

Elle vient de passer deux mois d'observation dans une prison congolaise pour y recueillir les confidences des soldats détenus. Elle traverse régulièrement la frontière pour se rendre au Rwanda, «où la connexion Internet est meilleure». Rebecca a un pied dans chaque monde, elle cherche son point d'équilibre.

AU CONGO,
L'ARCHIPEL DES CAMPS

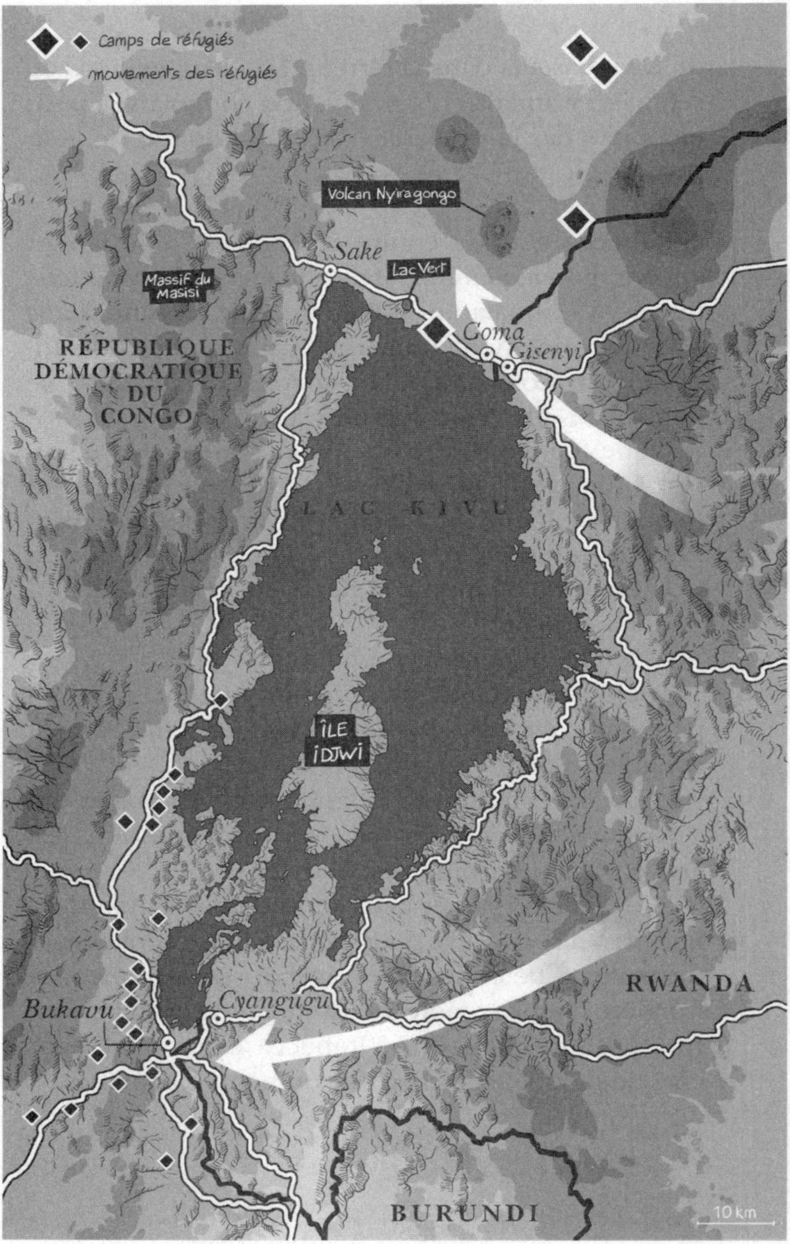

5

POUR DIX DOLLARS LA NUIT, EZZÉ M'A TROUVÉ UN PETIT APPARTEMENT DANS LE CENTRE DE GOMA. C'est un rez-de-chaussée avec douche à l'eau froide, gazinière sans gaz et électricité aléatoire. L'immeuble en béton, de trois étages, est ceint d'un mur épais couvert de barbelés. En face, sur les côtés, les résidences sont toutes protégées par des murs et des miradors.

Le centre de Goma est un puzzle de résidences emmurées. Le soir, les véhicules des employés des Nations unies se garent dans les cours et on entend les télés qui s'allument. Dans la grand-rue, quelques restaurants proposent aux Congolais aisés cuisine indienne et karaoké. Les étrangers se retrouvent dans les auberges et les lodges plantés sur la rive du lac Kivu. La nuit, personne ne se déplace à pied.

Ezzé, de son vrai nom Ézéchiel, est le gardien d'une résidence des Nations unies, juste à côté du cadastre, pas loin du centre d'accueil Caritas. Il filtre les entrées, s'occupe du linge, fait les courses, le réparateur et encaisse les loyers pour le propriétaire. Habillé comme l'as de pique, filiforme, il parle en prophète et donne l'impression de tout savoir :

« Tu vois le cadastre, cette villa rouge juste en face, ce sont les plus grands bandits de cette ville de bandits. Sans eux, tu peux rien faire. Mais avec eux, tu peux tout perdre. Ils sont capables de prendre ton argent et d'enregistrer l'acte d'achat au nom d'un autre qui a payé plus cher… »

Ezzé s'occupe de Français, de Pakistanais, d'Indiens, de Congolais. Au rez-de-chaussée de la résidence, il y a trois Congolaises qui procurent du « réconfort », comme il dit. Il s'entend bien avec elles, elles sont sympas et toujours souriantes. Il aime boire de temps en temps une bière en leur compagnie : « Elles te racontent de ces histoires… »

L'immeuble bleu, juste au coin de la rue, est vide, dit-il :

« Les gens des Nations unies ont pas le droit de s'y loger, le propriétaire est sur une liste noire. Des résidences comme ça, y en a partout à Goma. Avec la guerre, tu fais de l'argent, mais tu en fais quoi de ton argent ? Faut le manger, alors tu construis. Toutes les maisons vides que tu vois dans la ville appartiennent à des bandits.

— Il y a beaucoup de maisons vides…

— Beaucoup de bandits, oui.»

Nous sommes assis sur des chaises en plastique dans la cour. Tous les quarts d'heure, des avions gros-porteurs rasent les toits de Goma. L'aéroport est dans la ville, la piste longe la frontière avec le Rwanda. L'approche est compliquée, les appareils sont en mauvais état, il y a régulièrement des accidents: des avions loupent la piste et s'encastrent dans des maisons.

Ezzé est pieds nus, son pantalon flotte. Il s'est présenté aux dernières élections législatives congolaises. Il avait trente ans, et ils étaient soixante-treize candidats pour un poste de député à une centaine de kilomètres de Goma.

«Ça a été compliqué, soupire-t-il.

— Qu'est-ce qui a été compliqué?

— J'ai pas pu me rendre sur place. Alors la campagne, je l'ai faite d'ici.

— Tu veux dire de cette cour?

— Oui, de ma chaise, et Ezzé me montre sa chaise en plastique. Bon, j'avais la famille et j'ai eu plus de treize mille voix. C'est bien, hein?

— Ouais, c'est bien, Ezzé, mais il y avait combien de votants?

— Oh, cent cinquante mille…

— Ah!… Et pourquoi tu n'as pas été sur place?

— Y avait pas d'avion.

— Pour cent kilomètres !... Mais tu aurais pu prendre la route ?

— Y a pas de route. Enfin, si, y en a une, mais elle est dans la mousse.

— "Dans la mousse" ?

— Dans la forêt, quoi !

— Dis, Ezzé, ça fait combien de temps que tu n'es pas retourné chez toi ?

— Des années... »

Ezzé est originaire de Walikale, un village où je veux me rendre. Je suis intrigué par cette « mousse » dont il parle, les yeux grand ouverts, avec des gestes de nageur.

« C'est trop grand, trop vert, trop sombre. Il n'y a que ça, tu ne vois que ça, t'es noyé. Tu marches, tu marches, et c'est la mousse. Avec la chance, tu tombes sur l'or...

— L'or ?

— Oui, quand le soleil perce la forêt, ça fait de l'or. Tu es dans la mousse, et des rayons d'or tombent du ciel, c'est très beau. »

En écoutant Ezzé dans la cour, j'ai le sentiment de m'enfoncer dans la mousse. De son poste de vigie à Goma, le candidat-député aux pieds nus dessine un monde étrange : les avions peuvent tomber du ciel, les routes n'existent que sur la carte, les bandits construisent des résidences fantômes, l'argent se mange, l'or ruisselle sur la forêt.

« Et le génocide ? je lui demande brutalement.

— Le génocide ?

— Ben oui, le génocide...

— Je ne sais pas. J'avais dix ans, et c'était au Rwanda...

— Non, Ezzé, je te parle du deuxième génocide, celui du Congo !

— Ah bon ! Un deuxième ?... Vraiment ! »

Un avion nous survole, moteurs hurlants.

« À propos, t'as pas besoin d'une moto ? »

Ezzé m'a laissé stupéfait. Comment un Congolais pouvait-il ignorer le deuxième génocide ? Quelques mois avant mon départ, Hubert Védrine en avait encore parlé sur le ton de l'évidence à l'occasion d'un débat dans une librairie parisienne[1]. Interrogé par une femme qui lui demandait si « le génocide rwandais, tel qu'on le connaît, ne cacherait pas un deuxième génocide beaucoup plus important, le génocide congolais », l'ancien secrétaire général de l'Élysée avait abondé dans ce sens en rappelant que « les rapports de l'ONU, le rapport Mapping par exemple, parlent de trois à quatre millions de morts au Congo[2], contre huit cent mille pour le génocide des Tutsi » : « Vous appelez ça comment, vous ? » avait-il conclu.

1. Débat entre Hubert Védrine et Fabrice Epstein, auteur de *Un génocide pour l'exemple* (Le Cerf, 2019), à la librairie Galignani, le 18 avril 2019.

2. Cette affirmation est mensongère : à aucun moment, le rapport du projet Mapping ne chiffre le nombre de morts en dix ans de guerre au Congo.

La dame n'avait pas eu l'occasion de répondre, c'était la fin du débat. Mais ce «Vous appelez ça comment, vous?» m'avait tracassé. Posée ainsi, la question n'appelait qu'une réponse: un génocide, un deuxième, donc. Et voilà qu'à Goma, le premier Congolais avec qui je discute me déclare incidemment ne pas être au courant. Quatre millions de morts au Congo? Un génocide? Et Ezzé n'aurait rien vu, rien entendu?

Arrivés à Goma à l'été 1994, les réfugiés se regroupèrent dans six camps éparpillés sur une vaste plaine de lave noire couverte de buissons et d'arbres chétifs, au nord et à l'est de la ville. Cent mille ici, cent cinquante mille là, deux cent mille plus loin, chacun de ces camps était plus peuplé qu'aucune autre agglomération de la région, excepté Goma.

Plus de mille six cents volontaires étrangers affluèrent du monde entier pour se porter au secours de ces huit cent mille à un million de Rwandais – on ne savait pas très bien! Dix pour cent d'entre eux, estimèrent les organisations humanitaires, avaient participé de manière active au génocide. Ils formaient le plus grand rassemblement de criminels au monde.

Le Haut-Commissariat aux réfugiés – dont le mandat précise qu'un «individu ne peut bénéficier du statut de réfugié si on a des raisons sérieuses de penser qu'il a commis un crime contre la paix, un crime de guerre, un crime contre l'humanité» – ne broncha pas.

Son drapeau bleu pâle flotta sans discrimination sur cette humanité mêlée. Les miliciens, les anciennes autorités, l'élite intellectuelle et les forces armées du pouvoir hutu bénéficièrent de la protection des Nations unies au même titre que les innocents.

Un responsable humanitaire évoqua «la mise en œuvre d'une tactique déjà employée par les Khmers rouges»: forcer la population à l'exode pour la garder sous «son contrôle politique». C'est exactement ce qui se produisit. Les camps restèrent sous le contrôle politique de ceux qui, après avoir mené le génocide, entendaient l'accomplir jusqu'à son terme.

Plus de quatre mille personnes furent assassinées dans les camps les trois premiers mois. On découvrait les corps au petit matin, lardés de coups de machette, plus rarement atteints par des balles. Quand des questions étaient posées, elles ne trouvaient pas de réponses. Ce n'était pas la priorité, il y avait tant à faire…

Les avions atterrissaient jour et nuit, les soutes pleines de kilomètres de toile en plastique pour construire des tentes, de nourriture pour alimenter la masse humaine, de matériel pour creuser des puits, de médicaments pour soulager, de véhicules tout-terrain pour le transport. Il fallait débarquer, répartir, acheminer, distribuer. Créer des administrations, des comptabilités, des transmissions. Embaucher pour recenser les occupants des camps, gérer les centres de distribution, les points d'eau, les files d'attente. Et n'y avait-il pas meilleurs aides que ceux-là mêmes qui contrôlaient ces foules, qui les tenaient entre leurs griffes ?

Au noyau dur du génocide, à ceux qui entendaient « finir le travail », comme ils disaient, à ceux qui avaient conduit leur peuple à l'abîme, il fut offert clés en main la possibilité de se refaire. Le plus vaste, le plus rapide et le plus coûteux déploiement humanitaire jamais vu se mit à leur service. De l'archipel des camps du Congo, les extrémistes firent le bastion de la revanche à venir, le Hutuland.

Des tracts imprimés sur des presses furent distribués aux réfugiés qui avaient tout perdu dans la débâcle. « Pour rentrer, nous devons gagner trois guerres : la guerre par les armes, par la politique et par l'information », y lisait-on. Une coordination avec les exilés à l'étranger se créa. Les entraînements militaires se renforcèrent, la propagande s'intensifia.

Tout retour fut interdit, la moindre faiblesse réprimée. Jour après jour, les extrémistes dressèrent un portrait apocalyptique de leur pays, tombé, disaient-ils, aux mains d'un ennemi aux « pieds crochus » et aux intentions « diaboliques ».

Dans un courrier adressé de Goma au pape Jean-Paul II[3], vingt-huit prêtres des diocèses du Rwanda résumèrent ce qui allait devenir une accusation lancinante. Dénonçant « un complot international bien

3. Lettre du 4 août 1994.

calculé» et «préparé depuis longtemps», ces hommes d'Église «assassinés par la faim» assurèrent que le FPR de Paul Kagame ne laissait «sur son passage» que «destruction et extermination» – ce qui était un bien curieux renversement des faits. «Nous osons même affirmer, dirent-ils, que le nombre de Hutu civils tués par l'armée du FPR dépasse de loin les Tutsi victimes des troubles ethniques.»

Ces prêtres ne furent pas les seuls à «oser» réécrire le génocide. D'innombrables mémorandums et dénonciations du «complot», produits par de nébuleuses associations créées dans les camps, se mirent à fleurir. On en appelait aux autorités religieuses, aux chefs d'État, aux intellectuels du monde entier en mettant en avant de la main droite les plaies d'une population que l'on tenait en otage de la main gauche.

Les arguments avancés, fous et déments, étaient imparables parce que, justement, fous et déments. «Que ceux que j'ai tués viennent témoigner», exigea le sinistre colonel Bagosora, passé par l'École de guerre à Paris, qui se lança dans la rédaction d'un mémoire sous-titré: *L'ultime opération du TUTSI pour la reconquête du pouvoir par la force au Rwanda*[4].

Des mots surréels apparurent comme «réconciliation», «pardon», «oubli», «négociations», «discussions».

4. *L'assassinat du président Habyarimana ou l'ultime opération du TUTSI pour sa reconquête du pouvoir par la force au Rwanda*, du colonel Bagosora, a été publié à Yaoundé (Cameroun) le 30 octobre 1995.

De «justice», il n'était pas question. «Qu'on cesse de parler de tribunal international», adjuraient, en conclusion de leur missive, les vingt-huit prêtres de Goma.

De premières attaques menées contre le Rwanda depuis le Hutuland furent signalées. Elles se multiplièrent, ciblant les rescapés tutsi et les «traîtres» hutu restés dans un pays dont les nouveaux dirigeants étaient accusés – en toute indécence mais dans une étonnante acceptation générale – de faire du génocide leur «fonds de commerce».

Un tiers de la population hutu rwandaise avait été emporté par l'exode, les deux autres tiers étaient restés au pays. La terreur imposée par le Hutuland, à quelques kilomètres de la frontière, se répandit au Rwanda. Dans le monde fragile et précaire des mille collines de l'après-génocide, survivants et criminels cohabitaient jour après jour dans une inimaginable proximité. Coupables d'avoir survécu et cibles de représailles venues des camps du Congo, les rescapés qui dénonçaient les assassins risquaient leur vie ou l'accusation de céder à la vengeance.

Au Congo, les criminels orchestraient le spectacle de leur douleur mise en scène dans les camps ; aux Rwandais, le gouvernement de Paul Kagame fut présenté comme «issu des fosses communes[5]». Au

5. *Libération*, 2 juin 1995, 29 juillet 1995, 29 août 1995, 25 février 1998.

Congo, les criminels se disaient « assassinés par la faim » ; au Rwanda, les rescapés mouraient de faim. Au Congo, les criminels jonglaient avec l'arithmétique des victimes ; au Rwanda, les rescapés inhumaient les morts. L'argent affluait vers le Hutuland au rythme d'un million de dollars par jour ; les institutions financières internationales exigeaient des nouvelles autorités rwandaises le remboursement des dettes contractées par ceux qui venaient de commettre le « crime des crimes ».

Le génocide, ce crime si radical qu'il ne peut être perpétré que par un appareil d'État, avait été réalisé au vu et au su du monde. Pour s'en laver les mains, il fallait le garder à distance, le tenir pour négligeable. Ce qu'exprima François Mitterrand à des proches à l'été 1994 : « Dans ces pays-là, un génocide, c'est pas trop important[6]. » Un crime comme un interlude malheureux dans la symphonie de la marche du monde, un couac si bref, si inaudible, qu'il égratigne l'oreille sans parvenir à l'entendement.

En parfaite conscience, si l'on peut dire, il fut administré sur la plaie rwandaise une potion qui entretint la « maladie ». Alimentés par le carburant de l'aide internationale – cent cinquante millions de dollars en 1994, plus de trois cents millions de dollars en 1995 –, les camps se firent villes-citadelles. On recensa dans ceux de Goma 2324 bars, 450 restaurants, 589 commerces, dont 51 pharmacies,

6. *Le Figaro*, 12 janvier 1998.

25 boucheries, 5 forgerons, 4 studios photo, 3 cinémas, 2 hôtels et 1 abattoir.

Quelques humanitaires s'inquiétèrent. «Les anciens militaires rwandais détournent la bouffe par camions entiers qui repartent on ne sait où. Ils font régner leur loi et, chaque matin, on soigne des blessures à l'arme blanche. Ils sont en train de se refaire une santé, ils mangent, ils se font soigner», s'étonna un docteur de Médecins du monde[7]. D'autres notèrent que l'aide apportée nourrissait «un monstre» qui préparait son retour «en se servant de la population comme bouclier et otage»: «Que sommes-nous en train de faire[8]?»

Avant la fin de l'année 1994, les responsables des Nations unies constatèrent qu'ils ne contrôlaient plus la situation. Le Haut-Commissariat aux réfugiés déclara que le Hutuland était «virtuellement en état de guerre». Plusieurs organisations décidèrent de s'en retirer, la plupart s'y refusèrent.

Après avoir assuré leur domination sur les camps devenus incubateurs de la haine, les extrémistes étendirent leur emprise sur la région du Kivu, peuplée entre autres de Tutsi congolais dont il convenait en bonne logique de se débarrasser. Ce fut fait sans états d'âme. Bientôt, on ne compta plus aucun

7. *Libération*, 5 août 1994.

8. Dans le document *Camps de réfugiés rwandais Zaïre-Tanzanie 1994-1995*, *op. cit.*

non-Hutu dans un périmètre de cent kilomètres autour de Goma.

Il y eut de nombreux heurts avec les populations locales, qui durent faire face, seules, à la volonté hégémonique d'un Hutuland, fort de cinquante mille soldats, lancé à la conquête des terres et des ressources économiques de la région. Les vols, les viols, les assassinats se multiplièrent, les armes ne cessèrent d'affluer, et l'aide de se déverser sur les camps de la haine.

Paul Kagame, le chef du FPR, avertit que ses forces étaient prêtes à intervenir. Il ne fut ni écouté ni entendu tant il paraissait inimaginable qu'un petit pays confronté aux immenses difficultés de la reconstruction post-génocide puisse se lancer dans pareille aventure.

Paul Kagame insista. Il fallait que ces Rwandais exilés rentrent, c'était le seul moyen de briser l'engrenage, de sortir d'un face-à-face mortifère entretenu par l'attentisme et le laisser-faire. Ses déclarations à l'allure de pari insensé n'eurent aucun écho.

À l'hiver 1996, des rebelles congolais appuyés par des unités rwandaises attaquèrent les camps du Kivu. « L'aide ne faisait que nourrir le monstre, le désastre d'aujourd'hui était annoncé », constata la présidente de la section suisse de Médecins sans frontières.

Je dîne ce soir sur la terrasse du centre Caritas avec un responsable des droits de l'homme de l'ONU. Il ne veut pas être cité, je ne le citerai donc pas. Mais tout au long de la conversation, son désarroi me frappe. Européen, la cinquantaine, il vit depuis des années dans cette région qu'il sillonne en hélicoptère pour se rendre sur les lieux de massacres, de viols et de pillages.

Pendant deux heures, je l'ai écouté raconter des horreurs. Les vagues du lac Kivu clapotaient contre la berge, une tempête se levait, lui ne voyait rien venir. Essayant de trouver un sens à sa présence, il se parlait à lui-même, se perdant dans des acronymes et des chaînes de responsabilités sans début ni fin. La fatigue et l'usure pointaient à chacune de ses phrases, le dégoût aussi.

J'ai voulu le rattraper. Je lui ai parlé de la « mousse », il n'a pas réagi. Il était loin, très loin, à la manière du Kurtz d'*Au cœur des ténèbres*, de Conrad, dont les derniers mots avant d'expirer, furent : « L'horreur, l'horreur… »

À la fin du dîner, cet homme sympathique s'est ébroué. « Je vous ai beaucoup parlé », m'a-t-il dit en essuyant les gouttes de pluie collées à ses bras. Il est reparti vers la villa où il habitait, ses tongs claquant sur la poussière humide. J'ai marché dans l'épaisse nuit de Goma, entouré d'ombres qui me frôlaient.

Justin conduit la moto que m'a trouvée Ezzé. Il est fier de sa machine neuve : « Elle nous a coûté cinq cents dollars. » Il dit « nous », car la moto est un investissement familial. Justin a vingt-quatre ans, c'est son premier «vrai travail», il aime avoir le nez au vent, il est bien sur sa moto encore couverte de plastique.

«Pourquoi tu n'enlèves pas le plastique?

— Ça la protège.

— Mais elle serait plus jolie sans.

— Oh non, elle ferait vieille!

— Vieille?

— Oui, comme toi!

— Alors tu vas aussi m'entourer de plastique?

— Il faudrait, tu vas prendre trop de poussière. Dès qu'on sort de la ville, il n'y a plus de goudron.»

J'ai demandé à Justin de m'emmener à Sake, une petite bourgade à une trentaine de kilomètres de Goma qui marquait la limite extrême des camps. Au-delà, c'était le massif du Masisi, terre de conquête du Hutuland.

Nous passons une série de ronds-points, dont celui de Chikudu, ainsi nommé en hommage à ces trottinettes géantes taillées dans un bois épais pour transporter de lourdes charges et devenues le symbole de la débrouillardise congolaise. Les boulangeries s'appellent *Krishna*, *Kovadis*, *Pain royal* ou *L'Espoir*. Une foule affairée occupe les trottoirs. La circulation est dense, chaotique.

À un grand carrefour, un robot-policier déglingué et empoussiéré ne fait plus mine de réguler la circulation: «C'était une idée des Chinois, ça a un peu marché, et puis, un jour, le robot est tombé en panne. On l'a jamais réparé.» Des policiers, des vrais, s'époumonent au pied du robot inerte dans sa guérite de tôle. Justin se faufile.

Je lui demande de prendre à gauche vers le lac:

«Par l'avenue de la Paix?

— Ah, c'est l'avenue de la Paix! Quelle paix? je lui demande.

— J'en sais rien, mais pourquoi tu veux passer par là?

— Je voudrais revoir l'ancienne résidence de Mobutu…»

Justin ne la connaît pas. Il remonte lentement l'avenue bordée de spacieuses villas avec jardins, palmiers et vue plongeante sur les eaux paisibles du lac Kivu. Les logos criards des organisations humanitaires s'étalent en grand sur les portails, donnant aux lieux un aspect baie des Anges de la charité internationale. Mobutu avait là une résidence, sur un seul niveau, avec marbre au sol. En 1996, j'y avais croisé celui qui allait devenir son successeur.

Laurent-Désiré Kabila, un ancien des guerres d'indépendance du Congo, occupait la villa désertée. Arrivé du sud du Kivu, qu'il venait de «libérer», disait-il, le guérillero sorti d'un film vintage déclamait la révolution en se glissant avec volupté dans les bottes du roi Mobutu. Petit, tout en rondeurs, les yeux en toupie, il portait un treillis flottant et tenait à la main une coupe de champagne rosé tirée des réserves du Léopard.

Laurent-Désiré Kabila se présentait en porte-parole d'une hétéroclite Alliance des forces démocratiques pour la libération du Congo (AFDL). Il évitait soigneusement de citer le Rwanda, qui l'appuyait. Les bulles pétillaient, le peuple congolais était appelé au soulèvement, Kagame fournissait un soutien militaire.

Nous n'avons pas retrouvé l'ancienne résidence. Justin est déçu, il aurait bien aimé la voir, « par curiosité » : « C'est mon histoire et je ne la connais pas. » Je n'ai su quoi lui dire : que raconter à une jeunesse dépossédée de son passé ?

Nous avons repris la route de Sake et traversé les faubourgs de Goma. Le macadam s'est troué. Les maisons ont diminué de hauteur, un étage, puis un rez-de-chaussée, puis des planches. Après une petite dizaine de kilomètres, il n'y a plus rien eu qu'une plaine volcanique à la roche déchirée, coupante, parsemée de broussailles. La rupture nette était marquée par le gouffre du lac Vert. Nous avions franchi les portes du Mordor, le « pays noir » du *Seigneur des anneaux*.

Justin a arrêté sa moto à l'aplomb du cratère volcanique creusé dans la plaine. À une cinquantaine de mètres en contrebas scintillait un lac aux eaux vertes, translucides, attirantes. Trois barques de pêche amarrées à un vague ponton dodelinaient, une dizaine de femmes faisaient la lessive, deux enfants nageaient. Il n'y avait pas un bruit.

Un homme au tee-shirt rouge est arrivé de je ne sais où. Je lui ai dit que c'était beau, il a opiné. Je lui ai parlé des réfugiés hutu arrivés en 1994. Il m'a dit qu'ils étaient «partout, là, tout autour». J'ai regardé tout autour: il n'y avait personne, que lui, Justin, moi et la plaine broussailleuse. Je lui ai demandé où étaient partis les gens:

«Ils sont rentrés chez eux, au Rwanda.

— Tous?

— Non, il y a eu des morts.

— Beaucoup?

— Je ne sais pas. Il y a d'abord eu les maladies. Et après les camps ont été attaqués. Il y avait trop de gens ici, c'était comme une ville. Les Hutu voulaient tuer les Tutsi, c'est ce qu'ils disaient. Alors les Tutsi ont poursuivi les Hutu à cause du génocide…

— Et que s'est-il passé?

— Beaucoup sont rentrés au Rwanda, mais des Hutu sont partis dans le Masisi et les gens du Masisi se sont fait tuer.

— C'est où le Masisi?

— C'est les montagnes là-bas, dit-il en désignant un massif à l'ouest. Les fuyards sont passés par là. Ils ont tué et se sont cachés. Depuis, on ne peut plus y aller, c'est trop dangereux. Il n'y a pas la sécurité et la route a disparu.

— Comment ça, "disparu"?

— C'est plus une route, c'est que des trous. Même les camions n'y passent plus.»

L'homme s'est tu, il n'avait plus rien à dire. Nous avons regardé ensemble le lac Vert. «C'est beau», lui ai-je répété après quelques minutes. Il a souri, des enfants sont arrivés, il est reparti avec eux. Je suis resté seul avec mes souvenirs.

Des années plus tôt, je m'étais cogné à un mur humain dans cette même plaine de Goma. Parti de la frontière rwandaise le 15 novembre 1996, j'avais remonté à contre-courant une foule compacte de réfugiés rwandais vêtus de loques couleur boue et terre qui revenaient au pays.

J'avais marché des heures contre le flot chassieux, sous un soleil voilé. La colonne se faisait parfois si dense que je devais céder du terrain, la poussière soulevée par les milliers de pas était si épaisse qu'il était difficile de respirer. Je ne voyais plus de visages, je ne distinguais plus de détails. Je voulais atteindre la queue de ce serpent qui ondulait sur des kilomètres et des kilomètres à travers la plaine de Goma.

Les camps du Hutuland venaient de tomber. Des centaines de milliers de réfugiés, assiégés depuis trois semaines par les rebelles congolais alliés aux troupes du FPR, rentraient au Rwanda. Le maréchal Mobutu, hospitalisé en Suisse, était aux abonnés absents. Ses soldats se débandaient, pillant ici, fuyant là.

La confusion était totale. Les organisations internationales annonçaient l'enfer. Paul Kagame niait toute ingérence, mais son armée était à la manœuvre. Les politiques congolais dénonçaient une invasion, mais espéraient la chute du roi Mobutu. La France, sous la présidence d'un Jacques Chirac assumant l'héritage africain de François Mitterrand, sonnait le tocsin humanitaire, mais dépêchait des mercenaires à la rescousse de Mobutu. Les États-Unis de Bill Clinton se disaient prêts à intervenir, mais pour mieux faire tomber Mobutu.

Le sort du million de réfugiés de Goma – peut-être plus, peut-être moins, nul ne savait – était en jeu, disait-on. En l'absence de toute information, le pire devait être envisagé.

Mais non, ils étaient toujours vivants, terrés mais vivants. Et maintenant libérés de l'emprise des extrémistes, ils marchaient. Et j'étais au milieu d'eux, et je les voyais affaiblis, malingres, fatigués, avançant pesamment. Ils avaient quitté le Rwanda à la fin du génocide, ils y retournaient contraints, sans savoir ce qui les attendait. Incertains, hésitants, guidés par la seule nécessité. C'était un film à l'envers : les mêmes vieillis de deux ans remontant la route qui les avait menés à l'exil.

« Pourquoi arrivez-vous si tard ? » m'avait interpellé un réfugié.

Que répondre ?

« Pourquoi nous avez-vous abandonnés ? » avait-il insisté.

Et lui, pourquoi n'était-il pas rentré plus tôt au Rwanda ?

« J'avais peur !

— De quoi ? D'une vengeance ?

— Non, je n'ai rien à me reprocher.

— Alors ?

— J'avais peur, je ne sais pas ce qui se passe au Rwanda. Ce matin, quand on a vu le premier marcher, on l'a suivi sans réfléchir parce qu'on n'en pouvait plus. »

Bousculé par le flot, l'homme était reparti, appuyé sur sa canne. J'avais repris ma marche. J'étais dans le serpent, je le remontais, je le sentais changer, muer. Les rangs des réfugiés s'éclaircissaient. Je voyais moins de femmes, d'enfants, de vieux. Moins de loques, de couvertures, de casseroles.

Les regards se sont faits durs, les gestes hostiles, les attitudes menaçantes. Un crachat à mes pieds, l'éclat d'une machette dépassant d'un veston, des cris étouffés, un léger coup au bras, un autre plus appuyé à la hanche : j'ai trébuché, me raccrochant à un corps en sueur.

Arrivé sur une légère éminence dominant la plaine volcanique, j'ai découvert les décombres d'une Babylone désertée. Des busards planaient haut dans le ciel, des stridences incompréhensibles fusaient de la plaine, des rats fouinaient dans un entrelacs d'abris renversés s'étendant jusqu'à l'horizon.

J'étais au lac Vert, à la queue du serpent.

« Ils ne sont plus là, ils sont partis ! a hurlé un jeune homme aux yeux exorbités.

— Qui est parti ?

— Les miliciens et les anciens soldats.

— Ils ont fui ?

— Oui, presque tous ! Ils sont partis cette nuit combattre les rebelles à l'ouest, et les rebelles en ont profité pour attaquer par l'est. Il y a eu des combats. Les rebelles ne tuaient que les gens armés, alors on a décidé de faire confiance et de partir. »

Un coup de feu avait résonné.

« Oh, c'est rien ! Les derniers miliciens, ils sont paniqués, fous. Il y a eu beaucoup de morts. »

J'ai dit à mon interlocuteur que je n'avais vu aucun mort, il n'a pas réagi. Je lui ai demandé son nom, il s'appelait Chema et était étudiant avant de devenir réfugié.

« C'est terminé pour les miliciens et les soldats, ils n'ont plus d'essence ! » remarqua Chema, qui semblait s'en réjouir.

Autour, c'était le chaos. À quelques pas, un homme en slip se débarrassait fébrilement de son treillis pour enfiler un jogging criard. Six autres, armés, forçaient une voiture abandonnée pour s'enfuir là-bas, au loin, dans les montagnes du Masisi. D'autres encore, en baskets, se dispersaient à tout vent.

Dans cette débandade générale, une dizaine d'hommes toujours en uniformes s'affairaient, nerveux, concentrés, autour de trois bus rwandais aux pneus dégonflés, affaissés sur le côté.

Chema s'était fondu dans le serpent de retour vers le Rwanda. Je m'étais dirigé vers les trois bus rwandais qui, désormais abandonnés, m'intriguaient. J'étais monté dans le premier. Les sièges avaient été démontés et remplacés par deux bureaux de guingois, les vitres étaient crasseuses, il y avait partout des documents. J'avais farfouillé, c'étaient des archives. Qui racontaient plus de deux ans d'exil d'une population pressurée par les extrémistes.

Mis bout à bout, les monceaux de rapports signés de pseudonymes adoptés par la nébuleuse du génocide – « Pluton », « Vénus », « Mars », « Saturne », « Soleil », « Neptune »... – dévoilaient un monde totalitaire et paranoïaque. Surveillance, extorsions, dénonciations, menaces, meurtres, campagnes idéologiques, intimidations, actions médiatiques, état des armements en stock, comptabilité, rapports d'espionnage, comptes rendus d'opérations menées au Rwanda, règlements de compte, détournements, tout était là.

De « Pluton » à « Mars », le 9 février 1995 : « Proposition d'une mission au Rwanda ». De « Mars » à « Vénus », le 23 juillet 1995 : « Une partition ethnique pourrait favoriser notre infiltration ». Du bataillon « Dragon », le 30 septembre 1996 : « Seize cadres dont deux conseillers de secteurs » éliminés au Rwanda...

S'y trouvaient également des listes de matériel à acheter : « Dix canons de 105 pour deux millions de dollars, dix mortiers de 120 rayés pour deux millions et demi de dollars. » Et des relevés de ventes d'armes de deux sociétés françaises, Luchaire et Sofremas.

En ce mois de novembre 1996, le Hutuland avait été démantelé. Sept cent mille Rwandais étaient rentrés en quelques jours au pays. Mais il en manquait à l'appel : deux cent mille, disait-on, qui se seraient enfoncés dans la « mousse » congolaise. *Au cœur des ténèbres*, donc. Dans un pays tenu par un Mobutu malade et vacillant. Qu'il fallait maintenir au pouvoir, pour les uns. Qu'il était temps de faire tomber, pour les autres.

Ce fut une mêlée.

Avec, en son centre, deux cent mille « disparus ».

LA FOLLE FUITE DANS LES PROFONDEURS DE LA FORÊT

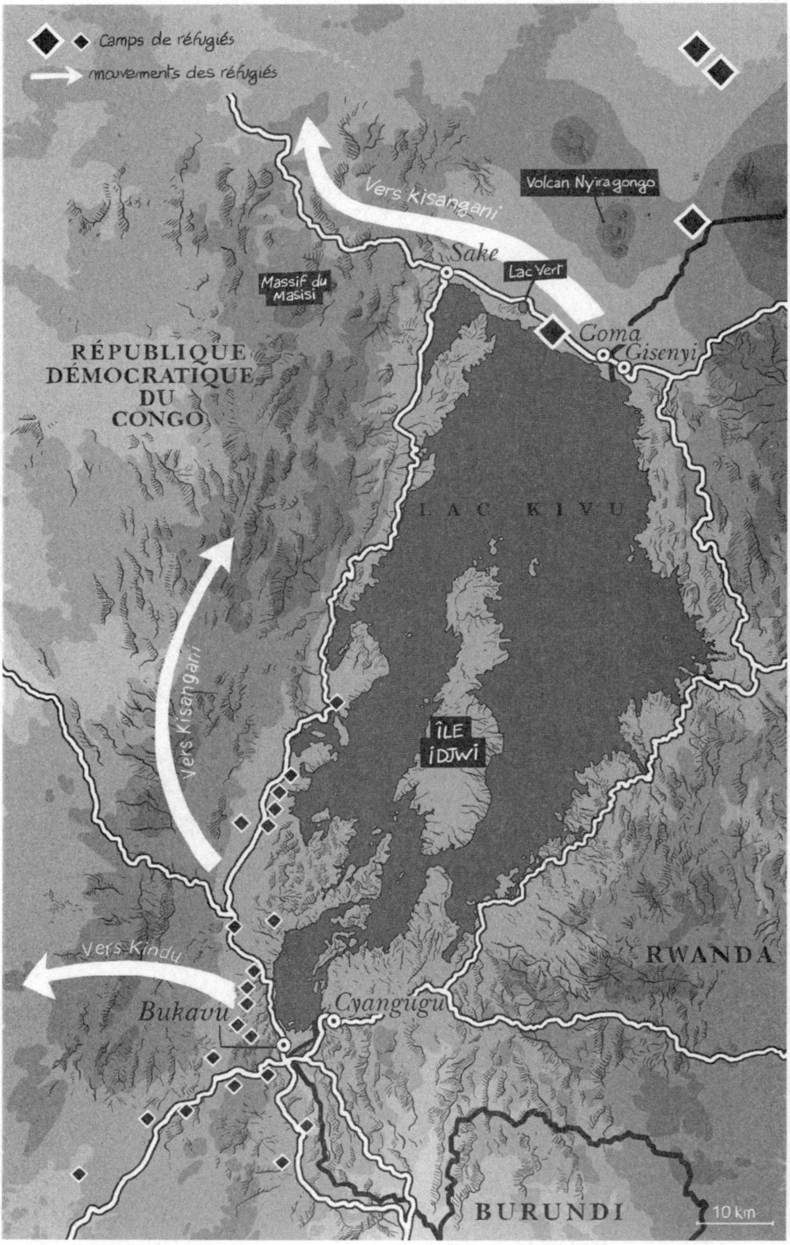

6

JUSTIN ATTENDAIT, ASSIS DANS L'HERBE HAUTE QUI FLANQUAIT LE POURTOUR DU LAC VERT. J'ai levé les yeux, il n'y avait pas de busards. Un vent léger parcourait la plaine déserte, il n'y avait pas de rats. J'ai entendu la moto pétarader, Justin était derrière le guidon. Nous sommes repartis vers Sake, une petite bourgade au pied des montagnes du Masisi.

La piste filait droit. Justin portait des lunettes et un cache-nez pour se protéger de la poussière. Ballotté à l'arrière, je m'accrochais au porte-bagages. Il n'y avait aucune circulation. Nous étions seuls au milieu d'une étendue lunaire ponctuée de buissons secs et de petits cratères. J'ai demandé à Justin s'il était déjà venu ici. « Pour quoi faire ? Il n'y a rien », m'a-t-il répondu en accélérant.

Je sentais la roue arrière chasser sur le sable graveleux. J'ai tapoté le bras de Justin pour l'inciter à ralentir, il a encore accéléré. J'ai tapoté plus fort, il était à fond. La moto vibrait, j'étais sur un tape-cul qui avalait les bosses, je lui ai à nouveau tapoté le bras. Et là, je n'ai pas compris : d'un coup, Justin s'est dressé sur les freins et nous nous sommes mis à déraper.

C'est alors seulement que j'ai aperçu une moto couchée devant nous, en travers de la piste. Un motard, pantalon et bras de chemise déchirés, genoux et coudes en sang, était vautré dans la poussière. Ses deux passagers clignaient des yeux pour reprendre leurs esprits.

« Ça va ? » a lancé Justin en pilant.

Oui, ça allait. Enfin, ça allait à peu près.

« Ça a guidonné, on est tombés. »

Justin a redressé la moto accidentée. Un rétroviseur pendouillait, il n'y avait pas trop de dégâts. Encore chancelant, le motard est parti essuyer ses plaies dans les buissons secs. Ses passagers ont ramassé leurs affaires éparpillées. Le motard s'est appuyé sur un pylône rouillé planté au bord de la piste. C'était un drôle de pylône qui supportait un cadre vide de quinze mètres sur dix environ. Le vent passait à travers, le cadre se fondait dans la plaine aride. Sans l'accident, je ne l'aurais sans doute pas remarqué.

« C'est quoi ce truc, un panneau publicitaire ? » ai-je lancé.

Le motard a haussé les épaules. Il saignait du nez, il s'en fichait.

« C'est quand même bizarre ce panneau au milieu de nulle part, non ?

— C'est vieux, ça date des camps de réfugiés, est intervenu un des passagers, un homme âgé qui venait de récupérer ses lunettes.

— Ah !

— Mais c'était pas de la publicité, c'était un portrait.

— Un portrait ?

— Oui, celui de Juvénal Habyarimana.

— Qui ça ? a demandé Justin.

— L'ancien président du Rwanda, le Hutu tué dans son avion. »

Là, j'ai eu un blanc. Pendant quelques secondes, je me suis retrouvé à Kigali en compagnie d'Ildephonse me contant les heurts et malheurs de la dépouille présidentielle. Dans ce panneau vide, dressé sur ce qui avait été le bastion du Hutuland, je voyais s'engouffrer le vent d'une histoire déjà presque effacée : celle d'un serment de reconquête prononcé sur un cercueil par l'appareil du génocide réuni dans les confins congolais.

« Et pourquoi y avait-il le portrait d'Habyarimana ? ai-je repris.

— C'était leur guide.

— Le guide de qui ?

— Des réfugiés. Les camps des Rwandais étaient plus grands que Goma. Ils avaient fait un marché sous le portrait. Ils disaient que leur chef était un martyr, qu'il fallait l'honorer. Moi, je venais voir les docteurs.

— Y en avait pas à Goma ?

— Si, mais il fallait payer. Alors je prenais un bus et je me faisais passer pour un réfugié, c'était gratuit.

— Ça a duré longtemps ?

— Jusqu'à ce qu'on les chasse.

— Qui les a chassés ?

— Je ne sais pas, j'avais peur. On s'était tous cachés, on savait pas ce qui se passait. »

Justin a encore roulé une petite demi-heure jusqu'à ce qu'une ficelle tendue en travers de la piste nous bloque le passage. C'était un barrage sanitaire anti-Ebola. L'épidémie gagnait, il y avait eu de nouveaux cas. Des pistolets à température nous ont été braqués sur la tempe. Nous avons fait couler un filet d'eau de javel sur nos mains et inscrit nos noms sur un registre que personne ne consulterait jamais.

À l'entrée de Sake, une canalisation éventrée avait formé une piscine où des grappes d'enfants s'accrochaient à des chambres à air, où des motocyclistes lavaient leurs engins, où des femmes battaient leur linge à l'ombre de grands arbres. La scène champêtre donnait envie de se baigner pour se débarrasser de la poussière de la piste.

Il n'y avait qu'une rue, qui menait à une petite place. Nous l'avons remontée. Le bourg, tout en déglingue, était plongé dans la torpeur. Quelques villas, une dizaine d'immeubles en briques, des cahutes, de rares passants et des chèvres somnolentes.

Un coup de sifflet a vrillé l'air.

Derrière le sifflet, il y avait un uniforme bleu surgi d'un renfoncement en gesticulant.

« Les casques ! »

Justin a coupé le moteur. Le policier lui a demandé son permis de conduire, il n'en avait pas. Les papiers de la moto ? Il n'en avait pas. Le certificat d'immatriculation ? Il n'en avait pas. Une pièce d'identité ? Il n'en avait pas. Ah si, une carte d'électeur...

La voix du policier, d'abord agressive, se faisait à chaque réponse plus onctueuse, fondante, presque câline. Une lueur réjouie gagnait ses yeux. Il s'était trouvé un gâteau tout frais, tout tendre. C'était une belle journée.

« Je m'excuse, a murmuré, tête baissée, mains jointes, un Justin suppliant.

— Je te pardonne. Oui, je te pardonne de tout mon cœur. Mais tu n'es pas en règle, mon ami, et je dois te confisquer la moto. Je n'ai pas le choix, c'est la déontologie. »

D'un regard, Justin m'a fait comprendre que je devais prendre du champ, la question « déontologique » ne pouvant se régler qu'en tête-à-tête. J'étais bien au pays de toutes les licences poétiques. Il y avait eu la « mousse » et la « maladie », maintenant la « déontologie ». J'apprenais le congolais, mon vocabulaire s'enrichissait.

Je me suis installé sur une chaise en plastique délavé qui traînait devant un local à l'allure de buvette. Une dame s'est approchée d'un pas boiteux: «Une bière?» J'ai pris une bière.

Justin est passé une heure plus tard. Il m'a demandé vingt dollars et est reparti, ventre à terre, nourrir la police.

Un homme en chapeau a pris place à une table. «Une bière?» lui a demandé la dame au pas boiteux. Il a pris une bière.

L'homme au chapeau s'est mis à fumer une pipe.

Nous avons devisé.

Il était capitaine dans l'armée congolaise et avait suivi des stages de formation en France, en Afrique du Sud et au Zimbabwe. Il avait aimé voyager, mais la «situation» était difficile. Il gagnait quatre-vingt-dix dollars par mois, ses hommes en percevaient vingt.

Le capitaine tirait régulièrement sur sa bouffarde tout en saluant les jeunes soldats remontant la rue, de retour de patrouille. Il y avait des rebelles dans la montagne, ils étaient insaisissables, disait-il.

Justin est revenu donner des nouvelles en coup de vent. Le policier lui demandait maintenant cent dollars, plus d'un mois de solde d'un capitaine de l'armée congolaise. Il était en train de mobiliser le Club des motards de Sake, ça allait marcher. «Tu peux m'attendre encore une heure?»

J'ai interrogé le capitaine sur les rebelles dans la montagne. Il n'était pas très expansif. C'étaient des bandits, des pillards, des kidnappeurs qui s'en prenaient aux civils. Ils étaient peu nombreux, mais créaient quantité de troubles.

Lorsque Justin est réapparu en compagnie d'un motard du club de Sake, le soleil était bas sur l'horizon. «Allons-y!» a-t-il lancé sans commentaire. Nous sommes rentrés à Goma à trois. Sans casque. Laissant derrière nous les mystérieuses montagnes du Masisi, inaccessibles par la route, occupées par les rebelles et les kidnappeurs.

Ce soir-là, il y avait le Congo International Film Festival à Goma. C'est un jeune photographe-cameraman congolais, débrouillard et très sympa, qui m'en avait parlé. Il est passé me prendre et nous sommes allés au *Lac Kivu Lodge*.

Un grand écran avait été installé sous un pin parasol qui semblait ombrager les eaux du lac Kivu. Entre les terrasses où l'on dînait à la chandelle et le pin parasol s'étendait un jardin luxuriant et parfumé qui descendait doucement sur la rive. Des fauteuils, des transats et de petites tables avaient été disséminés sur la pelouse rase. Les serveurs, en tenue safari, circulaient avec aisance au milieu de jeunes humanitaires, d'experts de l'ONU et de responsables de programmes internationaux en robes cintrées, tee-shirts savamment négligés, vestes en lin et lunettes d'écaille. Sake était loin, très loin.

Après m'être dépoussiéré sur un délicat lavabo en terre cuite, j'ai repéré un coin de gazon libre. *La*

Miséricorde de la jungle avait été projeté la veille. J'avais vu à Paris ce film réalisé par le Rwandais Joël Karekezi, qui, rescapé du génocide, s'était inspiré de l'histoire d'un de ses cousins pour mettre en images le désarroi gagnant deux soldats du FPR lancés à la poursuite d'un ennemi invisible dans la forêt congolaise.

Le programme annonçait pour ce soir *The Prosecutors*, un documentaire d'une Américaine, Leslie Thomas, sur la question des viols de masse. Sa caméra traquait sur trois continents les efforts d'avocats et de procureurs lancés dans des procédures judiciaires contre les milices et les armées. Un procès militaire s'était déroulé au Congo, elle l'avait suivi et racontait une mascarade.

À la fin du film, la réalisatrice s'est glissée dans un fauteuil en rotin pour répondre aux questions. Elle était blonde, très américaine, et s'exprimait en anglais. Une avocate congolaise, très combative, en tailleur rouge, lui donnait la réplique. Comment dire ? Les deux femmes étaient dans leur rôle, engagées, sincères, vibrantes, mais la discussion n'accrochait pas.

L'animateur remarqua qu'un officier-magistrat de l'auditorat militaire, le tribunal des Forces armées congolaises, était dans l'assistance. Il l'appela et lui demanda de réagir. Pris au dépourvu, le responsable bredouilla quelques phrases hésitantes avant de se lancer :

« Les soldats sont civilement déformés, expliqua-t-il.

Il faut les remettre à jour[1] tous les matins pendant les rassemblements. »

En entendant cet étrange diagnostic, je me suis laissé aller à penser que la « maladie », cette idéologie du génocide importée au Congo par les extrémistes hutu, avait contaminé sous une forme dégénérée toute la société, civile comme militaire.

« J'étais à Goma lorsque les réfugiés rwandais sont arrivés. Ils avaient avec eux la dépouille de leur président assassiné. C'était comme s'ils marchaient avec des reliques. L'atmosphère était quasiment religieuse… »

Aloys Tegera parle d'un fil, les yeux mi-clos. Anthropologue, historien, il est directeur de recherches au Pole Institute, un centre de réflexion interculturelle.

« Deux ans plus tard, j'ai vu repartir ces mêmes réfugiés. Goma est tombé le jour de mon anniversaire, le 1er novembre 1996. Et les camps ont suivi… »

En cette année 1996, le pays-continent est comme un radeau rongé par la moisissure. Usé par un pouvoir aussi caricatural que fantasque qu'il a exercé pendant trente ans, le maréchal Mobutu se cramponne à la barre d'un esquif en voie de désagrégation. Ne contrôlant plus la banque centrale, il fait imprimer des faux dollars. Ne contrôlant plus l'armée régulière, il lui coupe les vivres. Ne contrôlant plus

1. « Rappeler les règles ».

ses opposants, il s'achète des fidélités d'un jour ou d'une semaine. Ne contrôlant plus les provinces, il les plonge dans le désordre. Férocement, sans rien céder, Mobutu achève de faire de ce Congo dont il s'est emparé à l'indépendance un pandémonium.

« Nous venions de passer deux années horribles à subir la loi des camps et l'insécurité. Nous vivions dans la terreur sans rien comprendre de ce qui se passait. Il n'y avait que des rumeurs, des bruits. C'était fou, tout était fou. »

Aloys Tegera a les mains posées à plat. Nous sommes face à face, au premier étage du Pole Institute, avec vue sur le lac Kivu, autour d'une table de conférence. Les fenêtres sont ouvertes, un courant d'air aux effluves de terre grasse brasse la pièce nue.

« On ne savait pas qui s'était emparé de Goma. Les rebelles, des jeunes en armes et en bottes, étaient mutiques. C'est après la chute des camps qu'on a entendu parler de Laurent-Désiré Kabila.

— Il n'était pas accompagné de soldats venus du Rwanda ?

— Il y avait des soldats rwandais, c'est sûr. Mais nous, les Congolais, on ne voyait qu'une chose : Laurent-Désiré Kabila parlait de la libération, il promettait la fin du mobutisme, c'était l'espoir. »

Je raconte à l'universitaire que j'ai rencontré à Kigali James Kabarebe, le commandant des troupes rwandaises envoyées par Paul Kagame pour appuyer l'offensive des rebelles congolais ; qu'il m'a raconté être entré au Congo avec quatre bataillons, trois mille hommes en tout; que les soldats rwandais avaient attaqué les garnisons et encerclé les camps pendant que les rebelles congolais se chargeaient des villes et de la population.

«Je ne connaissais pas ces détails, note Aloys Tegera, tout s'est déroulé si rapidement, c'était tellement confus... Lorsque les opérations militaires se sont terminées, on a été soulagés. C'était la joie. Les jeunes s'engageaient en masse dans la rébellion et les réfugiés rwandais rentraient enfin dans leur pays.

— Pas tous...

— Oh beaucoup! Je les ai vus repartir au Rwanda, c'était comme le fleuve Congo qui ne bouge pas et ça bouge.

— Mais il en manquait...

— Oui, une partie d'entre eux s'est enfuie dans les montagnes du Masisi. C'était la branche armée des réfugiés. Ils emmenaient des civils, ils en avaient besoin pour se couvrir. Ils sont partis du lac Vert, leur état-major, et ont rejoint d'autres fuyards, qui arrivaient de Bukavu, au sud du lac Kivu.

— Ils étaient combien en tout?

— Un père blanc qui vivait à Goma, le père Laurent Balas, a estimé leur nombre à deux cent mille. Je n'ai jamais compris d'où venait ce chiffre.

— Et que sont-ils devenus?

— Ils se sont enfoncés dans la forêt, au-delà du Masisi. C'étaient les plus durs, ils étaient convaincus d'avoir la mort aux trousses. Ils fuyaient comme si le génocide les poursuivait, comme si une armée de morts s'était levée pour réclamer vengeance.

— Et c'était faux ?

— Oui. Les leurs venaient de rentrer en masse au Rwanda. Et nous, nous respirions. »

Plus de deux ans après l'opération Turquoise, la queue du serpent était coupée de son corps. Ce que la communauté internationale n'avait pas su faire – séparer les présumés innocents des présumés coupables –, le Rwanda de Paul Kagame et les rebelles congolais venaient de le réaliser.

« Y a-t-il un lien particulier entre le Congo et le Rwanda ? je demande à Aloys Tegera.

— Il faut remonter le temps, me répond-il. Les missionnaires ont accompagné la colonisation et le Rwanda, consacré au Christ-Roi en 1946, fut un de leurs principaux avant-postes en Afrique centrale. Mobutu est un fruit de cette histoire. Il se disait né en 1932 dans la province congolaise de l'Équateur, mais là-bas, son nom n'existe pas : son papa, cuisinier, serait arrivé du Rwanda dans les bagages des missionnaires et des catéchistes.

— Mobutu aurait pu être d'origine rwandaise ?

— Oui, c'est possible. Une grande partie de la population de la province de Goma est originaire du Rwanda.

— Les deux pays sont donc liés ?

— Ils ont des liens. Mobutu et Habyarimana étaient de la même génération, ils avaient les mêmes attaches, la même idée de leur identité, le même parcours. Mobutu a pris le pouvoir en 1965, Habyarimana en 1973. Ils étaient militaires : un maréchal et un général. Le grand frère et le petit frère. Quand le FPR de Paul Kagame a attaqué le Rwanda en 1990, Mobutu a immédiatement envoyé sa Division spéciale présidentielle à la rescousse du petit frère. C'était comme un pacte.

— D'où l'accueil des réfugiés hutu ?

— Oui, ils étaient alliés. »

François Mitterrand avait réhabilité Mobutu en 1994 ; deux ans plus tard, Jacques Chirac, nouvel hôte de l'Élysée, se porte au secours du roi du Congo, menacé par une rébellion. Deux émissaires, Dominique de Villepin, secrétaire général de la présidence, et Fernand Wibaux, ancien adjoint de Jacques Foccart, le père de la Françafrique, sont dépêchés à Lausanne, où Mobutu vient d'être opéré d'un cancer de la prostate. Ils le convainquent de passer sa convalescence dans sa fastueuse résidence de Roquebrune-Cap-Martin, sur la Côte d'Azur.

À une encablure de Monaco, la villa Casa del Mare devient le quartier général de la remise en selle d'un Mobutu absent depuis des mois de son pays et « encore flottant dans ses vêtements ». Une flopée de conseillers militaires, d'intermédiaires occultes, de politiques, de jeteurs de sorts, de médecins et de communicants accourent à son chevet. On le câline, on lui redonne confiance, on lui fait des promesses. Il est le « Papa Maréchal », le « Léopard », le « guerrier qui vole de victoire en victoire sans que personne puisse l'arrêter». C'est une opération résurrection qui démarre.

Initié par François Mitterrand, le discours du «double génocide» est réactivé. La recette, éprouvée, permet d'habiller l'engagement de l'Élysée. Les feux sont braqués sur les supposés deux cent mille fuyards rwandais partis dans les profondeurs du Congo, «les plus durs» selon Aloys Tegera.

Ils ont «disparu», est-il annoncé avec inquiétude.

Ils sont menacés du pire, est-il répété avec insistance.

Il faut les sauver, sauver ces pourchassés pour sauver Mobutu.

J'ai demandé à Aloys Tegera ce qu'il pensait de la théorie du «double génocide». Sa fine silhouette se découpait dans l'encadrement d'une fenêtre, il a répondu d'une voix très douce:

«La réalité des faits au Congo, c'est tout autre chose qu'un génocide. Les rebelles ont été vite acceptés, nous avons vécu une libération. Et les Congolais n'en avaient rien à faire des réfugiés hutu: ils s'en foutaient, ils les subissaient.

— Ils se fichaient aussi de la présence des troupes de Kagame?

— À l'époque, il y a eu de la frustration, une sorte d'humiliation. Mais tous les Congolais de l'Est disent aujourd'hui qu'il faudrait un Kagame pour le pays, ils ont du respect pour le développement du Rwanda.»

L'universitaire m'a proposé de visiter le Pole Institute. Nous avons descendu un étroit escalier de béton et marché sur quelques mètres dans le jardin: «C'est le bâtiment de notre radio, Pole FM.» Je lui ai demandé ce que voulait dire *Pole*. Il m'a expliqué que c'était un mot swahili qui pouvait se traduire par «Tu y arriveras».

«C'est un beau mot, lui ai-je dit devant le cabanon abritant la radio.

— C'est notre programme. Nous partons de loin, mais nous y arriverons.»

Il est revenu sur ses pas, s'est engouffré dans le bâtiment principal et a emprunté un couloir tout en recoins. Derrière une porte en contreplaqué, il y avait une trentaine de jeunes assis derrière des pupitres, studieux, souriants, chaleureux. «Ce sont nos élèves, nous formons nos cadres.» Aloys Tegera était fier, et il avait raison: «Beaucoup de générations ici n'ont pas idée de ce qu'est un pays normal, ils commencent à réfléchir.»

Dans le petit appartement que m'avait trouvé Ezzé, j'ai relu à la lueur de néons tremblotants le rapport du projet Mapping, cette enquête sur les violations des droits de l'homme au Congo de 1993 à 2003 que le Haut-Commissariat des Nations unies aux droits de l'homme (HCDH) publia en 2010. Pour Hubert Védrine, ce rapport justifiait la thèse du «double génocide» avancée quinze ans plus tôt par François Mitterrand.

Le passage sur les «attaques contre les réfugiés des camps» démantelés en 1996 par les rebelles congolais et les troupes rwandaises représentait six pages sur les cinq cent quatre-vingt-une du rapport[2]. Quinze «incidents allégués» étaient recensés et «documentés», de nombreux renvois faisant état sans précision de «témoignages recueillis».

J'ai tenté d'estimer le total des victimes de ces quinze «incidents allégués et documentés», cela fut impossible. Comment additionner un «nombre indéterminé de réfugiés tués» lors d'un «incident allégué» à un «nombre de victimes difficile à déterminer mais qui pourrait s'élever à plusieurs centaines» lors d'un autre «incident allégué»?

Les seuls éléments fiables provenaient d'un journaliste canadien qui avait dénombré dans un camp «quarante victimes tuées par balle et à l'arme blanche, parmi lesquelles des femmes, des enfants et deux bébés» et d'une association congolaise, l'Équipe d'urgence de la biodiversité, qui avait inhumé 4287 corps dans les trois mois suivants.

En revanche, et cela me frappait, je retrouvais dans ces cinq pages aux contours approximatifs une accumulation de précisions propres à suggérer une intention d'extermination.

D'après les «rescapés des camps» – c'est ainsi qu'étaient désignés les réfugiés –, les victimes auraient été «traquées» et «triées en fonction de leur

2. Rapport du projet Mapping, p. 95 à 100.

âge et de leur sexe», puis tuées de «manière délibérée», les «adultes masculins systématiquement exécutés», parfois «à l'arme blanche», et de «nombreux corps» enfouis «dans les latrines publiques» et dans «plusieurs fosses communes».

Le lac Vert était mentionné: «Certains hommes hutu ont été ligotés puis jetés vivants dans le lac où ils sont morts noyés, d'autres ont été exécutés d'une balle dans la tête et leurs corps ont été jetés dans le lac.»

Les dates coïncidaient: ces «hommes hutu» jetés «vivants» ou «exécutés d'une balle dans la tête» dans le lac Vert l'auraient été le jour même où, remontant le serpent, j'étais arrivé au lac. Or je n'avais rien vu. J'en étais certain: ce jour-là, les eaux du lac Vert n'étaient troublées d'aucune ride.

Je ne peux prétendre, bien sûr, avoir tout vu. Il y avait eu des combats, c'était l'évidence. Cela se respirait, cela se sentait. Deux forces s'étaient affrontées: les rebelles congolais alliés aux troupes rwandaises contre la branche armée des réfugiés alliée aux soldats de Mobutu. Ç'avait été une bataille avec des tirs d'obus, de mortiers, des rafales et des morts.

Oui, des morts. Et Chema, ce réfugié hutu que j'avais croisé, m'en avait parlé. Et j'avais vu des miliciens se défaire à la hâte de leurs uniformes pour enfiler des joggings. Et Chema m'avait dit ceci: «Quand on s'est aperçus que les rebelles ne tuaient que les gens armés, on a décidé de faire confiance et de partir.»

Chema était-il un «rescapé des camps», pour reprendre la terminologie du rapport Mapping? Ou un «réfugié» sur le chemin du retour? Chema avait-il été «traqué»? Ou «libéré» de l'emprise du Hutuland? Chema, cet «adulte masculin» qui n'avait été ni «trié» ni «systématiquement» tué, était-il une exception à la règle?

Ils étaient sept cent mille à avoir été tenus deux ans en otage, sept cent mille à être revenus au Rwanda, comme Chema. Le rapport évacuait ce fait majeur en cinq malheureuses lignes glissées en petits caractères dans un renvoi en bas de page.

Le rapport Mapping était biaisé.

Il racontait une guerre avec le vocabulaire de l'extermination.

Waterloo décrit avec les mots d'Auschwitz.

J'en ai lu quelques pages supplémentaires. La lumière des néons tressaillait, j'avais mal aux yeux. Je me noyais dans cette énumération d'«incidents allégués». Pour retrouver une terre ferme, je suis sorti prendre un verre à la terrasse de l'*Hôtel des Grands Lacs*.

Il y avait un concert, je me suis installé sur un pouf calé derrière une table bancale. Des spots colorés illuminaient la scène. J'ai demandé une vodka, il n'y en avait pas. J'ai demandé une bière avec des cacahouètes, il n'y avait pas de cacahouètes. J'ai bu ma bière en écoutant de la rumba congolaise. Les musiciens étaient bons, je me suis laissé porter.

Un gars plutôt baraqué, la quarantaine, a engagé la conversation. Je n'étais pas trop partant, il a insisté. J'ai fini par suivre. Il s'appelait Horeb Bulambo et avait travaillé pour Care Australie, une ONG. Quand? En 1996, pendant les camps. Ah?

«C'était dur, mais l'argent venait gratuitement.»

Horeb avait vraiment envie de discuter. Il m'a payé une bière, je lui en ai payé une autre.

«Qu'est-ce que tu fais ici? m'a-t-il demandé.

— Justement, je m'intéresse à l'histoire des camps.

— Vraiment? Tu sais qu'en 1996 les Rwandais ont tué quatre cents Congolais, des soldats et des civils.

— Non, je ne savais pas.

— Certains Congolais s'étaient liés aux Hutu et étaient devenus extrémistes.»

Les musiciens étaient lancés dans un bœuf, les spots tournoyaient.

«Tu savais que la Division spéciale présidentielle de Mobutu et l'armée congolaise formaient dans les camps les anciens militaires rwandais et les miliciens interahamwe?»

Les propos d'Horeb me parvenaient hachés.

«Les Congolais savent augmenter les chiffres. Y en a qui parlent de seize millions de morts au Congo, mais d'où ils les sortent ces morts?»

Je le laissais parler.

«Pour les viols, ils exagèrent aussi.»

J'ai vaguement opiné.

«Tu sais ce qui s'est passé? Les Congolais ont dit: "Les Rwandais ont inventé des chiffres, alors nous aussi." Les Rwandais, ils nous ont appris à mentir.

— Et toi, Horeb, tu mens?

— Ah non, pas moi!»

7

LA VIDÉO UN PEU TREMBLOTANTE DÉFILE SUR L'ÉCRAN DU PORTABLE. Elle dure quatre minutes et je la regarde, fasciné. Elle a été tournée voici quelques jours sur la piste qui traverse les montagnes du Masisi, celle-là même qui fut suivie par les « disparus » des camps de Goma s'enfonçant à l'intérieur du Congo.

« N'y pense même pas, la route est impraticable ! » me dit Cristin, portable à la main.

Journaliste à Goma, Cristin est un passionné de la préservation de la faune et de la flore. Il suit régulièrement des formations et peut parler pendant des heures des oiseaux qu'il cherche à protéger des braconniers. Son préféré est, je crois, le grand-bec vert africain, un perroquet rare et sauvage.

Sur l'écran de son portable, trois Kamaz – des camions russes à six roues motrices – sont alignés sur la piste du Masisi, enchaînés les uns aux autres par des tiges d'acier longues d'une dizaine de mètres. Ils forment un «train».

Le train est une technique de franchissement d'obstacles. Additionnant la puissance de leurs moteurs, les camions se poussent et se tirent mutuellement, c'est l'avantage; mais que l'un d'eux verse et le train se désagrège dans un fracas de tôles broyées, c'est l'inconvénient.

Cristin appuie sur la touche «play». Le train se met en branle. Enfoncés dans la boue jusqu'aux essieux, moteurs rugissants, allure de fauves, les trois Kamaz entrent dans une fondrière.

D'un coup, le camion de tête disparaît dans un flot épais et pâteux, profond d'un étage. Sa calandre est engloutie, son pare-brise avalé aux deux tiers, les essuie-glaces écopent. Presque totalement submergé, secoué par des tremblements convulsifs, le train accélère. Crachant des gaz, tanguant et oscillant en des angles impossibles, les trois camions enchaînés fendent la masse sur plusieurs centaines de mètres. Des torrents de boue rouge et grasse s'écoulent en lisière de la forêt dressée de chaque côté en mur végétal. Le sillon creusé se referme aussitôt, le passage du train ne laissant qu'un clapot.

Ces quatre minutes de vidéo sont un mix de *Mad Max* et du *Salaire de la peur*.

«Toute la piste est comme ça, jusqu'à Walikale, reprend Cristin.

— Et alors ? je fanfaronne.

— Tu peux pas passer !

— Ben, les camions passent, non ?

— Oui, en trois semaines. Et ils ont des arrangements avec les barrages.

— Les barrages ?

— Les barrières tenues par les bandits. Tu crois que les réfugiés hutu ont disparu ? Non, des groupes armés sont restés dans le Masisi et ils ont mis la montagne en coupe réglée. Il y a des kidnappings et il faut payer. Tu peux pas passer, je te dis.

— Alors je fais quoi ?

— Prends l'avion !

— Pour cent kilomètres ?

— T'as pas le choix !»

C'est ainsi que je me suis retrouvé à faire le tour des trois compagnies d'aviation de Goma : Congo Airways, l'officielle ; Busy Bee Congo, créée par un Ukrainien ; et une dernière, sise au fond d'une ruelle boueuse. Ça a été rapide : la destination la plus proche était la ville de Kisangani, à huit cents kilomètres. J'ai compris ce jour-là que le Congo était un pays-archipel : une dizaine de grandes villes comme des enclaves isolées sur le pourtour de la «mousse».

J'ai revu Cristin. Il s'était débrouillé pour m'obtenir l'équivalent d'une autorisation de voyage à travers le pays. Le gri-gri officiel, signé d'un ministre et tamponné de sceaux baroques, m'avait coûté trois cents dollars. Je l'ai pris, un peu dégoûté, je me sentais piégé.

«Dis, Cristin, t'as pas une idée?

— Tu devrais aller voir Alphamin.

— C'est qui?

— Une compagnie américaine, ils exploitent une mine de cassitérite[1] à Walikale. Une fois par semaine, ils affrètent un petit avion. Il y a aussi les prêtres: la paroisse de Walikale fait partie du diocèse de Goma.»

Il s'est interrompu un instant.

«Mais pourquoi tu veux aller à Walikale? Y a rien, c'est la brousse…

— Oui, mais c'est le chemin suivi par les réfugiés en 1996, et je veux le refaire.

— Ah!»

Cristin était curieux, il m'a posé beaucoup de questions. Je lui ai parlé du «deuxième génocide», de mes doutes, du rapport Mapping, des discussions que j'avais eues à Goma. Il était attentif, me relançant parfois. Puis il s'est mis à parler à son tour. Et il a repris le mot de Rebecca, la jeune Congolaise de la Lucha: il m'a dit que la «maladie» était toujours là. Il le voyait bien avec les oiseaux, objets de trafics

1. La cassitérite est le principal minerai dont on extrait l'étain.

mortels; il le voyait quand on lui rapportait des cas d'enlèvements ou d'affrontements entre bandes armées. C'est un virus, disait-il, qui est arrivé du Rwanda. Avant, les Congolais ne savaient pas tuer, ils ne brûlaient pas les villages, ils ne dévastaient pas les forêts, ils ne razziaient pas la faune, pas à cette échelle, pas comme ça.

« Comment apprend-on à tuer? lui ai-je demandé.

— La haine », m'a-t-il répondu en me fixant droit dans les yeux.

Et, doucement, il a répété:

« La haine, ça s'apprend. »

Une moto m'a déposé devant l'évêché de Goma, en bordure de la ville, au bout d'une ruelle de grosses pierres noires, devant un portail bleu rouillé. J'ai toqué, une porte a grincé. Après quelques palabres, un gardien m'a conduit à l'économat. Il m'appelait « Muzungu », « le Blanc », et cela le rendait jovial. « Tu es content, Muzungu? »; « Ça va, Muzungu? »; « Tu as soif, Muzungu? » lançait-il tandis que nous longions des bâtiments en briques rouges: une église, une école, un séminaire, des bureaux...

L'économe était moins disert. Je lui ai parlé de Walikale. Il a battu les bras en l'air dans son petit bureau:

« Ah, Walikale! » a-t-il fait.

Et il a repris:

« Ah, Walikale, Walikale! Oui, ça fait longtemps que nous n'avons pas de nouvelles... »

Il semblait parler d'une planète lointaine.

«Vous connaissez? Vous y êtes allé?

— Non, pas moi. Jamais!

— Mais des gens de l'évêché y vont?

— Ah, ça je sais pas, il faudrait demander.

— À qui?

— L'évêque, peut-être, mais il est à Kinshasa présentement.»

Je suis reparti, le bec dans l'eau. Le gardien a été surpris: «Hé! Muzungu, déjà de retour?» Il m'a demandé une cigarette, nous avons fumé ensemble, assis sur un muret. J'allais héler une moto quand une grosse voiture blanche avec des croix en logo sur les portières est arrivée. Une vitre s'est baissée: «Que faites-vous là?» a lancé un prêtre en soutane et calotte rouge accroché au volant.

L'abbé Arsène Masumbuko était le porte-parole diocésain de Caritas, une association caritative catholique. Énergique, replet, il a fait tomber sa soutane dès l'entrée dans son bureau, s'est affalé dans un gros fauteuil et a désigné un canapé en similicuir. Il y avait une petite table basse encombrée d'ouvrages, une télévision, un bureau et, tout au long du mur, des rayonnages de bibliothèque ployant sous les livres, les médailles religieuses et les images pieuses.

«Vous avez écrit un livre? lui ai-je demandé.

— Vous l'avez lu!...» a-t-il sursauté.

Non, je ne l'avais pas lu: l'ouvrage, *L'autre moi-*

même, oser tendre la main aux nécessiteux, était posé en évidence sur la table basse.

L'abbé Arsène s'exprimait drôlement. Le Congo, disait-il, avait emprunté un «escalier de la mort». De 1994 à 1996, «on était dans l'imbroglio», et «les tueries ont commencé»: il y avait le pouvoir «moribond» de Mobutu et ces camps de réfugiés qui s'étaient emparés des ressources du pays avec leurs «milices de tueurs».

Intarissable, il parlait sans détour:

«Il fallait les détruire, ces camps, pour que les réfugiés rentrent au Rwanda ou dans la forêt.»

J'ai été surpris. Caritas, l'organisation dont il s'occupait, n'était-elle pas proche des milieux extrémistes hutu? L'abbé Arsène ne savait pas, il n'était pas à Goma dans ces années-là, il était arrivé plus tard, après la chute des camps. Ah, et d'où venait-il?

«J'étais curé à Walikale.»

Dans ce petit village où il officiait, il avait vu arriver les fuyards des camps:

«Ils marchaient depuis Goma et Bukavu. Bukavu est loin au sud du lac Kivu, ceux-là étaient vraiment fatigués. Avec eux, il y avait les soldats de Mobutu, des clochardisés qui fuyaient, pillaient, vendaient leurs armes pour rien.

— Ils étaient nombreux?

— Oh oui, on pouvait pas compter. Tout était mélangé: les femmes, les enfants, les miliciens, les Congolais, les anciens soldats rwandais, les Hutu, les soldats de Mobutu, les bandits… Tous, ils arrivaient, partaient, et d'autres arrivaient, repartaient. Ça bougeait tout le temps, les feux avaient pas le temps de s'éteindre, il y avait des morts. Nous, on comprenait rien : ils étaient terrifiés et leur peur faisait peur. Ils parlaient d'apocalypse, du diable. Ils disaient qu'on voulait les tuer tous, qu'ils étaient pourchassés à mort.

— Et que s'est-il passé ?

— La guerre est arrivée à Walikale. »

C'était le 16 décembre 1996, un mois après la chute des camps de Goma, l'abbé Arsène s'en souvenait parfaitement :

« Les fuyards avaient décampé, ils étaient partis plus loin dans la forêt, vers Kisangani. Seuls quelques jeunes en armes étaient restés, des gamins. Ce jour-là, je disais la messe à sept heures. On a entendu quelques tirs. À huit heures, c'était fini. »

Lorsqu'il sort de l'église, l'abbé Arsène constate que les rebelles congolais, accompagnés des troupes rwandaises, sont maîtres des lieux.

« Il y avait deux, trois personnes tuées par des balles perdues. J'ai vu une maman congolaise morte, toutes nos jeeps avaient été volées. »

En quarante-cinq minutes, Walikale était passé sous le contrôle des « libérateurs ».

« On a été soulagés. On a vite compris que les soldats rwandais pouvaient menacer à mort, mais te tuer, non.

— Ce n'étaient pas des tueurs ?

— Non, cette culture était venue avec les réfugiés. L'armée rwandaise s'en prenait pas à la population, sauf si tu étais militaire ou milicien. Et elle était avec les rebelles congolais, c'était la libération. »

J'essaie de visualiser ce que raconte l'abbé Arsène. Des dizaines de milliers de réfugiés en fuite dans les montagnes du Masisi après avoir vécu en reclus deux ans durant dans un monde d'épouvante : la paranoïa des idéologues, le vertige des horreurs commises, la terreur des milices, la crainte d'une vengeance… Et d'un coup, tout s'effondre. La masse qui se fracture, qui se divise, qui s'enfonce dans la forêt gluante en groupes éperdus, paniqués. Avec ces peurs qui collent au ventre, et que le monde obscur de la « mousse » attise, décuple.

L'abbé Arsène me ramène au présent :

« C'est pas fini, dit-il. Ils sont toujours là, une partie d'entre eux est restée. Ils se font appeler Forces démocratiques de libération du Rwanda (FDLR), ce sont des bandits. Il y a quelques jours, un agent de Caritas a été kidnappé. Ils demandaient dix mille dollars, on a payé trois mille.

— C'est le prix ?

— Va savoir ! Nous, on a dévalorisé le dollar ! Cinq dollars, c'est quoi ? C'est rien ! Ici, ça circule même pas, personne en veut ! Nous sommes un pays de football et nous sommes les meilleurs perdants au monde. Cette conscience de dire "Ça, c'est mon pays", on n'a pas.

— Et pour aller à Walikale, on fait comment ?

— On peut pas.

— Personne ?

— Nous, on y va, mais nous avons un accord avec les gens d'Alphamin. Ils nous prennent dans leur avion, c'est bien pour leur propagande.

— Et sinon ?

— On peut pas. »

Alphamin est une société cotée à Toronto et à Johannesburg, son siège social est à l'île Maurice. L'entreprise affirme produire trois pour cent de l'étain mondial dans ses gisements du Kivu, elle promet un rendement exceptionnel à ses actionnaires. Pour démarrer l'exploitation, Alphamin a expulsé dix mille creuseurs artisanaux qui avaient découvert le filon, proposant à chacun deux cent cinquante dollars d'indemnité. Les creuseurs ont protesté. L'armée congolaise est intervenue. Les creuseurs sont partis. Où ? Personne ne sait.

À Goma, les bureaux d'Alphamin étaient difficiles à trouver. Il n'y avait ni indication ni plaque. Juste un grand mur devant lequel un tas d'ordures se consumait et deux gardes en uniforme qui peinaient à faire fonctionner leurs talkies-walkies.

Derrière le mur haut de trois mètres, la cour était vaste et silencieuse. Pas une voiture, pas un bruit. À droite, un entrepôt à containers ; à gauche, de la poussière et un arbre ; au fond, les bureaux.

Le patron était absent. Son assistante, « Maman Jeanne », était là, esseulée au milieu d'une pièce grande comme un hangar. Accueillante et de bonne composition, Maman Jeanne m'a donné le téléphone de son patron, Richard Robinson, un Américain. Je l'ai appelé, les murs faisaient écho, ça a été bref.

En quelques mots, Richard m'a très rapidement et très directement fait comprendre que n'étant ni curé, ni businessman, ni investisseur, je ne présentais aucun intérêt. «*Good luck!*» a-t-il dit en raccrochant. Maman Jeanne a fait la moue, elle n'était pas franchement surprise.

J'ai finalement embarqué dans un hélicoptère de l'ONU. Après un gymkhana administratif – il manquait toujours un tampon, une accréditation, un *approval* et je ne sais quoi –, un «OK» est tombé.

Je n'y ai pas cru:

«OK?

— Oui, OK. Départ à huit heures à l'aéroport.»

L'aérogare n'avait pas changé depuis 1994. La population de Goma avait triplé, quadruplé peut-être, mais l'enclave aéroportuaire était restée à l'identique. Il n'y manquait que les bérets des soldats français qui occupaient les lieux pendant l'opération Turquoise.

L'amiral Lanxade, chef d'état-major des armées, avait été le grand ordonnateur de cette intervention. Des années plus tard, il s'efforçait toujours de la justifier. À son «avis», avait-il dit en 2018, il y avait eu «un début de deuxième génocide» dans la «région de Goma»[2].

2. Entretien avec l'amiral Lanxade, réalisé par François Graner le 22 août 2018.

Une soldate en béret bleu de l'ONU m'a demandé mon passeport. C'était « OK », il fallait juste payer le billet. Le guichet était à deux cents mètres : cent trente dollars, en cash. « Et les taxes ? » Je suis reparti : soixante dollars pour la régie des voies aériennes. « Et la taxe d'aéroport ? » Le guichet était encore plus loin : trente dollars. « Vous avez les reçus ? » Je les avais. « Pas d'armes ? » Non, pas d'armes. « Et des substances ? » Pas de substances.

La salle d'embarquement était bondée. Des télévisions étaient accrochées à tous les murs. Il y avait des Blancs, des Noirs, des Jaunes, des Métis. Les uniformes se mêlaient. Les écrans des portables brillaient, ça tapotait furieusement. Un Indiana Jones américain tournait en rond, pistolet à la ceinture. Une jeune Indienne bâillait. Un ingénieur feuilletait une revue automobile abandonnée sur un coin de table. Le Nescafé était à huit dollars. Les Nations unies dans leur splendeur.

Les vols affichés indiquaient Johannesburg, Kinshasa, Nairobi, Entebbe, Istanbul. La salle se vidait régulièrement.

J'ai commencé à m'inquiéter.

« Et Walikale ? ai-je demandé à un soldat.

— *It's complicated. The weather. Bad, very bad. Wait!* »

Une heure a passé, puis deux. Nous n'étions plus qu'une vingtaine dans la salle. Les Blancs, les Jaunes, les Métis s'en étaient allés.

« Walikale, Walikale », a craché un haut-parleur.

Un hélicoptère russe MI-8 se tenait prêt sur la piste. De petites bouteilles d'eau avaient été posées sur deux banquettes rustiques. Les sacs ont été amarrés, l'équipage ukrainien a fait chauffer les moteurs, le copilote a fait signe de mettre les casques antibruit. L'hélicoptère a décollé.

Le vol a duré un peu plus d'une demi-heure. Le rotor faisait flap-flap, le plafond était bas, l'appareil filait droit vers le Masisi. Nous avons survolé le lac Vert, la plaine de Goma, Sake. Au nord, j'ai entrevu les contreforts du volcan Nyiragongo, qui avait craché sa lave rougeoyante sur Goma en 2002.

L'hélicoptère s'est élevé en abordant les montagnes du Masisi. Le massif, tout en rondeurs, était d'un vert phosphorescent, lumineux. Du brouillard restait accroché aux hauteurs. Les pâturages, rincés par la pluie, étincelaient. Les lacets d'une piste ocre apparaissaient par intermittence. De grandes flaques réverbéraient le soleil. Des villages de huttes en branchages et boue séchée étaient disséminés de loin en loin sur les rares plateaux.

L'hélicoptère montait, montait. J'essayais d'imaginer les deux cent mille « disparus » du « deuxième génocide » traversant le massif. Je n'y arrivais pas. Ils se cachaient, ils avaient peur, ils évitaient la piste. Étaient-ils passés par cette vallée en enfilade ? Par ce sentier pierreux ? La boue leur collait-elle aux pieds ? Comment avaient-ils été reçus par les villageois ?

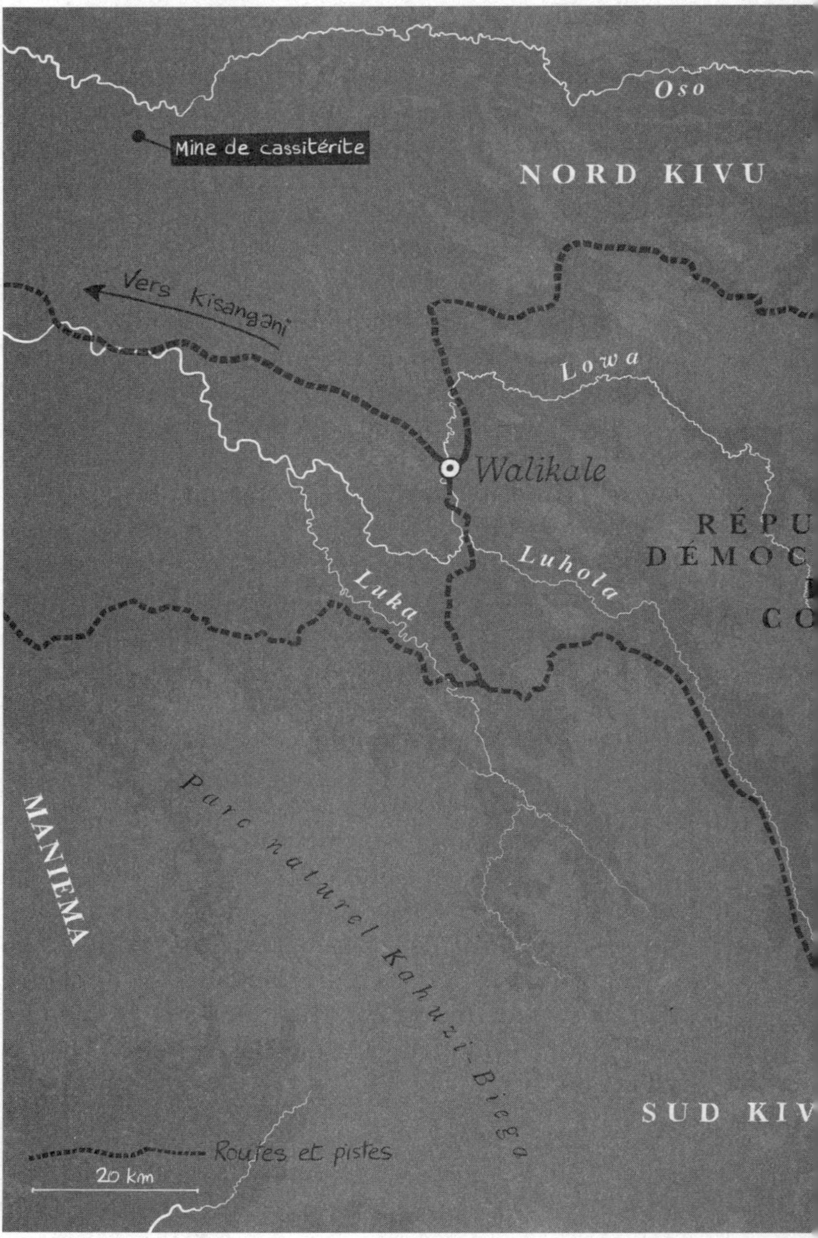
Oso
Mine de cassitérite
NORD KIVU
Vers Kisangani
Lowa
Walikale
RÉPU
DÉMOC
CO
Luhola
Luka
MANIEMA
Parc naturel Kahuzi-Biega
SUD KIV
Routes et pistes
20 km

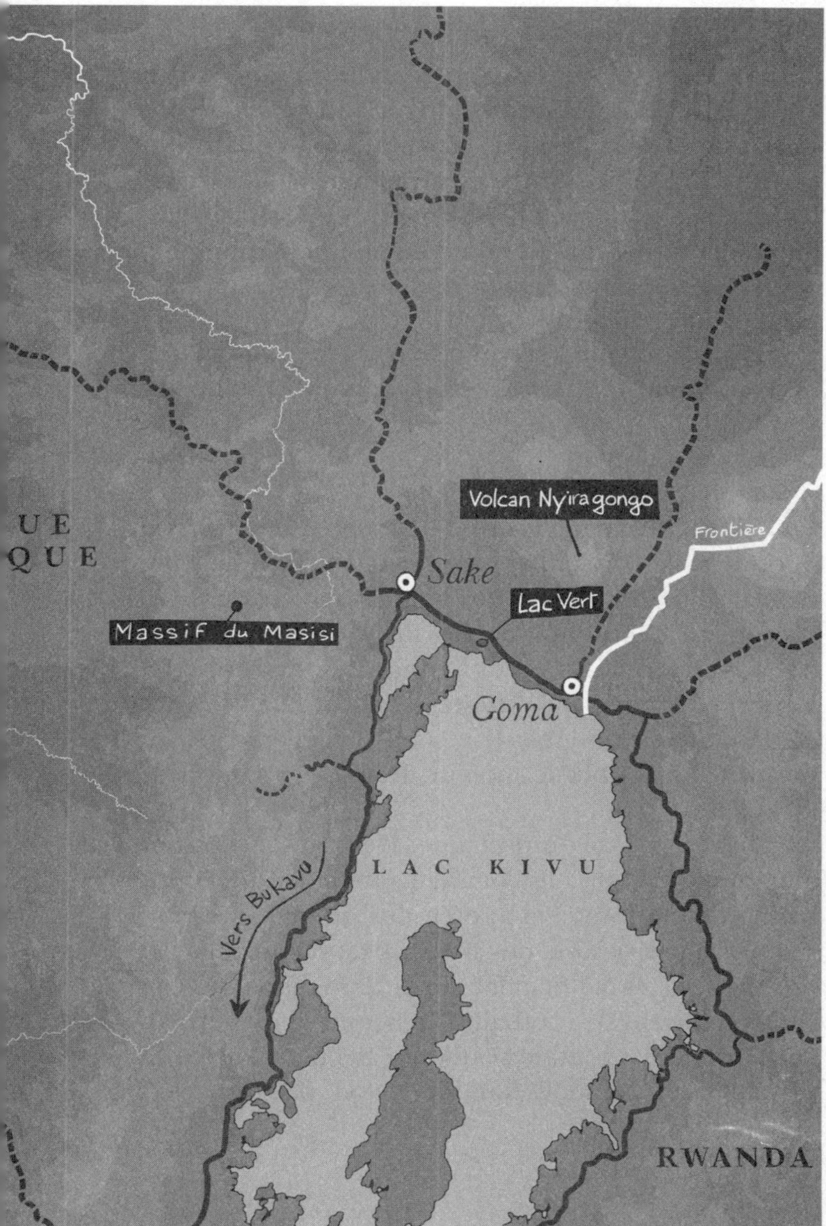

UE
QUE
Volcan Nyiragongo
Frontière
Sake
Lac Vert
Massif du Masisi
Goma
LAC KIVU
Vers Bukavu
RWANDA

Les pâturages ont laissé place à des taillis, à des arbres, à un enchevêtrement luxuriant. J'étais perdu, sans plus aucun repère. La « mousse » collait aux pentes, aux vallées, aux escarpements ; elle avalait les ruisseaux, mangeait les sentiers. Le tissu végétal, immobile et pesant, étendu comme une nappe plissée, dessinait un monde vert.

Ni beau ni laid.

Du vert bouteille, du vert citron, du vert émeraude, du vert épinard, du vert-de-gris, du vert amande, du vert kaki.

Un océan de verts.

Sans horizon ni trouées.

Collé au hublot, j'ai senti l'hélicoptère ralentir. Le pilote a laissé glisser l'appareil vers une cuvette. Une rivière se faufilait entre des habitations éparses. On distinguait des motos et des filets de fumée. L'air est devenu plus lourd, plus épais, plus humide. L'appareil a viré sur la droite, le pilote tâtait le vent et prenait ses repères. Il y a eu un léger choc au poser. Sans couper le moteur, le pilote a annoncé : « Walikale ! »

J'ai sauté… dans une flaque. Des gamins se sont marrés ; pieds nus, ils jouaient mollement avec un ballon de chiffons. J'ai aperçu des gradins gris rongés par la moisissure, des poteaux de but tordus. J'ai pris mon sac et fait flac-flac sur la terre détrempée de l'ancien terrain de football. L'hélicoptère est reparti. J'ai demandé où était Walikale. Il fallait suivre la piste par la gauche. C'était loin ? Non, pas trop.

Après deux cents mètres, un jeune gars en baskets a surgi d'une cabane. Il portait un brassard de la DGM, la Direction générale des migrations. Cette administration, chargée par les colons du Congo belge de contrôler les déplacements à l'intérieur du pays afin de lutter contre la maladie du sommeil, a survécu à toutes les crises et à tous les régimes. Ses agents quadrillent les routes, les ports, les aéroports et contrôlent tous les points de circulation.

Dans sa cabane, le jeune gars en baskets se tenait assis derrière une table de guingois sur laquelle était posé un gros cahier. Des gouttes perçaient du toit, il n'y avait pas de lumière. Sur son cahier, il avait tracé des colonnes bien droites qu'il a remplies d'une écriture appliquée, pleine de ronds et de déliés. Il avait un peu plus de vingt ans, était étudiant et s'ennuyait : il y avait si peu de passage.

En 1996, des dizaines de colonnes de réfugiés hagards s'étaient déversées des montagnes du Masisi sur Walikale. Plusieurs ont écrit des livres des années plus tard.

« Nous courions avec la faim et la peur au ventre [...] Dans cette course contre la montre, quand quelqu'un tombait [...] on le laissait gigoter par terre », raconte Marie Béatrice Umutesi[3], travailleuse sociale. Accompagnée de jeunes « mal habillés »,

3. Marie Béatrice Umutesi, *Fuir ou mourir au Zaïre. Le vécu d'une réfugiée rwandaise*, L'Harmattan, 2000, p. 147.

«sales» et armés, elle suit des soldats de Mobutu en déroute, qui «terrorisent» les populations locales, «prennent les femmes de force», tuent et pillent. Une de ses amies, appelée «sorcière à un sein» par la soldatesque, bénit les armes avant chaque razzia.

Maurice Niwese[4], étudiant, arrive fin novembre à Walikale. Il a fui les camps, dit-il, «avec des responsables» au pouvoir pendant le génocide. Dans la forêt, il «pleure» en voyant un ancien ministre échanger son veston contre «un panier de colocases», des tubercules. Entouré de nombreux réfugiés en armes, il pille les champs «la conscience tranquille», car «cela n'était pas un péché». Les locaux «s'attaquent» aux voleurs, «mais s'enfuyaient lorsque nous devenions nombreux». Découvrant «des jeunes tués par des flèches», il n'a qu'une pensée: «Leur heure était venue, la nôtre était devant nous.»

«Nous voguions dans le paysage vide et terrifiant de la région», écrit Philippe Mpayimana[5], journaliste. À son départ des camps, précise-t-il, un des plus importants responsables du génocide[6] commis en 1994 a été «achevé» par ses «gardes du corps» afin qu'il «ne tombe pas» aux mains de l'ennemi.

4. Maurice Niwese, *Le Peuple rwandais un pied dans la tombe. Récit d'un réfugié rwandais*, L'Harmattan, 2001, p. 108.

5. Philippe Mpayimana, *Réfugiés rwandais entre marteau et enclume. Récit du calvaire au Zaïre (1996-1997)*, L'Harmattan, 2004, p. 40 et 46.

6. Il s'agit de Théodore Sindikubwabo, président par intérim de la République rwandaise pendant le génocide.

Traversant des villages abandonnés, il se refuse à dormir dans les huttes de paille par peur « des esprits maléfiques ». D'anciens militaires rwandais « bien entraînés » et « des miliciens aguerris » protègent son groupe. « Du poison » serait « injecté dans des vivres abandonnés », les champs seraient « ensorcelés », des « créatures terrifiantes » surgissent de la forêt.

C'est avec les éclats fantasmatiques de ces récits à l'allure de corps-à-corps avec des « démons » invisibles que je suis entré dans le bourg. Walikale était un amas désordonné de petites maisons en briques et pisé, aux toits de tôle. Quelques policiers débonnaires dans leurs uniformes délavés discutaient sur la chaussée. Les passants longeaient à pied la route traversant le village. Un camion déglingué semblait abandonné, les voitures se comptaient sur les doigts d'une main. Un marché de petites boutiques en planches de guingois animait le centre.

Il y avait trois « hôtels ». Le premier était un bouge. Je me suis installé dans le second, le *Mwamira*, neuf chambres alignées tout en longueur devant un terre-plein en herbeux. Ni eau ni électricité, mais un grand seau, des bougies, un châlit et un drap. Le patron a allumé un feu pour chauffer de l'eau, j'ai pris un café dans une paillote dressée devant les chambres. Des nuages noirs couvraient les montagnes, le vent forçait, la pluie s'annonçait.

En contrebas de la paillote coulait une rivière. J'ai demandé au patron si les réfugiés s'y étaient baignés à leur arrivée après avoir traversé la forêt. Il ne savait pas. Avait-il beaucoup de clients ? Non. À cause des bandits, il n'y avait plus de passage, juste quelques camions ravitaillant le marché à partir de Kisangani, la grande ville à cinq cents kilomètres à l'ouest, un voyage d'une semaine.

À l'abri de la paillote, j'ai relu les trois témoignages des réfugiés. Ils parlaient peu de Walikale. Marie Béatrice Umutesi, la travailleuse sociale amie de la « sorcière à un sein », « barbote » dans la rivière, « se repose » et vend quelques habits pour « avoir à manger ». Maurice Niwese, l'étudiant à la « conscience tranquille », est persuadé que les habitants poussent les réfugiés à aller « se faire massacrer loin de leur ville ». Philippe Mpayimana, le journaliste « pèlerin », décrit un « climat de guerre » dans une ville surpeuplée : « Le parvis de la paroisse catholique était trop petit pour accueillir les plus de deux cent mille personnes arrivées en quatre jours, tandis que d'autres continuaient à arriver par milliers. »

J'ai cherché le parvis de la paroisse catholique. L'église était à l'écart, à un petit kilomètre du léopard sculpté qui marquait le centre de Walikale. Aéré et ombragé par un arbre, le parvis donnait sur une petite vallée couverte de champs. Il pouvait accueillir trois à quatre mille personnes très serrées.

À Goma, l'abbé Arsène m'avait indiqué le nom

du curé de la paroisse Saint-Sauveur. J'ai demandé le père Damien. Il était là, très affairé à préparer la visite de son évêque, «la première» depuis sa prise de fonction, «il y a treize ans».

«La première?

— Oui, nous sommes reclus, isolés. Le district de Walikale est très grand. Il fait plus de vingt-trois mille kilomètres carrés, et il n'y a pas de routes, pas de pistes, que des sentiers. Il y a des endroits où je ne peux accéder, même en faisant trois jours de marche et en dormant dans la forêt.»

Le district de Walikale, une goutte d'eau à l'échelle de l'immensité congolaise, a la taille du Rwanda.

«Et votre paroisse est la seule?

— Non. Il y en a une autre, mais elle est fermée: le prêtre a été tué il y a une vingtaine d'années.

— Il n'a pas été remplacé?

— C'est difficile. On est enclavés, tout est trois fois plus cher qu'à Goma. Il y avait des organisations humanitaires, elles sont parties. Les gens n'ont rien, ils meurent en cascade à l'hôpital.

— Vous avez combien de paroissiens?

— Trente mille.»

Le père Damien avait les traits tirés. Il marchait à petits pas précautionneux et ses mouvements visaient à l'économie. Âgé de quarante ans, il avait un visage encore adolescent. Son isolement ne semblait pas lui peser. De nature bonhomme, il faisait de son mieux pour tourner les difficultés en dérision:

« C'est drôle quand même de devoir se déplacer en avion dans le même diocèse, non ! »

Il s'est dirigé vers son bureau. Les couloirs du presbytère étaient d'un gris terne. Des femmes pliées en deux époussetaient le sol en ciment, leurs enfants couraient dans les coins.

Né à Walikale, il avait dix-sept ans lorsque les réfugiés sont arrivés, en 1996. Il avait été choqué :

« C'est la première fois que je voyais des morts. Ça a été compliqué, on a vécu des choses horribles… »

La voix du père Damien s'est étranglée, je l'ai laissé reprendre son souffle.

« Les réfugiés rwandais avaient des agendas cachés, ils tuaient les autochtones… Ils avaient encore des séquelles de la guerre dans leur esprit : ils voulaient tuer. Quand ils sont partis, on s'est sentis soulagés, soulagés…

— La population a souffert ?

— Heureusement, les réfugiés n'ont fait que passer. Ça a duré une semaine, quinze jours. À leur départ, l'esprit est resté très innocent. Les gens d'ici n'ont pas appris à tuer. On peut se mouvoir sur toute l'étendue du territoire, l'esprit de tuer n'est pas là. »

Le père Damien était tout pâle et fatigué, la nuit tombait, il avait beaucoup à faire. Je suis reparti. Un habitant s'est joint à moi, il voulait causer. Je ne sais plus son prénom, mais il vendait de l'essence en bouteilles au bord de la piste. Nous sommes repassés devant le léopard sculpté, le marché, les bicoques.

Arrivés au pont enjambant la rivière, l'habitant m'a agrippé le bras: «Les bandits du Masisi sont revenus ici même en 2007. Ils coupaient les têtes et volaient le tabac et l'alcool. C'étaient des Hutu rwandais. Ils tuent, pas nous.»

Au petit matin, j'ai repris le rapport Mapping réalisé par le Haut-Commissariat des Nations unies aux droits de l'homme en 2010. Quatre pages consacrées à Walikale[7] et à sa région décrivaient une impitoyable mécanique en marche: des rebelles congolais et des soldats rwandais décidés «à tuer un maximum de victimes», appelées «cochons», était-il précisé.

Tel que décrit, le mode opératoire tenait de l'abattoir. Les victimes – au «nombre indéterminé» – auraient été tuées – de «manière indiscriminée» – par «armes lourdes, armes légères, à coups de marteau, de houe, de machette, de barre de fer, de hache», les femmes étant souvent «violées».

Et personne n'en parle ici?

J'ai eu la nausée.

C'était comme si, avec un décalage de deux ans, la grille de lecture du génocide de 1994 au Rwanda avait été apposée de force et à l'envers au Congo.

Cela ne tenait pas la route.

Ou plutôt le rapport Mapping ne tenait la route qu'en forçant le trait, qu'en reprenant mot à mot le

7. P. 103 à 106.

discours des responsables du génocide ; ces « réfugiés » qui, deux ans durant et en toute impunité, avaient entretenu dans leurs camps « l'esprit de tuer ». Et qui, en fuite, le portaient toujours plus loin dans les profondeurs du Congo.

8

JE CHAVIRE À DROITE, PUIS À GAUCHE. C'est une danse aérienne. À droite, puis à gauche ; l'air tourbillonne. À gauche, puis à droite ; la touffeur de la forêt me cingle le visage. À droite, puis à gauche ; le monde vert, partout.

La moto se faufile et virevolte sur les vestiges d'une route qui fut taillée en tunnel dans la « mousse » : un bout de macadam, une portion de piste, un chapelet de mares et, parfois, un simple sentier. Le ronronnement du moteur se répercute sur la cathédrale végétale. Je suis assis sur une tondeuse à gazon tressautante. Ballotté à l'arrière, je m'accroche à mon sac ficelé sur le porte-bagages.

Le motard porte un gros blouson, un cache-poussière, des lunettes de protection et un bonnet. Son engin est chinois, il fait corps avec. Donne un coup de gaz sur le macadam, freine brutalement avant une mare, verse sur le côté pour contourner un trou. Muscles contractés, concentré, il ne dit mot. Que pourrait-il dire d'ailleurs? Là, la forêt! Et là, la forêt! Et là encore, la forêt!

Nous roulons vers Kisangani, la grande ville. Sans croiser un véhicule. Pas un camion, pas une moto, pas une bicyclette. Rien, ni personne. Pas même un chuintement venu de la forêt. Que le vrombissement de la moto sous la canopée; et ce monde fixe, raide, noueux, d'arbres aux troncs effilés, de lianes entrelacées, de fougères préhistoriques, de tourbières odorantes, percé parfois d'un puits de lumière.

Kisangani est à cinq cents kilomètres. En 1996, la route venait d'être refaite. Les dizaines de milliers de réfugiés partis de Walikale un mois après la chute des camps de Goma se brûlent les pieds sur l'asphalte surchauffé qui déchiquette leurs semelles. Aux yeux du monde, ils ont «disparu». La forêt les a avalés, ils sont invisibles.

Deux cent mille fuyards rayés de la carte, donc «morts»?

Oui, clame la diaspora des extrémistes hutu, qui fait battre le tambour du «deuxième génocide» dans ses foyers du Kenya, du Centrafrique, du Cameroun, de France, de Belgique, du Canada... Nous l'annoncions, nous le savions, nous avions raison, nous sommes les victimes, les vraies, les seules, depuis le début.

Et leurs soutiens répercutent le message, et les théories abondent. L'imagination s'enflamme, se libère de tous ses freins. Deux cent mille « disparus » tués ? Une vengeance sanguinaire des Tutsi ? Un contre-génocide ? Une extermination au cœur des ténèbres ?

Et l'effroi gagne, et les chiffres s'affolent. Il n'y a plus de limites. Que des rumeurs, des bruits.

En réalité, les « morts » supposés marchent. Un avion envoyé survoler la forêt les repère. Ils sont debout. Dans la « mousse », sous la « mousse ». Ils avancent vers Kisangani, leur objectif. Leurs pas martèlent le bitume. Ils fondent sur les rares champs, arrachent les fruits de la forêt, déterrent ses racines nourricières, attaquent des populations congolaises oubliées de tous qui se défendent avec leurs armes traditionnelles : sagaies, lances, maillets, flèches empoisonnées et fusils de chasse.

Sur moins de cent kilomètres, les combats avec les locaux font « des milliers de morts », écrit le journaliste Philippe Mpayimana[1], qui marche en tête de

1. *Réfugiés rwandais entre marteau et enclume. Récit du calvaire au Zaïre (1996-1997), op. cit.*, p. 54.

la colonne de fuyards. «Instinctivement, on appliqua la stratégie des gorilles», raconte un autre réfugié, Emmanuel Ngiruwonsanga[2]: «Les plus forts en avant, ensuite les vieux et les jeunes, puis les mères et un groupe de jeunes gorilles forts couvrant l'arrière.»

À l'arrière, justement, la confusion est totale. Les rebelles congolais et les soldats rwandais ont pris Walikale, mais le massif du Masisi est loin d'être contrôlé. Il y a des embuscades, des règlements de compte, des morts. De «jeunes gorilles forts» qui se sacrifient, des milices villageoises qui se défendent, des soldats perdus de Mobutu, des rebelles congolais à leurs trousses et des troupes rwandaises lâchées en terre étrangère.

Un peu plus loin à l'est, derrière eux, le vent de la «révolution» souffle sur la plaine de Goma et le Kivu. Laurent-Désiré Kabila, le chef de la rébellion congolaise, promet de «jeter Mobutu dans les poubelles de l'histoire». Aux jeunes volontaires enthousiastes qu'il recrute en masse, il garantit monts et merveilles.

James Kabarebe, le commandant des troupes rwandaises au Congo, remonte, lui, à la tête d'une partie de ses hommes vers le nord pour sécuriser la frontière rwandaise et éviter d'être pris à

2. Emmanuel Ngiruwonsanga, *Rwanda, Blood Everywhere and Beyond*, FriesenPress, 2012.

revers. L'objectif des troupes rwandaises, selon James Kabarebe? «L'aviation de Mobutu menaçait Kigali. Nous n'avions pas de forces aériennes, il fallait prendre le contrôle des aéroports de l'Est congolais.»

À trois mille kilomètres de là, Kinshasa, la capitale, est sous le choc. Les villes tombent une à une: Butembo, Béni, Bunia... À chaque annonce, l'armée nationale se débande un peu plus. Le maréchal Mobutu séjourne toujours en France, dans sa résidence du cap Martin. Après trente ans de mobutisme, son pays-continent fait eau de toutes parts. Appuyé par Paris, l'homme malade et acculé décide de jouer son va-tout.

Le 17 décembre 1996, Mobutu revient à Kinshasa. Debout dans sa Cadillac à toit ouvrant, celui qui s'est autoproclamé «guerrier qui va de victoire en victoire sans que personne puisse l'arrêter» honore sa légende. Il est acclamé, mais l'illusionniste ne se laisse pas prendre à son tour: «J'ai besoin de votre aide et de l'aide de Dieu», implore-t-il.

Qui est prêt à se battre pour lui?

La moto roule sans discontinuer, Walikale s'éloigne. Le Congo est un vertige. Ce n'est plus la montagne, pas encore la plaine. La forêt primaire s'étend en vagues molles sur une terre rabotée, usée; de l'humus rincé sur des mètres de profondeur par la pluie tropicale.

Les réfugiés avancent. Ils ont faim, ils ont soif, ils

sont épuisés. Ils font trente à quarante kilomètres par jour. Les premiers, les plus forts, les plus jeunes, arrivent au pont d'Osso. « La course à la vie adoptait une allure primitive, sauvage. La débrouillardise et le goût du risque devenaient la règle du jeu », écrit le journaliste Philippe Mpayimana.

Des éclaireurs franchissent le pont qui marque la frontière entre la province du Nord-Kivu et celle de Maniema. Ils marchent encore sur une soixantaine de kilomètres. « L'individualisme gagnait les groupes », note l'étudiant Maurice Niwese.

À mi-chemin de Kisangani, l'armée congolaise bloque les réfugiés aux abords d'une bourgade appelée Lubutu. Après deux cents kilomètres à pied depuis Walikale, ils ne peuvent plus avancer et ne veulent pas reculer. Les fuyards des camps du Kivu se regroupent à Tingi-Tingi, un lieu-dit où mille mètres de route bitumée ont été élargis pour servir de piste d'atterrissage aux avions.

« Les gens arrivaient exténués, affamés, les pieds gonflés, espérant trouver soins et nourriture. Ils étaient accueillis par un soleil accablant, la malaria, la dysenterie et le choléra », raconte la travailleuse sociale Marie Béatrice Umutesi.

En quinze jours, plus de cent mille « disparus » réapparaissent.

Des milliers errent encore dans la forêt.

Le cœur dispersé du Hutuland se reconstitue à Tingi-Tingi.

Au pont d'Osso, la moto pile devant une ficelle tendue en travers de la chaussée. Trois soldats vaquent, un gamin dans les jambes, devant quelques huttes. Un agent de la Direction générale des migrations (DGM) me demande de remplir son registre. Il s'ennuie : il y a si peu de passage, juste quelques Chinois.

« Des Chinois ?

— Oui, pour les mines. Ils font aussi du commerce.

— Et ils sont nombreux ?

— Pas trop. »

Je lui ai rendu son registre. Il m'a demandé des sous, je lui ai dit que je n'en avais pas.

« Ah ça ! » a-t-il fait, offusqué.

Et d'un coup, sans que je comprenne, il s'est mis à rigoler. J'ai rigolé avec lui. C'était comme une bonne blague. Les soldats nous regardaient, intrigués.

L'agent s'est calmé : « Allez, vas-y ! »

Sans insister, j'ai traversé. Le pont en arc de type colonial semblait ne pas avoir d'âge, son tablier était percé par endroits. Sur l'autre rive, la forêt s'aplatissait. Quelques huttes et de petits commerces animaient la berge.

Au début, je n'ai pas bien compris. En traversant les petits villages, j'entendais un mot comme « naho », lancé par les gamins en slips boueux et robes élimées. J'ai profité d'un arrêt à un restoroute local – une « maman » à l'abri d'un plastique derrière ses casseroles – pour me renseigner. Un jeune gars en tee-shirt du Barça, l'équipe de football de Barcelone – comment ce tee-shirt était-il arrivé ici? –, m'a expliqué que les gamins ne disaient pas «naho», mais «ni hao».

«Et alors?

— C'est "bonjour" en chinois.

— Mais pourquoi pas "bonjour" en français? Ils parlent français!

— Pour eux, tous les étrangers sont chinois. Tu es un Blanc, un Muzungu, alors tu es chinois!»

Ça m'a fait drôle d'être chinois au Congo. C'était comme si l'Occident – ses programmes d'aide au développement, ses bonnes âmes, ses discours mâtinés de colonialisme – était renvoyé aux oubliettes de l'histoire.

J'ai croisé la Chine plus tard sur la route. Assise en jean et blouson sale à l'arrière d'une moto à l'arrêt, elle s'impatientait à un barrage. Les motards devaient payer un droit de passage à la police, les négociations traînaient en longueur.

La Chine – un jeune gars au visage balafré et aigu, une mèche de cheveux en arrière, l'air un peu voyou – était nerveuse. Elle ne parlait qu'en chinois et s'en prenait à son motard, accablé de reproches.

Les policiers contemplaient la Chine à l'œuvre:

«C'est un mangeur d'or, m'a dit l'un.

— Hein?

— Oui, il travaille dans une mine. Il y a une concession chinoise pas loin.»

J'étais passé devant. J'avais vu, au bout d'un petit

chemin d'herbes folles, une grille rouillée fermée par un gros cadenas…

À un moment, la route a retrouvé du bitume. Elle s'est élargie, élargie. C'était la piste d'aviation de Tingi-Tingi. Des blocs de béton et des pièces d'un avion dépecé avaient été disposés de-ci de-là pour interdire tout atterrissage. Des panneaux rouge vif «Attention aux mines» se succédaient à droite et à gauche. Le lieu désert, silencieux, ouvert comme une saignée dans la «mousse», était sinistre.

En décembre 1996, les milliers de «disparus» sont réapparus vivants à Tingi-Tingi, démentant les folles surenchères dans lesquelles s'était laissé entraîner le monde humanitaire. «Les ONG ont dit n'importe quoi» en parlant d'une tragédie «qui ferait un million de morts avant Noël et qui s'est révélée imaginaire[3]», lancèrent Jean-Christophe Rufin, ancien vice-président de MSF France, et Alain Destexhe, ancien secrétaire général de MSF International. Qui accusèrent l'humanitaire de s'être fait «manipuler» au service «d'une politique française» visant «à porter secours aux anciens génocidaires rwandais et à soutenir le régime de Mobutu».

Légèrement à l'écart de la bourgade de Lubutu, l'église dresse haut son clocher. Les paroissiens disent «la cathédrale». Ce n'en est pas une, mais elle

3. «Les désarrois de l'humanitaire», *Le Monde*, 21 décembre 1996.

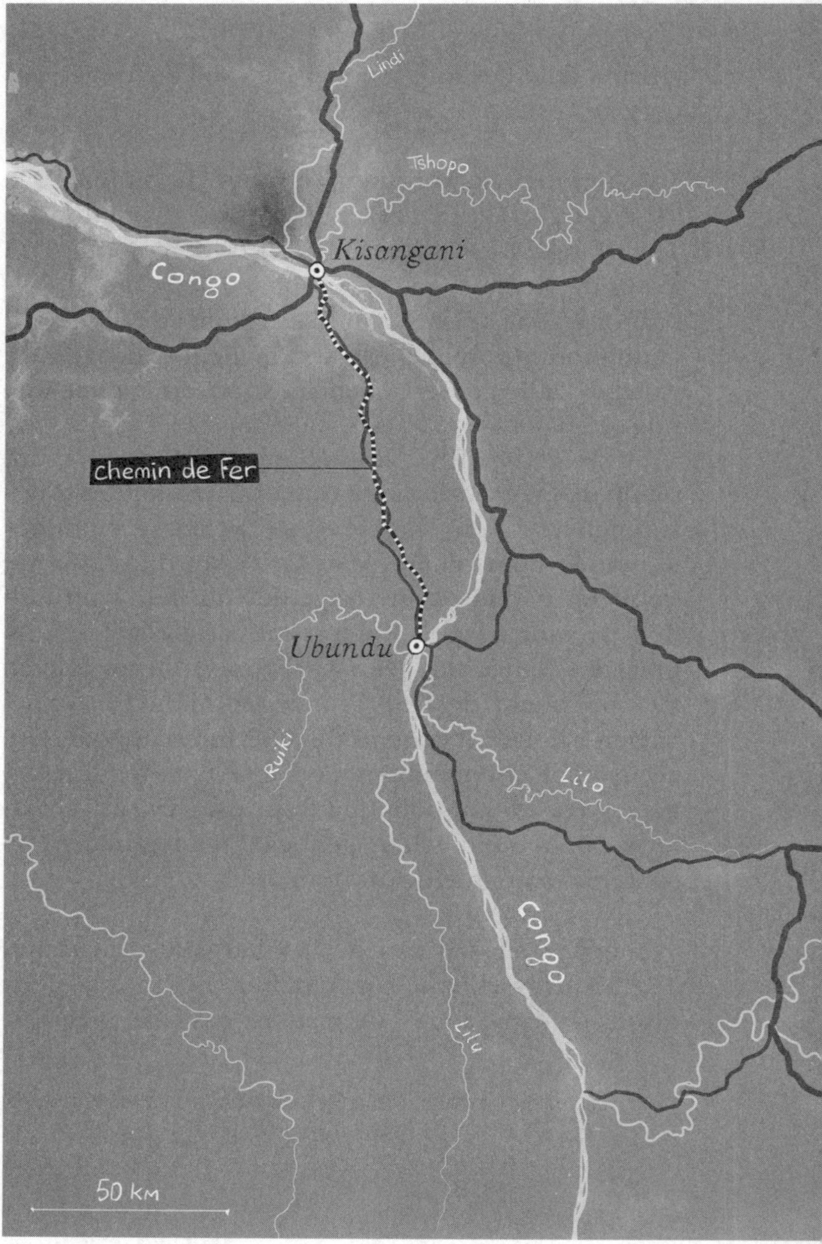
Lindi
Tshopo
Kisangani
Congo
chemin de fer
Ubundu
Ruiki
Lilo
Congo
Lilu
50 km

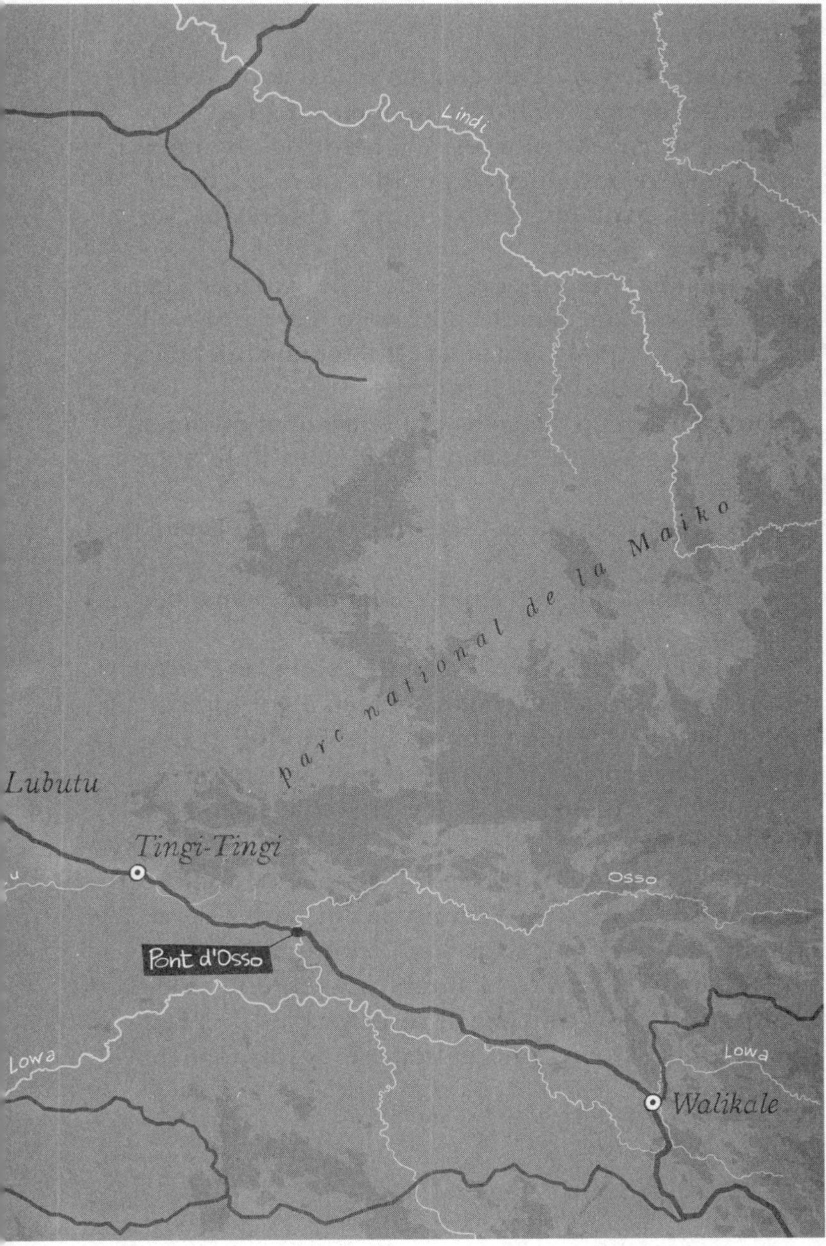
Lindi
parc national de la Maiko
Lubutu
Tingi-Tingi
Osso
Pont d'Osso
Lowa
Lowa
Walikale

se distingue de loin. Des enfants et des adolescents rassemblés devant, en habits du dimanche, chemises blanches et robes colorées, chantent des hymnes entraînants. « Nous répétons pour les mariages de cet après-midi », explique, dans un joyeux brouhaha, un paroissien en sueur.

J'ai attendu la fin de la répétition. Les enfants sont partis en courant dans la poussière. Le paroissien s'est approché : pouvait-il aider ? Il avait une trentaine d'années et usait d'un joli français.

« Oui, je cherche des gens qui pourraient raconter ce qui s'est passé ici quand les réfugiés hutu sont arrivés.

— Ce n'est pas facile, a-t-il dit en se grattant la tête.

— Pourquoi ?

— Je connais que des jeunes, il faudrait demander à l'abbé. »

Un gamin est parti le chercher. L'abbé Jean-Pierre est arrivé en sandales, chemise bleue à col romain. Athlétique, la cinquantaine, il m'a conduit à une véranda. On sentait un homme décidé, énergique.

« Pourquoi s'intéresser à une si vieille histoire ? » a-t-il lancé, direct.

J'aurais pu lui dire que je voulais percer l'ombre projetée sur son pays ; j'aurais pu lui parler de ce rapport Mapping qui, dans son écriture, me paraissait travestir la réalité ; j'aurais pu reprendre les arguties d'anciens officiers et responsables de l'État français lancés dans une entreprise de ravalement de l'histoire.

J'ai préféré lui raconter mon voyage et mes rencontres : Kigali, Kibeho, Goma, Walikale, Osso, le silence pesant de Tingi-Tingi…

L'abbé est resté de marbre.

Je lui ai précisé que j'entendais suivre le chemin des réfugiés jusqu'à Kinshasa…

« Vous avez une autorisation ? »

La demande, brusque, ne souffrait aucune discussion. Je lui ai tendu le laissez-passer officiel qui m'avait coûté trois cents dollars à Goma. L'abbé l'a lu scrupuleusement, jusqu'aux cachets, qu'il a scrutés, jusqu'aux alinéas écrits en petits caractères, jusqu'à la signature du ministre.

Repliant le laissez-passer, il me l'a tendu :

« Revenez ce soir, je vais essayer de trouver des gens. Moi, je n'étais pas là à l'époque. »

Je me suis promené dans Lubutu. Il y avait trois petits comptoirs d'achat de diamants, d'or et de métaux précieux alignés, avec leur peinture défraîchie, le long de la route principale. Ils ne débordaient pas d'activité.

Pour financer sa révolution, Laurent-Désiré Kabila avait vendu la promesse de futures concessions à de grands conglomérats miniers. Originaire de la riche province du Katanga, révolutionnaire opportuniste, trafiquant d'or dans le maquis, l'homme aux yeux de toupie était prêt à tous les arrangements. Mobutu, qui s'y connaissait en filouterie, voyait en lui un voyou : « Tu ne crois quand même pas que je vais laisser le pays à ce petit con ! Est-ce qu'on prend le pays comme cela devant Mobutu ? Et en plus, sans correction, avec le langage de la rue », avait-il dit à l'architecte de son palais[4].

J'ai voulu entrer dans un comptoir. Il était fermé, les autres aussi. Le marché était désert, le village d'une grande banalité. Hormis l'église, il n'y avait pas trace d'anciens bâtiments. Seul l'hôtel *La Grâce* détonnait. Récemment bricolé, il était d'un kitsch insolite. On aurait dit un gâteau de mariage américain : des murs violets, orange et roses, une balustrade bleue, des piliers noirs moulés en arbres noueux et, sur tout un pan, une flamboyante fresque représentant la savane.

J'ai pris une bière sous une peinture naïve de gorille. Deux hommes sont arrivés : un élégant en costume-cravate et mallette qui se disait « notaire », un grand costaud en chemise et baskets qui se présentait en « agent des migrations ».

Le « notaire » m'a demandé s'ils pouvaient s'asseoir. La vie était difficile, disait-il. Son acolyte hochait la tête. Très difficile, insistait-il. Son acolyte approuvait. Il y avait tant d'obstacles, oui, tant. Mais nous étions amis, n'est-ce pas ? Frères, même, et l'hospitalité, la France si belle, si généreuse…

« Mais enfin, vous ne parlez pas même le congolais ! » a éclaté l'acolyte.

4. Olivier-Clément Cacoub, dans le film de Thierry Michel, *Mobutu, roi du Zaïre*.

Ils exigeaient cinquante dollars «pour les frais d'enregistrement».

Je leur ai dit de repasser.

L'abbé Jean-Pierre attendait sous la véranda en compagnie d'Alexis Kayumba, soixante-cinq ans. Les deux hommes buvaient un «sucré», un soda. Les mariages avaient été célébrés, les chants s'étaient éteints.

L'abbé a fait les présentations:

«Alexis vit à Lubutu depuis quarante ans, il est universitaire jusqu'au niveau licence. Moi, j'écoute!» a-t-il dit tout en s'enfonçant dans son fauteuil, les mains jointes.

La nuit allait tomber.

Alexis, directeur d'école en 1996, se tenait droit, un peu intimidé. Il a commencé par me raconter la fin de Tingi-Tingi. Ses propos partaient dans tous les sens. Je ne comprenais rien et lui se perdait, revenant sans cesse en arrière pour expliciter des détails incompréhensibles.

Je lui ai demandé de commencer par le début, l'arrivée des réfugiés.

«Les premiers sont arrivés très tôt, avant même les soldats congolais. Et chaque jour, ils étaient de plus en plus nombreux. Vers la fin de l'année, Kinshasa a envoyé l'armée. Les soldats ont barré l'entrée de la ville et interdit aux réfugiés de passer.

— C'est là qu'ils ont créé un camp?

— Oui, on leur a donné l'endroit Tingi-Tingi pour cultiver des champs, du manioc, des tomates. Ils y sont restés plus ou moins trois mois. Ils étaient fatigués, ils avaient fait les pieds du Rwanda à ici…

— “Fait les pieds” ?

— Ils avaient marché. Beaucoup souffraient. Tingi-Tingi était inondé de gens. Les réfugiés venaient dans les villages chercher du travail, ils cuisinaient des papayes, ils sarclaient. Certains laissaient leurs enfants dans nos familles, certaines filles étaient prises en mariage.

— Il n’y avait pas de problème ?

— Il y avait des réfugiés armés. Pour avoir à manger, ils prenaient la nourriture dans les villages. Ils étaient considérés du camp de Mobutu, ils avaient de bonnes relations avec les soldats.

— Et avec vous ?

— On avait peur.

— De quoi ?

— Des soldats, des réfugiés armés. Ils devenaient méchants.

— Méchants ?

— Il y avait des disparitions. Si on vous suspecte comme espion des rebelles, on vous prend et on vous tue.

— Ça a duré longtemps ?

— Quand les réfugiés sont partis, ça a été terrible. »

Le vase clos de Tingi-Tingi dure trois mois.

Les soldats congolais reculent, sans se battre. Les rebelles et les soldats rwandais avancent, sans rencontrer de résistance. Pour tenter de reprendre la main, Mobutu nomme un nouveau chef d'état-major, le général Mahele, un ancien de Saint-Cyr, protégé et poussé par Paris. Six ans plus tôt, le général Mahele commandait un détachement de deux mille hommes envoyés au Rwanda pour combattre le FPR de Paul Kagame.

C'est Mobutu qui est maintenant dos au mur. La progression des trois mille hommes de Paul Kagame paraît irrésistible, la rébellion congolaise recrute des milliers de déserteurs. «Nous avions le soutien de la population, c'était facile», m'avait dit James Kabarebe, le commandant des troupes rwandaises au Congo.

L'ambiance à Kinshasa est crépusculaire, la capitale vit sous tension. Des bandes de soldats incontrôlés multiplient les barrages pour se payer eux-mêmes, la police et les services de renseignement se lancent dans la chasse aux traîtres, les bruits les plus fous enflamment les cités. «C'était comme un effondrement», se souvenait Ildephonse, qui m'avait raconté, à Kigali, l'histoire de la dépouille du président rwandais.

À Kinshasa, dans le quartier de Ngaliema où il réside, Ildephonse croise Agathe Habyarimana, la veuve, de retour après un an passé à Nairobi. «Elle s'était installée pas loin de chez moi, on la voyait les dimanches avec ses gardes du corps à l'office de l'église Saint-Luc.» Agathe est souvent accompagnée d'anciens dignitaires rwandais en exil: «Ils étaient comme chez eux.»

Agathe Habyarimana expliquera plus tard avoir quitté le Kenya « en raison des menaces du FPR ». En réalité, le filet de la justice commençait à se resserrer[5]. Créé le 8 novembre 1994 par décision du Conseil de sécurité de l'ONU, le Tribunal pénal international pour le Rwanda (TPIR) était au travail.

Comme Mobutu, les extrémistes de la cause hutu sont dos au mur. Agathe est une intime du maréchal. Il l'a dotée de faux passeports, il a organisé l'inhumation de son mari dans son fief de Gbadolite, il l'a invitée en voyage officiel en Chine.

Mobutistes et extrémistes hutu fusionnent leurs forces. Kinshasa annonce « une contre contre-offensive foudroyante ». « Nous voulons transformer Tingi-Tingi en un véritable starting-block pour notre retour triomphal au Rwanda », lance depuis le camp de Tingi-Tingi le colonel Tharcisse Renzaho[6], préfet de Kigali pendant le génocide.

Tingi-Tingi est un gouffre.

Plus de cent mille fuyards s'y débattent.

5. Pour la Commission des recours des réfugiés (CRR, devenue, en 2008, la Cour nationale du droit d'asile), il existe de sérieuses raisons de penser qu'Agathe Habyarimana aurait participé « en tant qu'instigatrice ou complice » au « crime de génocide », selon une décision du 15 février 2007 rejetant sa demande d'asile en France.

6. Tharcisse Renzaho a été condamné en 2009 pour génocide et crimes contre l'humanité, peine confirmée en appel. La citation est tirée de *Réfugiés rwandais entre marteau et enclume*, *op. cit.*, p. 58.

On s'y dispute les abris, les rations, les médicaments. On s'y vole, on s'y tue. On y meurt de faim, de maladies, d'épuisement.

« Les réfugiés étaient dans une situation absolument intolérable, un camp de réfugiés, de rescapés de la forêt, en pleine forêt vierge [...]. C'était monstrueux », témoigne Brigitte Doppler, coordinatrice médicale de MSF à Tingi-Tingi[7].

Au fond du gouffre, inaccessible aux regards, c'est la désespérance d'un peuple mené à l'abîme par les extrémistes hutu qui éclate. « Ces gens [...] n'avaient connu qu'un seul succès : nous conduire dans la misère dans laquelle nous vivions, à mille lieues de chez nous », écrit l'étudiant Maurice Niwese[8]. « Certains avaient le droit de tuer et les autres le devoir de mourir », note le journaliste Philippe Mpayimana[9], pour qui « le bas-fond de toutes les digressions morales » est « atteint à Tingi-Tingi » : « La soi-disant "communauté ethnique des frères de sang et de destin, du même nom et du même nez" [...] n'avait réellement rien en commun à part le mal. »

Dans cet effarant entre-soi, les extrémistes réaffirment leur ordre ; celui des camps du Kivu, celui du génocide au Rwanda. Un mois à peine après leur arrivée, relève le rapport Mapping, les anciens

7. *Traque et massacres des réfugiés rwandais au Zaïre-Congo : 1996-1997*, collection « Prises de parole publiques de MSF », Médecins sans Frontières, 2014, p. 79.

8. *Le Peuple rwandais un pied dans la tombe*, *op. cit.*, p. 121.

9. *Réfugiés rwandais entre marteau et enclume*, *op. cit.*, p. 75.

soldats rwandais et les milices Interahamwe utilisent Tingi-Tingi « comme base de recrutement et d'entraînement en vue de mener une contre-offensive conjointe » avec l'armée congolaise[10]. La « coordination » est « très étroite », les soldats de Mobutu fournissent « des armes, des munitions et des uniformes ».

Des convois « humanitaires » arrivent chargés de matériel militaire, des avions atterrissent les soutes pleines de munitions, des hélicoptères Puma embarquent d'anciens soldats et miliciens rwandais, des mercenaires étrangers engagés par Mobutu traversent le camp en trombe.

De passage à Tingi-Tingi, Emma Bonino, commissaire européenne à l'action humanitaire, est accueillie avec ferveur. « Sa visite et ses larmes, à la vue de notre misère, fut un baume sur nos peines », note l'assistante sociale Marie Béatrice Umutesi[11].

Quinze jours plus tard, Sadako Ogata, haut-commissaire pour les réfugiés, se heurte à l'hostilité de Tingi-Tingi. Cataloguée comme « complice du FPR et de sa logique d'extermination systématique », selon l'étudiant Maurice Niwese, la responsable des Nations unies a droit à une sinistre mise en scène.

« Tout avait été organisé pour démontrer qu'à Tingi-Tingi, les plus vulnérables prédominaient »,

10. Rapport Mapping, p. 107.

11. *Fuir ou mourir au Zaïre. Le vécu d'une réfugiée rwandaise, op. cit.*, p. 183.

raconte le journaliste Philippe Mpayimana[12]. «On planta un enfant de moins de douze ans sur le tarmac où devait atterrir l'avion [...]. Ses yeux tendaient à quitter leurs orbites et ses jambes tremblotaient», décrit-il. Ceint d'un drapeau du Haut-Commissariat pour les réfugiés (HCR) sur lequel a été inscrit «au feutre rouge» le slogan «HCR, tu m'as abandonné», l'enfant est entouré de «vieilles femmes décharnées» et d'un «ballet» de gamins qui exécutent «un chant lugubre d'un ton plaintif, en pleurant réellement, tels de talentueux comédiens».

À la fin février 1997, les rebelles congolais et les soldats rwandais approchent de la grande ville de Kisangani, à deux cents kilomètres au nord-est de Tingi-Tingi. Les humanitaires quittent le camp et se replient sur Kisangani. Les réfugiés restent seuls, livrés à eux-mêmes.

Le 28 février, deux avions de la compagnie kenyane Sky Airways atterrissent à Tingi-Tingi pour évacuer à Nairobi les dignitaires hutu. Chaque place est vendue huit cents dollars cash. Au pied des passerelles, les soldats de la Division spéciale présidentielle de Mobutu prélèvent leur part. Les avions repartent pleins.

Le soir même, les réfugiés abandonnent Tingi-Tingi à la faveur de la nuit. Sur ordre des chefs du camp, l'exode reprend.

12. *Réfugiés rwandais entre marteau et enclume, op. cit.*, p. 66.

Il n'y a pas eu un combat, pas même un accrochage.

Au petit matin, cent mille personnes se pressent devant un pont de dix mètres de large qui fait bouchon à l'entrée de Lubutu. On se pousse, on se bouscule, on se piétine. Les hommes en armes tirent en l'air pour se frayer un passage. Les gardes du corps des familles de ministres, de colonels, de chefs de milice écartent les gêneurs à coups de bâton. « Cédez la voie au lieutenant et à sa famille ! Dégagez le milieu, le colonel passe ! » entend-on. Des explosions retentissent à l'arrière où les anciens soldats rwandais détruisent leurs dépôts et installations. On croit que les rebelles attaquent, on se marche dessus, on se jette à l'eau. On court sans même savoir où aller. La fuite organisée tourne à la panique.

Sous la véranda de l'abbé Jean-Pierre, au pied de l'église de Lubutu, l'instituteur Alexis poursuivait son récit. La nuit était tombée, l'abbé avait toujours les yeux mi-clos :

« Quand les réfugiés ont décampé, la ville a été pillée. Les soldats congolais, les Rwandais, tout le monde pillait. Les réfugiés de passage prenaient tout ce qu'ils pouvaient. On pouvait rien faire.

— Vous vous êtes caché ?

— Au début, on a essayé de rester, mais il y avait trop d'insécurité. Les soldats de Mobutu et les miliciens tuaient. Ils avaient peur des rebelles, de leur arrivée. J'ai fui avec ma famille.

— Où ça?

— En brousse! J'y suis resté deux mois avant de revenir au village. On vivait comme des animaux. On avait fait une hutte, on achetait du manioc. Heureusement, j'avais fui avec des haricots et du sel. Ceux qui n'avaient rien mouraient de faim. Dieu nous a aidés.

— Et à votre retour?

— On est tous tombés malades: des diarrhées, des vers intestinaux, la malaria.

— Et les rebelles étaient là?

— Oui, on les a bien accueillis.»

À ces mots, l'abbé Jean-Pierre est sorti de sa torpeur:

«Lorsque les rebelles ont pris Kisangani, j'étais au meeting de Laurent-Désiré Kabila dans le stade.»

À l'hôtel *La Grâce*, j'ai retrouvé l'acolyte qui attendait de percevoir ses cinquante dollars de «frais d'enregistrement». Il était seul, le «notaire» avait disparu. Nous avons discuté longuement. Je lui ai dit que je m'étais engagé sur l'honneur à ne pas donner de «cadeaux», que j'avais signé un papier «officiel». C'était un argument bizarre que je n'aurais jamais imaginé si un ami ne me l'avait suggéré: «Tu verras, ça peut marcher», m'avait-il assuré.

L'acolyte a été ébranlé par cette défausse originale, qui, sans dire ni oui ni non, en appelait à «l'honneur». Pendant quelques minutes, je l'ai senti perdre pied. Mais il était tenace et n'a pas lâché prise.

Je lui ai proposé de passer le lendemain à son bureau. Ce n'était pas nécessaire, il avait les tampons avec lui et n'avait pas que ça à faire. J'ai émis l'idée d'appeler ses supérieurs, ils n'étaient pas disponibles.

« Et à Kinshasa ? ai-je repris en faisant mine de chercher les numéros de téléphone.

— Bon, vous êtes engagé sur l'honneur, ça va ! » a-t-il laissé tomber.

Je venais de passer mon brevet de Congolais.

Quinze ans après les événements de Tingi-Tingi, un « Manifeste fondateur[13] » pour la création d'un « mémorial » sur le site de l'ancien camp fut rédigé dans la prison de Koulikoro, au Mali, par dix-huit criminels[14], condamnés – injustement, disaient-ils – pour génocide et crimes contre l'humanité par le Tribunal pénal international pour le Rwanda.

13. *Mémorial international Tingi-Tingi, Manifeste fondateur*, rédigé dans la prison de Koulikoro (Mali), douze pages datées du 1er septembre 2012.

14. Dont le colonel Théoneste Bagosora, « cerveau » du génocide des Tutsi au Rwanda, condamné à perpétuité en 2008 pour génocide et crimes contre l'humanité, peine réduite à trente-cinq ans de prison après appel ; Jean Kambanda, Premier ministre pendant le génocide, condamné à perpétuité en 1998 pour génocide et crimes contre l'humanité, peine confirmée après appel ; Ferdinand Nahimana, idéologue du génocide, condamné à perpétuité en 2003 pour génocide, entente en vue de commettre un génocide et crimes contre l'humanité, une peine réduite à trente ans après appel.

9

JE SUIS SUR UNE ÎLE À LA COURBE DU FLEUVE. Je suis à Kisangani, au cœur de l'Afrique, la troisième ville du Congo, l'ancienne Stanleyville, une colonie humaine bâtie dans la forêt tropicale.

La sortie de la « mousse » s'est faite par paliers, comme pour un plongeur remontant des profondeurs. Les barrages de police se sont d'abord multipliés. Cela a commencé à la hauteur de Pene-Tungu, à mi-chemin entre Lubutu et Kisangani. À la sortie du village, une imposante barrière était gardée par une poignée de policiers armés.

Léon, le motard, a sagement ralenti. Avant

d'accélérer brutalement, tout en faisant basculer son engin rugissant en bas du talus pour forcer le barrage. Surpris par la manœuvre inopinée, j'ai manqué tomber en arrière tandis que Léon, déchaîné, hurlait et klaxonnait comme un beau diable. Les policiers étaient saisis, la moto leur a filé sous le nez. «Ces vieux, ils veulent trop manger!» gloussa-t-il après coup.

Le deuxième palier fut marqué par des arrêts réguliers. Léon se mit à saluer ici une «cousine», à acheter là des grenouilles et des serpents qu'il déposait quelques kilomètres plus loin chez une «tante» ou une «nièce» – la différence n'était pas très claire.

Puis il y eut un long conciliabule avec une dizaine de motards rassemblés à l'abri d'une épaisse touffe de roseaux, avant un tournant derrière lequel se trouvait un nouveau barrage. Pour le franchir sans se faire confisquer son engin, il fallait au moins deux casques par moto. Comment faire?

Léon avait un casque. Pas moi. Il palabra longuement avant de revenir avec une dame qui en avait emprunté un. «Allons-y!» lança-t-il. Nous étions trois juchés sur sa moto, avec deux casques. En règle, donc.

«Ah, toi, tu es un malin!» concéda le chef des policiers, qui fit lever la barrière.

Nous approchions de la grande ville.

À une vingtaine de kilomètres de Kisangani, la route se mit à longer le fleuve Congo. Dès lors,

Léon se lança dans une frénétique campagne d'achats de poissons-chats, de poissons-serpents, de poissons-tigres et de silures tout juste pêchés qu'il accrochait au fur à mesure à son guidon et à sa fourche avant. Il y en eut rapidement une quinzaine gobant l'air et pendouillant en colifichet. Nous faisions moto-poisson. Quand une de ces bestioles, qui pouvaient faire plusieurs kilos, se décrochait, Léon freinait sèchement pour la récupérer, pleine de poussière et déchirée, ce qui ne semblait pas le gêner.

À l'entrée de Kisangani, la moto tomba en panne sèche. Léon poussa sa petite poissonnerie dans l'indifférence générale jusqu'à une station-service. Le sang perlait des bestioles et tachait la route, quelques poissons gigotaient, leurs écailles lançaient des reflets. Il fouilla ses poches pour régler en billets froissés un demi-litre d'essence. Il était fatigué, disait-il, et avait hâte de vendre son butin.

Il me déposa à l'hôtel *Glodi*, à cent mètres du grand marché. Les robinets étaient rouillés, les prises bricolées, mais il y avait de l'eau et de l'électricité. Je sentais le poisson : « Vous êtes arrivés par le fleuve ? » m'a demandé le réceptionniste.

Cette portion de route que je venais de faire entre Lubutu et Kisangani, les réfugiés ne l'ont pas empruntée. Les militaires congolais les ont bloqués, n'autorisant que plusieurs milliers d'anciens soldats et miliciens rwandais à rallier la grande ville.

Kisangani se préparait à livrer bataille contre la rébellion de Laurent-Désiré Kabila, soutenue par les forces armées de Paul Kagame : des renforts étaient bienvenus, mais pas question de s'encombrer de la présence de plusieurs dizaines de milliers de fuyards. Livrés à eux-mêmes, les exilés rwandais traversèrent dans le plus grand désordre le fleuve Congo, quatre-vingts kilomètres en amont.

Je me suis promené dans la ville à la recherche des traces de sa chute, en mars 1997. Je n'en ai pas trouvé. Sur la route de l'aéroport, j'ai bien aperçu quelques maisons aux murs de ciment impactés par des balles :

« Ça date de la chute de Kisangani ? ai-je demandé à un homme âgé.

— Oh, non, ça, c'était deux ans plus tard, a-t-il répondu.

— Ah !

— Oui, c'était pendant la deuxième guerre, celle des trois jours.

— Et la première ?

— Il n'y a pas eu de bataille. La ville est tombée, c'est tout.

— Mais les soldats de Mobutu…

— Ils sont partis, ils ont fui.

— Et les mercenaires ?

— On les a pas vus.

— Il s'est rien passé alors ?

— Si, la ville est tombée. »

J'ai poursuivi jusqu'à l'aéroport. Les mercenaires engagés par Mobutu avaient fait de ce haut lieu stratégique leur quartier général. Ils étaient plusieurs centaines : des Serbes, des Belges, des Français... Une partie de leur matériel – quatre hélicoptères d'attaque russes MI-24, trois avions de combat yougoslaves J-21, deux hélicoptères Gazelle et un Puma français, des technicals, des mortiers, des munitions... – était entreposé le long de la piste.

Les « soldats de fortune » cohabitaient avec les forces de la Division spéciale présidentielle de Mobutu et les troupes régulières du général Mahele, supposées mener une « contre-offensive éclair ».

Chaque unité avait son propre commandement. Les Serbes étaient dirigés par un mystérieux « colonel Yougo », ancien intermédiaire dans la libération de deux pilotes français capturés en Bosnie. Les Belges et les Français répondaient plus ou moins aux ordres de Christian Tavernier, un ancien colonel de l'armée belge, fin et sec, d'une soixantaine d'années. Proche de Bob Denard, « le corsaire de la République », et de Jacques Foccart, l'ombre de l'Élysée en Afrique, cet ancien baroudeur des guerres d'indépendance du Congo avait rencontré à l'Élysée quelques mois avant son départ le conseiller Afrique de Jacques Chirac, Fernand Wibaux.

Des Russes, des Italiens, des Polonais avaient aussi répondu à l'appel. Tous se retrouvaient sur le tarmac et à la tour de contrôle où ordres et contrordres fusaient en français, en anglais, en russe et en lingala dans la plus grande confusion. Faire décoller un avion? Oui, mais avec quelles munitions et quelle essence? Et pour faire quoi: préparer la défense de Kisangani? Bien sûr, mais avec quelles troupes?

La Division spéciale présidentielle était hors de contrôle, les forces régulières totalement déstructurées. Paradoxalement, les éléments les plus opérationnels, les plus volontaires et les mieux organisés étaient les supplétifs rwandais, l'ancienne armée d'Habyarimana et ses milices, arrivés à Kisangani après leur longue retraite à travers l'est du Congo.

Peu avant l'entrée de l'aéroport se trouvait une étonnante concession à l'herbe tondue ras comme aux ciseaux et aux palmiers bercés par le vent. Le portail grand ouvert invitait à la curiosité, je suis entré.

Le gravier de l'allée tracée au cordeau crissait sous les pas, des coqs et des poules gambadaient, des plots lumineux installés tous les cent mètres sur ce presque terrain de golf étaient allumés. Sous l'auvent d'une paillote dressée au fond de la concession s'étendait une terrasse avec bar, tables et chaises en plastique.

J'ai fait: «Eh oh!»

«Il y a quelqu'un? ai-je repris plus fort.

— Oui, oui, j'arrive!» a lancé une voix rauque encore lourde de sommeil.

Une douche a crépité. Je me suis installé à une table. Aucun véhicule ne passait sur la route de l'aéroport. Les poules couraient sur l'herbe, harponnant insectes et vers. Le silence était total.

Une porte s'est entrouverte derrière laquelle a glissé un homme en short de football, débardeur et sandales roses. La peau cuivrée, barbe de trois jours, une bonne soixantaine, il se séchait encore les cheveux avec une serviette qu'il passa autour du cou. Koda – c'est ainsi qu'il se présenta – était un Libanais de Beyrouth qui, voici quarante ans, avait fui la guerre de son pays natal. À l'époque, ils étaient des milliers à s'être installés, comme lui, en Afrique.

« Maintenant, je suis retraité. Je m'occupe de mes poules. »

S'interrompant, il s'est tourné vers la paillote :

« Eh, maman, tu nous apportes le café et la chicha ! »

Le café venait d'Italie, la chicha avait un goût légèrement poivré, la « maman » une trentaine d'années.

Koda m'a demandé d'où j'arrivais :

« Ah, Goma... Par l'avion ?

— Non, par la route.

— La route !

— La piste... »

Il m'a fixé d'un air songeur en se grattant la barbe.

« T'avais pas cinq cents dollars pour un billet d'avion ?

— Je voulais voir la forêt.

— T'as eu de la chance.

— De la chance ?...

— D'en sortir... J'aime pas la forêt. Ici, tu fais deux cents mètres et elle t'enferme, t'es perdu, y a plus rien. Que le vert. Plus d'horizon, plus d'air, t'étouffes.»

À l'entendre, je comprenais son besoin de pelouse à l'anglaise et de poules: il s'était créé une île.

«Ça n'a pas été trop dur, la chute de Kisangani en 1997?» lui ai-je demandé.

Koda s'est marré:

«Ç'a été la foire, comme d'habitude. On n'a rien vu, rien compris. Dès le début, ça avait mal commencé. Et ça n'a pas arrêté. T'as entendu parler des mercenaires?

— Oui.

— Et de leur arrivée au Congo?

— Un peu...

— Ben, tu vois, ça a commencé là.»

Et Koda m'a raconté une histoire étrange, une de ces histoires presque trop édifiantes pour être vraies. Les premiers mercenaires étaient arrivés au Congo en janvier 1997, disait-il. Ils avaient atterri à Gbadolite, le «Versailles dans la jungle» de Mobutu.

Pour impressionner ses fidèles, le dictateur avait alors demandé que soit organisée une démonstration de force: un défilé de troupes au sol survolées par les avions de combat tout juste arrivés.

Mais il y eut un accident. Lors d'un passage en rase-mottes, un chasseur-bombardier yougoslave piloté par un Serbe accrocha un lampadaire avec son aile et finit sa course en s'écrasant sur une colonne de jeunes recrues en train de défiler. «Y a eu une douzaine de morts», conclut Koda.

Je n'ai d'abord pas cru à son histoire. Le Congo manque de tout, mais pas de belles paroles et de légendes. En la vérifiant, je me suis aperçu que j'avais eu tort: le pilote s'appelait Ratko Turcinovic, l'accident fut imputé à son «alcoolisme».

Koda parla longtemps des mercenaires. Sur les quelques centaines de mètres entre sa concession et l'entrée de l'aéroport, bars et hôtels se succédaient à un rythme régulier. Les Serbes, les Russes et les Ukrainiens logeaient là, disait-il: «Ils buvaient beaucoup et passaient leurs soirées à raconter des coups.» Il avait croisé le «colonel Yougo» qu'il prononce «Hugo»: «Il était brutal, un peu perdu: c'est pas vraiment la Bosnie, ici! Il parlait français mais pas ses hommes, alors il était obligé de tout leur expliquer en faisant l'intermédiaire avec les Congolais.»

Les Français et les Belges s'étaient installés en ville dans un hôtel refait à neuf par le pilote personnel de Mobutu[1]: «On voyait leurs chefs au *Palm Beach*, la plus belle piscine de Kisangani. Mais attention, ils se sont battus! Au début, on les voyait partir en colonnes vers l'est avec des Congolais et des Rwandais. On dit même qu'il y a eu des morts, mais ça, j'en sais rien.»

1. Ancien commandant en chef de l'armée de l'Air, le général Kikunda Ombala, propriétaire du *Palm Beach*, avait été nommé par Mobutu PDG de la compagnie aérienne nationale, Air Zaïre, et de la Régie des voies aériennes (RVA), chargée de collecter les taxes sur les mouvements aériens.

Un mois avant la chute de Kisangani, Koda a quitté son «île» pour un appartement du centre-ville: «On était plusieurs, tous libanais. On buvait la bière en regardant la télé, on dormait sur les canapés. On pouvait plus vraiment circuler: les soldats congolais voulaient l'argent, ils arrêtaient les "suspects" et les "traîtres". Tout le monde avait peur, surtout eux. Et puis un matin, pfuit... ! Plus de mercenaires, plus de soldats, plus d'ONG, plus d'étrangers! Tout le monde était parti.»

À Kigali, James Kabarebe, le commandant des troupes rwandaises envoyées au Congo par Paul Kagame, m'avait raconté quelques semaines plus tôt sa version de la chute de Kisangani. Chef d'état-major de fait de l'alliance rebelle menée par Laurent-Désiré Kabila, il avait fait progresser ses forces sur deux axes: par le sud-est, à partir de Goma et Bukavu, par le nord-est, à partir de la frontière du Soudan du Sud. Ces deux axes convergeaient vers Kisangani, prise en étau sur trois flancs: le sud, le nord et l'est.

Lui avait avancé avec ses troupes sur l'axe nord-est, celui du Soudan du Sud. Un premier affrontement, violent, s'était produit dans la petite ville de Watsa, à six cents kilomètres de Kisangani. Christian Tavernier, l'ancien colonel belge recruté par Mobutu avec l'accord de l'Élysée, exploitait des concessions aurifères dans cette région, qu'il connaissait de longue date: en 1964, à la tête du «14ᵉ codos», une unité de commandos mercenaires, le Belge y avait combattu la rébellion Simba[2], les «lions» en swahili.

«À Watsa, ça a été difficile: une compagnie de mercenaires était déployée en appui des unités congolaises; une centaine d'hommes, des Serbes et des Français, avec des jeeps et des mortiers, bien équipés, solides», avait raconté James Kabarebe. Il y avait eu des morts et des prisonniers. «Les Français soutenaient Mobutu, mais ils ne voulaient pas se confronter physiquement avec nous», disait-il. Les mercenaires étaient «leur bras armé».

À la chute de la petite ville, les forces de l'alliance avaient repris leur progression. «Nous étions bien accueillis par la population, nous recrutions les déserteurs de Mobutu et des guerriers maï-maï[3], que nous intégrions au fur et à mesure. Nous faisions parfois cinquante kilomètres par jour, il suffisait d'avancer. Il y a eu quelques accrochages, mais jusqu'à Bafwaboli, sur la rivière Tshopo, à cent cinquante kilomètres de Kisangani, ça n'a pas été trop compliqué», avait poursuivi James Kabarebe sur le

2. La rébellion Simba, appelée aussi «rébellion muleliste», du nom de son instigateur, Pierre Mulele, enflamma l'est du Congo de 1961 à 1964. À Stanleyville, aujourd'hui Kisangani, un gouvernement de la République populaire du Congo fut brièvement mis en place.

3. Les guerriers maï-maï se battent nus et croient être invulnérables aux armes à feu: une potion ferait couler les balles sur leur corps, comme de l'eau, «maï» en swahili. La révolte des Maï-Maï en Afrique de l'Est en 1905 a frappé les imaginations. La croyance en l'eau magique s'est perpétuée avec la révolte Simba.

LA CHUTE DE KISANGANI,
L'ANCIENNE STANLEYVILLE

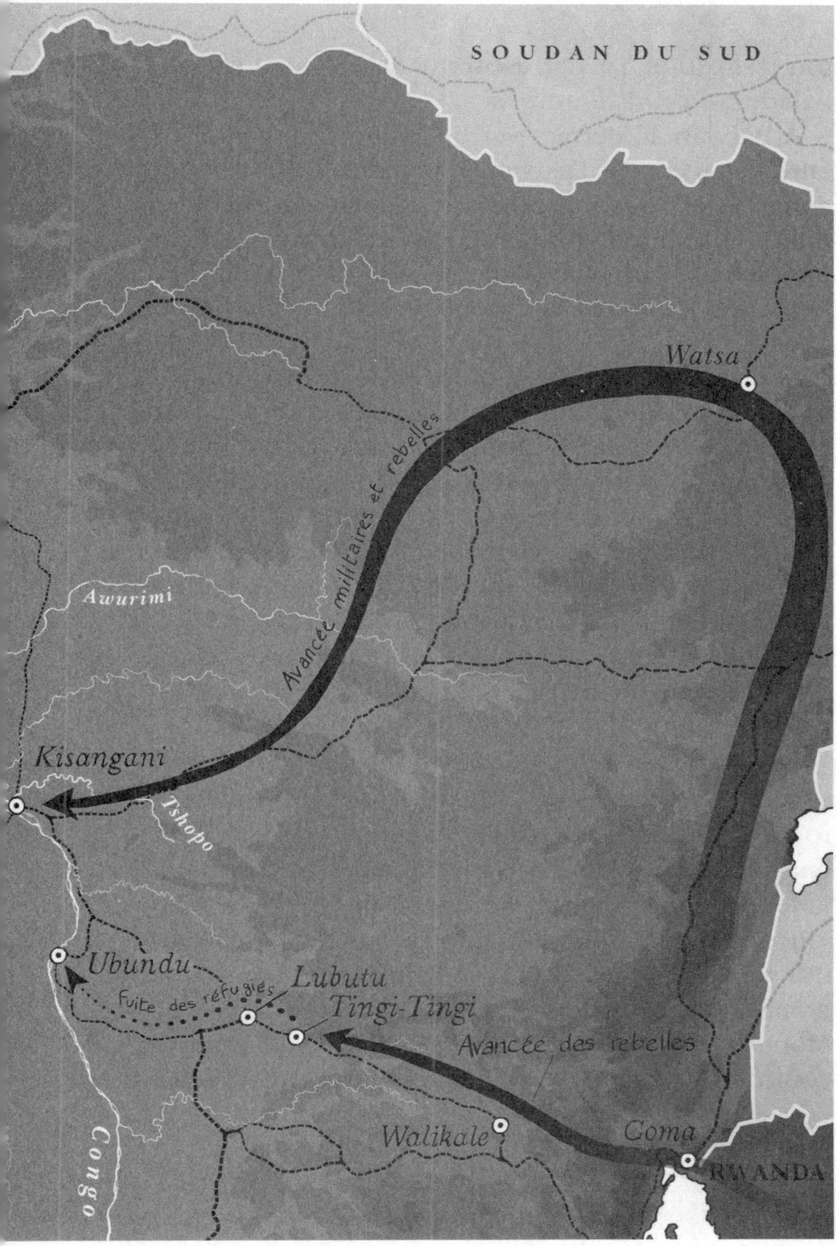

SOUDAN DU SUD
Watsa
Avancée militaires et rebelles
Awurimi
Kisangani
Tshopo
Ubundu
Lubutu
Fuite des réfugiés
Tingi-Tingi
Avancée des rebelles
Walikale
Goma
RWANDA
Congo

ton d'un John Le Carré évoquant à la *British* une balade *un peu* aventureuse.

À Bafwaboli, dernier verrou avant Kisangani, l'affaire s'était corsée. Deux mille hommes – « les troupes congolaises, des mercenaires, d'anciens soldats et miliciens rwandais », selon James Kabarebe – étaient rassemblés, l'arme au pied, en ordre de bataille, sur les berges de la rivière Tshopo, un affluent du fleuve Congo.

Lourdement armée, équipée de transports de troupes, soutenue par les hélicoptères de combat russes et les avions de chasse yougoslaves stationnés à Kisangani, cette force disparate formait le dernier carré. Les troupes congolaises comptaient les plus fidèles à Mobutu, les mercenaires se battaient pour leur contrat, les anciens miliciens et soldats rwandais étaient animés par leur haine de Paul Kagame, « le roi Tutsi », crachaient-ils. « Ils disaient que nous étions des envahisseurs, mais la population était avec nous, pas avec eux. »

Les combats durèrent plus d'un mois, ils furent sévères. Les forces de l'alliance reçurent des renforts. D'anciens gendarmes katangais qui s'étaient éparpillés à travers l'Afrique après s'être battus, à l'indépendance, pour la sécession de leur riche province minière ; des nostalgiques des temps révolutionnaires à la tête de mouvements restés tapis dans l'ombre ; des officiers d'Angola, pays engagé avec Mobutu dans une vieille guerre d'influence pour le contrôle des diamants et des ressources pétrolières de l'enclave du Cabinda. «J'attendais des jeunes, j'ai vu arriver des colonels et des généraux de plus de cinquante ans», avait soupiré James Kabarebe.

Comme après une glaciation, les fantômes resurgissaient du passé. Mais en ordre dispersé et dans une configuration inédite. Washington se détachait d'un Mobutu arrivé au pouvoir avec la CIA, Paris revenait à ses premières amours après avoir un temps désavoué le dictateur, les mercenaires s'opposaient aux gendarmes katangais qu'ils avaient formés dans les années soixante et aux côtés desquels ils s'étaient battus en 1966 dans l'insurrection de Stanleyville (devenue Kisangani), l'Angola au marxisme fané réglait ses comptes de la «guerre froide», les guerriers maï-maï se redécouvraient mulelistes[4], le Rwanda de Paul Kagame soldait le génocide de 1994, et Laurent-Désiré Kabila, le chef politique de l'alliance rebelle, surfait sur la vague en se posant en héritier impatient de Patrice Lumumba[5], le «combattant» de l'indépen-

4. Pierre Mulele (1929-1968), instigateur de la rébellion Simba dans les années 1960, a été assassiné par Mobutu, qui l'a fait torturer à mort publiquement en 1968. Son corps démembré a été jeté dans le fleuve Congo.

5. Patrice Lumumba (1925-1961), premier Premier ministre de la République démocratique du Congo, tout juste indépendante, a été assigné à résidence en octobre 1960 par Mobutu, chef d'état-major alors lancé dans un coup d'État. Arrêté après une tentative de fuite, Patrice Lumumba est porté «disparu» et torturé pendant des semaines avant d'être fusillé, le 17 janvier 1961. Son corps démembré a été dissous dans l'acide par des agents belges.

dance congolaise assassiné en 1961 par les Belges, qui en firent un « martyr » de la libération de l'Afrique.

« Nous avons eu beaucoup de pertes à Bafwaboli. Soixante gendarmes katangais ont été tués dans les combats, nous piétinions », avait poursuivi James Kabarebe, qui avait pointé sur la carte du Congo les nombreux fronts sur lesquels les forces de l'alliance étaient engagées.

« La situation s'est débloquée quand le camp de Tingi-Tingi s'est vidé, ça a été le tournant », avait-il dit en revenant à nouveau sur le rôle de Paris : « Si Mobutu et les Français ne s'étaient pas impliqués dans le soutien aux anciennes forces d'Habyarimana, nous nous serions arrêtés à l'est du Congo. »

En l'écoutant, j'avais eu le sentiment d'une guerre lancée en boomerang dans d'improbables vents qui lui donnaient un mouvement erratique défiant les lois du temps et de la gravité. Le boomerang tournait, tournait, emporté par sa force centrifuge. Les joueurs en bord de table s'efforçaient de le faire verser de leur côté en soufflant dessus. L'histoire s'écrivait, hasardeuse, imprévisible, surprenante. Il n'y avait là, en ce moment, rien de raisonnable.

À l'origine de cette guerre, le génocide de 1994 au Rwanda avait été le fruit gâté d'un passé qui s'était construit et sédimenté pendant plus d'un siècle sur la base des premiers récits d'explorateurs lancés, Bible et théorie des races en main, à la découverte d'un univers mystérieux et fascinant. Originel peut-être.

L'énigmatique monde noir et «indigène» attisait les curiosités. Pour le saisir et le conduire à la «lumière» au nom de la civilisation, les Européens le classèrent et l'ordonnèrent. L'«ethnie» était leur clé de lecture. Posée en hypothèse scientifique, elle servit d'instrument de conquête. L'équation était simple: tribus contre tribus, et la civilisation en juge de paix.

Tardivement exploré par Henry Morton Stanley[6], l'immense hinterland congolais n'échappe pas à la grande lessive. Les puissances coloniales, réunies à la conférence de Berlin pour se partager le continent comme on coupe un gâteau, attribuent en 1885 ce territoire en friche à la petite Belgique. De ces trois cents «ethnies» réparties sur deux millions et demi de kilomètres carrés, le roi des Belges, Léopold II, fait sa «propriété personnelle», qu'il régit en exploitant férocement ivoire, or et caoutchouc.

Avec les indépendances arrachées dans la douleur en juin 1960 au Congo, en août 1960 en Afrique-Équatoriale française, en janvier 1961 au Rwanda, les nouveaux dirigeants africains obtiennent un siège aux Nations unies.

Le prix à payer est lourd: dans un monde divisé en deux blocs – Est contre Ouest, communisme contre

6. Henry Morton Stanley (1841-1904), journaliste et explorateur britannique, est l'homme qui a «retrouvé» Livingstone lancé à la découverte des sources du Nil. Engagé par le roi des Belges Léopold II, il sillonna l'Afrique équatoriale en tant qu'agent de sa Société philanthropique pour l'exploration du Congo. Ce fut grâce à lui que Léopold II obtint, en 1885, à la conférence de Berlin, la possession personnelle du Congo.

impérialisme –, les puissances conservent en sous-main l'essentiel de leur tutelle. Frustrations, humiliations et amertumes accumulées sont mises sous le boisseau. Jusqu'à la chute du mur de Berlin, qui sonne, en novembre 1989, la fin de partie et le réveil du continent.

C'est cette histoire-là – ces dizaines d'années stratifiées, pleines de poussière, de passions, de rancœurs et d'éclats – qui resurgissait en 1997 à l'horizon de Kisangani, avec la force d'un boomerang tailladant l'air pour fermer sa boucle. Tchak, tchak, tchak... Colonisation, ethnisme, démocratie, tutelle, génocide, intérêts vitaux, tribalisme, Christ-Roi, libération, ressources minières, mercenaires, Maï-Maï, conglomérats, panafricanisme, immixtions, sorcellerie... Le passé s'immisçait en force dans un présent lancé au galop. Et, comme tout le monde, James Kabarebe courait après le boomerang.

«Avec l'évacuation de Tingi-Tingi, j'ai compris que Kisangani ne tarderait pas à tomber. Mais je ne pouvais pas entrer dans la ville sans Congolais, alors je suis allé à Goma.»

Laurent-Désiré Kabila, le chef politique de l'alliance, surnommé «Mzee», «le vieux», n'a pas quitté les rives du lac Kivu.

James Kabarebe le retrouve frétillant d'excitation:

«Je lui ai dit: "Mzee, j'ai besoin de ton fils, Joseph." Je connaissais bien Joseph, il vivait depuis un an à Kigali dans ma maison.»

Laurent-Désiré Kabila est surpris :

« Pourquoi veux-tu mon fils ? demande l'ancien guérillero.

— Pour l'emmener au front et entrer avec lui à Kisangani.

— Mais ce n'est pas un combattant !

— Je lui apprendrai, je lui donnerai une arme et un uniforme. J'ai besoin de lui. »

Le chef militaire repart à Bafwaboli avec Joseph Kabila, un jeune homme timide et discret qui a vécu d'expédients à l'ombre de son père.

« À notre arrivée, les mercenaires ont lancé une attaque. Joseph était effrayé, je l'ai protégé. Nous nous cachions derrière un tronc d'arbre tandis qu'un hélicoptère tournait autour de nous… À Goma, son père m'avait suggéré de placer des soldats en embuscade en haut des arbres, c'était une étrange idée ! » L'assaut échoue. Certain que Kisangani est un fruit mûr qui n'attend que de tomber, James Kabarebe lance l'offensive finale. « Nous avons contourné Bafwaboli par le bush et attaqué la position sur trois axes. »

Le dernier verrou saute. Débordés, les mercenaires, les miliciens et les troupes refluent dans le désordre. Les blindés et les mortiers, trop lourds, sont abandonnés sur place. Les véhicules légers sont pris d'assaut par des centaines d'hommes aux visages défaits, d'autres s'enfoncent à pied dans la forêt. Les colonnes en fuite déboulent à Kisangani dans un nuage de poussière. La panique gagne la ville, c'est la débandade.

À l'aéroport, on se bat pour embarquer dans les hélicoptères et les derniers coucous. Les soldats congolais et les miliciens rwandais traversent le fleuve Congo dans des pirogues surchargées de civils. Des piles d'uniformes chiffonnés parsèment les berges. Un Transall de l'armée française avec à bord une quarantaine d'hommes du COS, le Commandement des opérations spéciales, atterrit en catastrophe pour évacuer une vingtaine de personnes.

Les troupes de l'alliance entrent quelques heures plus tard dans la ville désertée.

James Kabarebe et Joseph Kabila sont à leur tête.

Le premier a trente-huit ans ; le second, vingt-six ans.

Les deux hommes ne paradent pas. Reclus dans un hôtel discret de Kisangani, ils se répartissent les rôles dans la nuit.

« Nous avons discuté. Les attentes de la population étaient fortes, tout le monde s'interrogeait et voulait savoir ce qui allait se passer. C'était à Joseph de répondre à ces attentes. Il était le fils du Mzee, la voix de son père. À la fin, je lui ai dit : "Maintenant, tu vois les journalistes et tu vas leur dire que tu es le chef." J'avais préparé une liste de questions. Joseph est resté trois heures face à la presse, c'était sa première apparition publique. »

James Kabarebe écoutait dans une arrière-salle : « Personne ne m'a vu », disait-il.

Le mentor entendait rester dans l'ombre.

J'ai quitté les abords de l'aéroport pour revenir au centre de Kisangani. Sous un soleil de plomb, la circulation était fluide, huileuse ; une sérénité profonde se dégageait de la ville irriguée par le flot majestueux du fleuve.

J'ai traversé le marché central, un grand carré où foisonnent, dans un tourbillon d'effluves âcres et épais, une multitude de petits étals de bric et de broc, avec le coin des bouchers, des droguistes, des tissus, des poissonniers, des épices, des légumes…

J'ai remonté le boulevard du 30-Juin, jour de l'indépendance, jusqu'à la place du Canon, sur laquelle fut longtemps exposé un 105-mm extrait de l'épave d'un croiseur allemand coulé par les Anglais au large de la Tanzanie en 1915. « Canon pris à l'ennemi dans la campagne de l'Est africain », lisait-on sur les cartes postales de l'époque. Le canon avait disparu dans les années 1970 ; les tombes des premiers colons étaient restées, bercées par l'herbe folle.

J'ai avancé dans l'ancien cœur colonial de Kisangani : des terrasses débordant sur les ruelles, les parcs ombragés pullulant de bistrots de fortune, la grande poste avec son architecture en lignes claires héritée de la Belgique, les immeubles défraîchis des années 1960 où Koda s'était réfugié avec ses amis libanais, le *Café français* sous un hangar, le *Cercle hellénique* et son jardin tropical, l'ancien hôtel *Stanley* devenu hôtel *Kisangani*, la cathédrale aux briques ocres fraîchement repeintes, l'*Hôtel des Chutes* que l'on aurait cru dessiné par Hergé et dont le ciment taché par l'humidité du fleuve et la fumée des feux de squatteurs ne parvenait pas à gommer la beauté passée.

En point d'orgue, la villa Régina, une bâtisse blanche avec tourelles, frontons en escaliers et véranda en colonnades, d'une folie un peu rococo, surannée, à laquelle on accède par une volée de marches et qui servit de décor à l'un des plus célèbres films de John Huston, *The African Queen*, tourné en 1951, avec Humphrey Bogart et Katharine Hepburn.

Sur un boulevard adjacent, un grand panneau apposé de guingois sur la façade d'un immeuble Art déco a attiré mon attention. «CARITAS», était-il écrit en majuscules rendues baveuses par la pluie.

On entrait dans le bâtiment par un porche grillagé. Plusieurs herses antieffraction barraient l'accès aux cages d'escalier. L'association caritative catholique était au premier étage dans un salon lumineux aménagé en bureaux. Le parquet craquait, une porte-fenêtre donnant sur un grand balcon était ouverte, un courant d'air bienvenu circulait entre les piles d'archives.

«Installez-vous, il fait chaud!»

Les employés étaient au nombre de trois, le plus âgé avait une cinquantaine d'années. Il s'est présenté mais, assommé par l'étuve, je n'ai pas noté son nom.

«Un verre d'eau?»

Nous avons discuté une heure. Le responsable et ses deux adjoints étaient de Kisangani, ils aimaient cette ville un peu «assoupie».

«Hors du temps?»

Non, pas hors du temps. À l'écart.

«Il n'y a pas beaucoup de circulation sur le fleuve, nous vivons éloignés de la frénésie de Kinshasa.

— Et c'est bien?»

Ils ne savaient pas dire. Le plus âgé appréciait le rythme ralenti, les deux jeunes acquiesçaient mollement.

Dans son roman *À la courbe du fleuve*, publié en 1979 après un séjour de quarante-huit heures à Kisangani, V. S. Naipaul, Prix Nobel de littérature, situait la ville «dans un lieu où l'avenir était vieux et avait disparu». L'écrivain avait fait œuvre de fiction et l'image était restée. Mais elle ne collait plus: avec la chute de Kisangani en 1997, ce n'est pas «l'avenir» qui «avait disparu», c'est le passé qui avait été englouti, littéralement essoré, rincé.

«Nous avons traversé cette période dans le brouillard, disait le responsable de Caritas.

— Le brouillard?

— Oui, tout changeait dans le désordre.

— Quoi, par exemple?

— La population n'avait plus peur de Mobutu. Les gens en avaient assez. Il y avait des protestations, de l'indiscipline.

— Et quoi encore?

— Il y avait des Rwandais armés dans la ville…

— Lesquels?

— Ceux d'Habyarimana, les Hutu. Et après, quand Kisangani est tombé, ceux de l'alliance, les Tutsi.

— Il n'y avait pas de civils?

— Les réfugiés ne sont pas arrivés à Kisangani. Ils ont été bloqués plus au sud, là où il y a eu des massacres. C'est Laurent-Désiré Kabila et son fils Joseph qui ont donné les ordres. Les gens d'ici savent, mais ils n'ont pas le droit d'en parler, c'est interdit.

— Pourquoi ces massacres ?

— C'était la vengeance. Les Hutu et leurs miliciens s'étaient ralliés à Mobutu, contre l'alliance et les Tutsi.

— Il y a eu beaucoup de morts ?

— Oui.

— Les gens de l'alliance voulaient tuer tous les réfugiés ?

— Ça fait une différence ? »

J'ai été surpris par la question.

En poursuivant, j'ai saisi que le responsable de Caritas ne distinguait pas le massacre du génocide, la tuerie de l'extermination. Pour lui, c'était pareil :

« Il y a eu beaucoup de morts ! a-t-il repris.

— Comme au Rwanda ? ai-je demandé.

— C'est ça, comme au Rwanda... »

Un des jeunes s'est timidement immiscé dans la discussion :

« Pas tout à fait... a-t-il glissé d'une voix douce qui imposait le silence. Là-bas, les Hutu ont voulu éliminer les Tutsi, les faire tous disparaître ; "les cafards", ils disaient. »

Quelques secondes ont passé.

« Tant de morts ici... là-bas... » a hoqueté le responsable.

Beaucoup à Kisangani – des journalistes, des habitants, des politiques – éprouvaient cette même difficulté à nommer, usant indifféremment des mots « massacres » ou « génocide ».

« Des morts par milliers, c'est quoi ? » interrogeait l'un. « Une série de massacres, c'est un génocide », affirmait un autre. « Massacres ou génocide, de toute manière, c'est horrible », énonçait un troisième.

Certains étaient de bonne foi, d'autres jouaient sciemment sur les mots. La plupart ne désignaient jamais les victimes dont ils parlaient : les Congolais ? Les Rwandais ? Les Hutu de 1997 ? Les Tutsi de 1994 ?... Les morts se marchaient sur les pieds en cognant à la porte.

J'ai fini par atterrir au *Chalet*, un hôtel-restaurant proche de la place du Canon. « Tu devrais aller voir le patron, il sait beaucoup de choses », m'avait suggéré un Congolais, qui, craignant subitement d'en avoir trop dit, avait ajouté : « Surtout, ne lui parle pas de moi ! »

Le patron s'appelait Jean-Marie Bergesio. Je m'étais rendu une première fois au *Chalet*, où je l'avais croisé dans la cour de son hôtel : « Revenez ce soir ! » m'avait-il lancé d'une voix bougonne et peu engageante.

Je l'ai retrouvé au bord de sa piscine. Il n'avait plus ses lunettes de soleil et passait de table en table pour saluer ses clients : un couple de visiteurs occidentaux, trois hommes seuls devant une bougie.

Soixante-dix ans bien tassés, le pas ferme, il engueulait sans méchanceté son cuisinier et sa serveuse, les pressant d'aller plus vite sans rien renverser.

« Installez-vous, j'arrive... »

Il y avait une table à l'écart, j'ai attendu.

La serveuse est passée, j'ai commandé des spaghettis bolognaises et une bière.

La piscine faisait une tache bleue dans la nuit, un petit singe sautillait sur un figuier...

« Qu'avez-vous pris? a demandé le patron du *Chalet* en arrivant. Ah, les bolognaises!... »

Et il a appelé la serveuse:

« Vas voir la mamma et tu lui demandes mon parmesan, il est au frigo... »

Puis, se tournant vers moi:

« C'est mieux que du mauvais fromage râpé, hein!

— Vous êtes italien? » lui ai-je demandé.

Jean-Marie Bergesio, né à Turin, était français et aussi congolais par sa femme, une cousine de l'épouse de Mobutu, mais ça, il ne l'a dit que plus tard. Il parlait comme coule le fleuve Congo, sans interruption et avec grand débit. Son récit charriait du limon, de la vase et des relents fangeux. Mais il ne s'en souciait pas: son timbre était clair, sa voix posée, ses gestes économes. Sa silhouette trapue se découpait en ombre chinoise sur la piscine bleue.

Je ne saurais dire quelle était la part de vérité de son histoire mais j'étais certain que lui, en la racontant, ne mentait pas. Les petites vexations longtemps ruminées libèrent une parole affranchie de ses engagements.

« En 1997, j'étais comme le consul de France à Kisangani. On m'avait donné un téléphone satellitaire codé du Quai d'Orsay qui permettait de communiquer avec Paris, j'étais aussi en liaison avec l'ambassade de France à Kinshasa. On m'avait promis de me nommer consul honoraire et de donner la nationalité française à ma femme. »

Jean-Marie Bergesio a alors quarante-neuf ans, il est exploitant forestier et s'est associé à Antoine Declerc, un ancien mercenaire belge. Il vit alors depuis quinze ans à Kisangani, où il est arrivé dans les années 1980 après une expulsion mouvementée du Centrafrique, suivie d'une escale de quelques années en Italie.

« C'était un peu la folie, cette histoire de réfugiés. À Paris, ils disaient être très inquiets et craindre le pire pour cette population qui s'était enfuie dans la forêt et avait disparu des écrans. Personne ne savait où étaient ces centaines de milliers de personnes et ce qui leur arrivait. On m'a demandé ce que je pouvais faire. J'ai fait ce que j'ai pu : j'ai loué un petit avion et j'ai survolé la forêt pendant des heures, pendant des jours. »

De par sa femme, le patron du *Chalet* bénéficie de nombreux passe-droits au pays de Mobutu. Il est comme chez lui à l'aéroport et a toutes facilités pour mener ses expéditions. Le kérosène n'est pas un problème, les autorisations de vol pas plus. Dans un Congo menacé par la rébellion, il est l'un des rares à pouvoir se déplacer en toute liberté.

«J'ai été le premier à retrouver les réfugiés. On m'avait dit que c'était important, que c'était le seul moyen de provoquer une intervention humanitaire. J'ai transmis les infos, c'est grâce à moi qu'on a identifié le camp de Tingi-Tingi.»

À l'Élysée, à Matignon, aux Affaires étrangères, on sonne le branle-bas. Le secrétaire d'État à l'action humanitaire, Xavier Emmanuelli, est dépêché en urgence à Kisangani. Une vingtaine de journalistes embarquent avec lui.

«Je les ai cornaqués. Je leur interdisais de filmer les mercenaires, mais je leur donnais des infos sur les exactions des rebelles, sur la situation, ce genre de choses.

— Vous étiez sûr de vos infos?

— Bah, pas trop, non! Mais j'allais de temps en temps à Tingi-Tingi avec les mercenaires. Et avec l'aide humanitaire aussi. Ça, c'était drôle! Dans les camions d'aide – vous savez: ceux avec les stickers –, on mettait moitié de bouffe, moitié d'armes. Parfois, y avait même que des armes. Alors forcément, les réfugiés étaient contents, et j'entendais des bruits, on me racontait des choses.

— Et vous les croyiez?

— C'était pas la question. À Paris, ils voulaient intervenir et moi je trouvais que c'était bien d'aider Mobutu. Y avait plus vraiment d'armée congolaise, alors si les réfugiés rwandais voulaient se battre pour pas être "exterminés", comme ils disaient, c'était leur affaire.

— Vous y croyez, vous, au deuxième génocide?

— Pfou! L'important, c'est pas que moi j'y croies. J'ai bien vu quand j'aidais à monter l'opération humanitaire, l'ambassade de France était hors-jeu: c'est Paris qui donnait la musique.»

Quelques heures après son arrivée, Xavier Emmanuelli se rend à la rencontre des réfugiés regroupés sur une boucle du fleuve, à une centaine de kilomètres au sud de Kisangani. La veille de son passage, l'ancien préfet et député rwandais Pierre Kayondo[7] est extrait par hélicoptère du flot errant: président d'une organisation politique extrémiste hutu créée dans les camps, ancien actionnaire de Radio Mille Collines, la «Radio la Mort» du génocide des Tutsi en 1994, il vit aujourd'hui en France.

Le secrétaire d'État à l'action humanitaire reste quelques jours à Kisangani. Il en repart précipitamment, peu avant que la ville ne tombe. Les journalistes et Jean-Marie Bergesio sont dans son avion.

À son arrivée à Paris, Xavier Emmanuelli est interpellé à l'Assemblée nationale[8] par le député André Fanton sur le «nouveau génocide qui se prépare à l'évidence dans la région des Grands Lacs». «Vous

7. Pour l'évacuation de Pierre Kayondo, voir *Réfugiés rwandais entre marteau et enclume, op. cit.*, p. 88, et *Le Peuple rwandais un pied dans la tombe, op. cit.*, p. 141.

Pour les activités de Pierre Kayondo en France, voir Théo Englebert, «Rouen et la Seine-Maritime, discrètes bases arrière des extrémistes rwandais ces vingt dernières années», *Le Poulpe*, 3 décembre 2019.

8. Séance du 11 mars 1997.

avez raison», lui répond le secrétaire d'État à l'action humanitaire.

«Dis, tu veux bien te dépêcher d'apporter mon parmesan ! Regarde, mon invité a déjà presque fini ses bolognaises...» lance Jean-Marie Bergesio à la serveuse. Puis : «On en était où déjà ?

— Vous étiez de retour en France...

— Ah oui... J'y suis resté un peu et je suis rentré à Kisangani. Là, les rebelles m'ont arrêté. Cent soixante-douze jours de prison ! C'était long, mais je me suis débrouillé. Tout seul ! À Paris, ils me connaissaient plus...

— Vous étiez devenu encombrant ?

— On peut dire ça comme ça... Ils voulaient m'oublier. La nationalité pour ma femme, le poste de consul honoraire, j'attends toujours !»

Et le patron du *Chalet* éclate de rire dans la nuit de Kisangani, un rire grinçant mais pas amer.

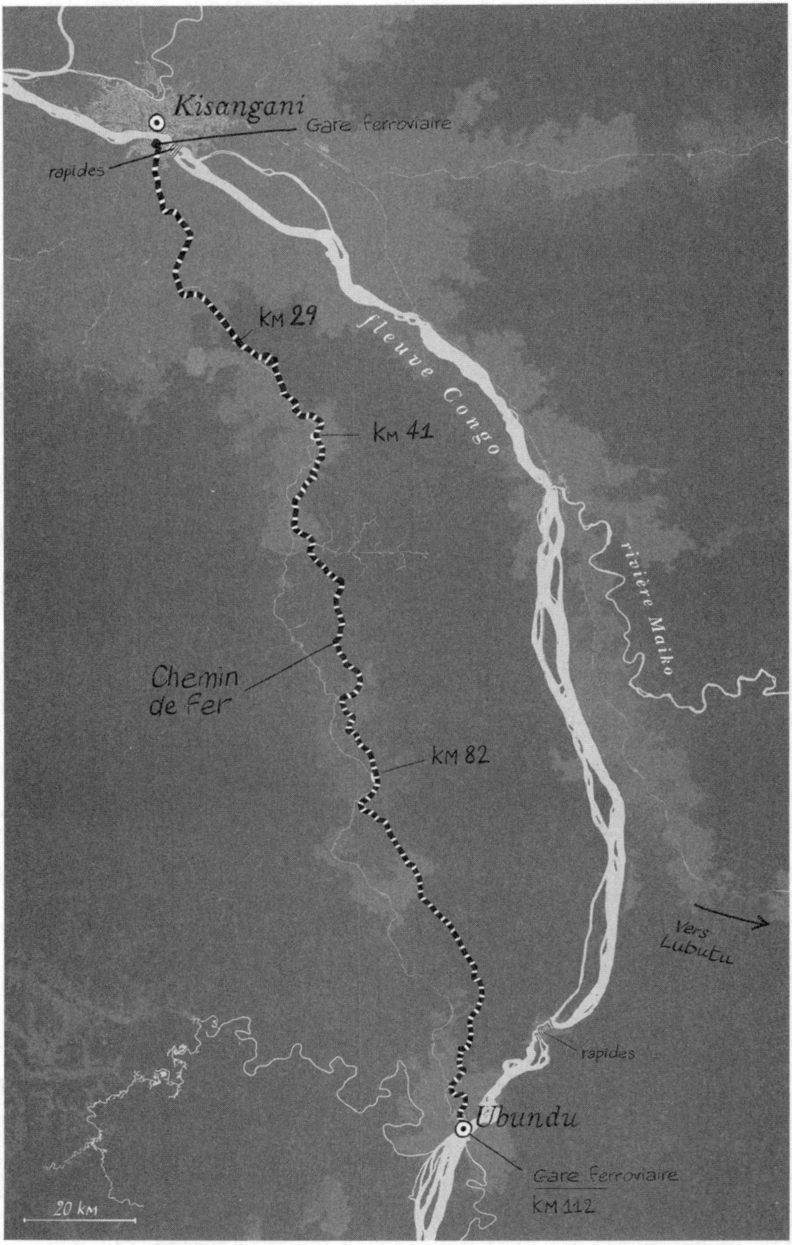
Kisangani
Gare ferroviaire
rapides
KM 29
fleuve Congo
KM 41
rivière Maiko
Chemin de fer
KM 82
Vers Lubutu
rapides
Ubundu
Gare ferroviaire
KM 112
20 KM

10

LES TOURELLES DE LA VILLA RÉGINA SONT À QUELQUES CENTAINES DE MÈTRES DANS MON DOS. Je suis sur la berge du fleuve Congo et je fixe l'autre rive, éloignée d'un kilomètre, peut-être deux. Dans ce matin sans brume, je distingue par-delà le flot quelques hangars, des grues portuaires aux allures d'échassiers empaillés et des toits de zinc noyés dans la verdure. La circulation sur le fleuve est calme, les commerçants arrangent leurs étals sur la berge, il est tôt.

« Le bac pour traverser, c'est bien là ? je demande.

— Oui, il faut acheter le billet à la caisse.

— Et le bac part bientôt ?

— Oh !… Cet après-midi. Ou ce soir. Ou peut-être demain.

— Y a pas d'horaire ?

— Si, mais ça dépend des pièces de moteur, de l'essence, du nombre de passagers, tout ça… »

Je ne sais que dire.

Un homme m'interpelle :

« Vous voulez traverser ?

— Oui.

— Venez ! »

L'homme – grand, élancé, imperturbable – porte un costume beige, des chaussures cirées et une grosse montre au poignet.

« Je suis transitaire, se présente-t-il. Je dois m'occuper de marchandises, là en face. »

Il avance de quelques pas vers un ponton vacillant où attend une pirogue étroite, taillée dans un tronc immense, longue d'une dizaine de mètres. Un fauteuil de jardin en plastique bleu trône au milieu.

« Asseyez-vous », m'invite-t-il en ordonnant le départ.

Un petit moteur ronronne. Le « transitaire » se place debout à la proue, face au fleuve. Je suis à cinq mètres derrière lui dans le fauteuil bleu, ma main droite trempe dans l'eau. Nous ne parlons pas.

Je traverse le fleuve pour prendre un train qui m'amènera à ce qui fut décrit, au lendemain de la chute de Kisangani, comme un *Cœur des ténèbres* : une bande de terre d'une centaine de kilomètres sur laquelle aurait été menée une politique d'« extermination lente[1] », une « politique de liquidation totale[2] », voire une « solution finale[3] ».

Là, sur cette tête d'épingle égarée dans l'immense Congo, « plusieurs dizaines de milliers de réfugiés hutu » auraient été « exterminés jusqu'au dernier [...], femmes et enfants compris[4] ».

La pirogue cogne sur la rive, son bois vibre et résonne d'un « pong ».

« Venez, la gare est par ici », lance le transitaire.

Nous avançons au milieu d'herbes folles glissant sur les pantalons. La pente est douce, ombragée par quelques bananiers. À gauche, de grands entrepôts vides et sans toit : « Il y a eu tellement de pillages. » À droite, d'épais buissons. À gauche encore, quatre grues portuaires rouillées sur un quai désert : « Je crois qu'une fonctionne, enfin plus ou moins. »

Nous atteignons un sentier, dépassons un atelier où est entreposé du matériel ferroviaire : des rails, des pièces mécaniques, du sable, une motrice hors d'usage... Je bute sur des voies couvertes de végétation, le transitaire me rattrape par l'épaule. Je lui

1. Déclaration à la presse du secrétaire général de l'ONU, Kofi Annan, le 25 avril 1997.

2. Communiqué de MSF France, le 26 avril 1997.

3. Déclaration du porte-parole du Programme alimentaire mondial (PAM), le 25 avril 1997.

4. Jean-Claude Guillebaud, *Sauver la beauté du monde*, L'Iconoclaste, 2019.

demande si un train va bientôt partir. Il me répond qu'il est « justement » venu vérifier l'expédition de sa marchandise : « Ils préparent le prochain convoi. »

En amont de Kisangani, une succession de rapides et de chutes barrent le fleuve Congo, l'artère vitale du pays. Pour assurer la circulation des marchandises jusqu'à la grande cité minière de Lubumbashi et l'océan Indien, les colonisateurs belges construisirent, de 1903 à 1906, un tronçon ferroviaire d'une centaine de kilomètres. Partant de Kisangani, une voie unique s'enfonce à travers la forêt jusqu'à la ville d'Ubundu, au sud, où le fleuve redevient navigable.

En 1997, cette voie fut appelée le « couloir de la mort » : « Ubundu-Kisangani : les mouroirs du rail », écrivit MSF[5].

Sur les six voies de triage de la gare de Kisangani, trois sont occupées par des wagons surchargés : des citernes aux toits arrondis couverts de plusieurs couches de marchandises, des wagons plats sur lesquels sont entassés jusqu'à des hauteurs improbables des fûts d'engrais toxiques, des barils de pétrole, des sacs de farine de manioc et des paquets informes, parfois crevés, souvent gluants.

Une motrice essoufflée fait des allers et retours, emportant un wagon ici pour l'accrocher là ou

5. *Traque et massacres des réfugiés rwandais : 1996-1997, op. cit.*, p. 110.

l'écarter. «Ils sont en train de constituer le convoi, c'est bon signe», explique le transitaire. Le ballet se déroule au ralenti, rythmé par les crissements des rails, les grincements des wagons et les gémissements de la motrice.

À l'ombre d'un atelier, un employé des chemins de fer s'active derrière un feu surplombé d'une trémie d'où coule doucement du sable qu'il semble chauffer. Sur le moment, l'opération m'apparaît mystérieuse; je ne comprendrai sa finalité essentielle que plus tard, dans le train.

La gare est charmante: un bâtiment central avec terrasse et colonnes au premier étage, deux annexes accolées sur chaque flanc et, au rez-de-chaussée, un quai d'une cinquantaine de mètres abrité du soleil. Achevée en 1906, elle exhale un parfum de province belge. Les locaux sont ordonnés, les étagères en bois intactes, l'escalier ciré et le plancher du bureau du directeur ne présente aucun trou.

«Pour l'étranger, on va trouver de la place; on va soigner le Blanc», dit gentiment le chef de gare avant de me conduire à un guichet où un employé émet un billet qu'il remplit d'une écriture ciselée.

Sur la souche, dont le modèle remontait d'évidence aux années d'avant l'indépendance, il est précisé que je voyage en seconde classe, que ma place est la n° 35, et que la compagnie nationale, la SNCC, s'engage à me dédommager en cas de retard ou d'annulation.

«Quand part le train? ai-je demandé.

— Oh ! vous avez le temps de vous promener et de manger. »

J'ai fait quelques courses et déjeuné dans une petite cantine. Elle était bondée et fréquentée par des prêcheurs qui, tous les quarts d'heure, passaient Bible en main tonitruer la gloire de Dieu, de Jésus et de ses apôtres. Les clients de la cantine, blasés, écoutaient d'une oreille distraite. Un « amen » était parfois repris poliment en chœur par la salle. Dieu et l'amour étaient au centre de tous les prêches, leurs variantes attestant de l'imagination infinie du Créateur.

À mon retour à la gare, rien n'avait bougé.

J'ai attendu.

La motrice essoufflée allait et venait, les wagons passaient et repassaient. Il n'y avait pas un passager en vue. J'ai relu *Ébène*, de Ryszard Kapuscinski[6], qui racontait l'Afrique des indépendances : le Ghana de 1958, Zanzibar, le Soudan, le Liberia…

Le livre fermé, je me suis aperçu que le soleil avait bien décliné.

Toujours pas un passager.

Un homme aux cheveux gris, en uniforme bleu, béret et cravate noire, s'est approché pour demander de l'argent. Il avait une soixantaine d'années,

6. Plon, 1998.

était maigre, timide et très digne. Il ne suppliait pas, n'exigeait rien : il exposait sa situation.

« Je suis un impayé, dit-il.

— Un impayé ?

— Oui, je n'ai pas reçu de salaire depuis 1995. J'ai touché quatre mois et demi en vingt-cinq ans. »

Il avait fait le compte :

« Ça fait 294 mois d'impayés.

— Et vous êtes resté ?

— Oui, c'est un bon travail.

— Mais vous n'êtes pas payé !

— C'est ça le problème... »

Nous avons discuté longuement. Il était gardien d'entrepôt.

« Celui-là, là-bas, sans toit, c'est le mien. Il a été détruit.

— Quand ? Pendant la guerre de 1997 ?

— Non, en 1960...

— !

— Pendant la guerre d'indépendance... »

Peu après, j'ai croisé un conducteur de locomotive : « Nous sommes trois », m'a-t-il informé en précisant que « le travail était un peu compliqué ».

« Il faut faire les arrangements, lança-t-il mystérieusement.

— C'est-à-dire ?

— On roule sur une voie unique, on peut pas se croiser et y a des pannes. Quand on part, on sait pas quand on revient. Parfois deux jours, parfois une semaine, parfois plus. Là, présentement, nous sommes deux à pas être malades, mais l'autre conducteur est bloqué avec le convoi sur la voie du retour : il arrive plus à avancer. Faut trouver une locomotive pour le tirer, et donc un autre conducteur.

— Mais si vous n'êtes que deux ?

— On se débrouille, y a toujours moyen…

— Ah ! ai-je dit, perplexe. Et la locomotive de dépannage ?

— Ça, je sais pas. »

Au fond d'un hangar, je suis tombé sur François Bgoyo, un jeune mécanicien de la SNCC qui était en train de récupérer des pièces sur une motrice. Couvert de graisse, il s'est réjoui de croiser un Français :

« C'est la première fois que j'en vois un ! s'est-il exclamé avec un grand sourire.

— Et des Belges ?

— Non.

— Et des Américains ?

— Non.

— Et des Chinois ?

— Ah si… Y a pas longtemps, j'en ai vu un. C'était y a un an, mais on s'est pas parlé. »

François était curieux :

« Y a des locomotives et des trains en France ?

— Oui.

— Oh, je croyais que c'était juste au Congo !… »

J'ai senti François un peu déçu.
Je n'ai pas insisté.

En regagnant la gare, j'ai constaté qu'une dizaine de personnes commençaient à se rassembler. J'ai cru que le départ approchait, il fallut attendre la nuit.

Dans le lointain, un puissant phare borgne perça l'obscurité. « C'est le train d'Ubundu, celui qui bloquait la voie », expliqua un employé.

Je me suis écarté des rails, imaginant une arrivée imminente. Le phare borgne balayait la droite, la gauche : « Là il est sur les aiguillages, à trois kilomètres. »

Une heure passa avant qu'il entre en gare.

Entre-temps, des centaines de voyageurs s'étaient rassemblés au pied du convoi prêt à partir, d'immenses ballots autour d'eux.

Un sifflet résonna.

Ce fut un déferlement.

Des couches de passagers s'ajoutèrent aux couches de marchandises juchées sur le toit des citernes ; les étages de fûts de pétrole et d'engrais se virent aménagés en fondations d'improbables constructions mêlant toiles, poutres, plastiques, matelas, casseroles, vélos, frigos, télés et bibelots ; des bébés de quelques mois furent passés de bras en bras à travers les fenêtres de l'unique wagon passagers ; d'imposantes mammas se trouvèrent hissées au sommet des ballots, où elles furent installées sur des chaises en plastique miraculeusement apparues.

Il y eut quelques cris et de petites bousculades mais l'embarquement se fit en bon ordre, comme un exercice mille fois répété. Le plus étrange fut la vitesse d'exécution. De type commando.

Un cheminot m'a ouvert le chemin jusqu'à la place n° 35. J'étais dans un compartiment à l'exact milieu du wagon de passagers. Une dizaine de soldats et une poignée de familles avaient pris possession du couloir.

« Vous avez la cabine à deux couchettes », a fièrement lancé l'employé.

La table articulée était cassée, les couchettes bancales se libéraient avec un couteau, des parcelles de lino graisseux restaient accrochées au sol.

« Le directeur de la ligne est dans le compartiment d'à côté, il passera vous voir… »

Il y eut un deuxième coup de sifflet, le convoi s'est ébranlé. J'ai sorti une banane et une bouteille d'eau pour dîner. Je n'avais pas fini ma banane que, déjà, le train s'arrêtait.

« Pour n'avoir pas été absorbé par le lac Kivu […] et par la terreur, pour avoir survécu au choléra de Goma et à la pluie de balles de Kashusha, au froid de Nyabibwe, à la faim entre Walikale et Tingi-Tingi, aux piqûres de serpents, au paludisme, aux gigantesques bousculades de Lubutu à Ubundu, à la traversée du fleuve…, je demeurais malgré tout confiant », écrit le journaliste Philippe Mpayimana[7], qui se retrouve

7. *Réfugiés rwandais entre marteau en enclume, op. cit.*, p. 96-98.

coincé en 1997, avec des dizaines de milliers de fuyards, le long de la voie de chemin de fer.

Au nord, Kisangani vient de tomber ; au sud, les rebelles progressent ; à l'est, le fleuve est infranchissable ; à l'ouest, la forêt profonde s'étend sur plus de mille kilomètres.

La « confiance » du journaliste vacille rapidement : « Je me retirai de la foule et la contemplai en la confondant aux touffes d'herbe que le vent courbe, aux bandes d'oiseaux chassées par l'hivernage, aux vers et vermisseaux emportés par le courant du ruisseau. Il n'y avait ni indépendance ni sagesse dans cette foule qui me cachait mes parents. Je la haïssais. Je devais la fuir. »

Ils sont cent mille sur cette bande de terre ; désespérés, confus, épuisés. Les caciques qui ordonnèrent le génocide des Tutsi de 1994 et se servirent d'eux dans l'intention de « terminer le travail » les ont abandonnés pour se réfugier, les uns après les autres, à Kinshasa, à Paris, à Bruxelles, à Nairobi, à Bangui, à Libreville, à Brazzaville, à Francfort, à Johannesburg, à Montréal ou à Genève.

Livrés à eux-mêmes et aux petites mains du génocide, les fuyards en sont réduits à s'adonner « à l'interprétation des phénomènes superstitieux pour en extraire un signe du ciel qui ordonnerait noir sur blanc de poursuivre ou de stopper net leur calvaire ».

Une des prophéties les plus commentées est celle d'un devin du nom de Magayane, qui avait vu, avant 1994, la « mise à mort » du président rwandais

Habyarimana. Les dernières « révélations » de Vestine, une voyante de Kibeho réfugiée à Nairobi, d'où elle a annoncé « une seconde coulée de sang, holocauste qui purifierait le peuple et le rendrait plus paisible qu'autrefois », suscitent également de nombreuses réflexions.

Mais ce sont les propos d'un journaliste propagandiste de l'idéologie extrémiste hutu, Hassan Ngeze[8], qui « résonnent » le plus dans « le cœur des uns et des autres ». Selon lui, résume Philippe Mpayimana, « la mort des présidents qu'il désignait comme "les protecteurs des Hutu" – Juvénal Habyarimana, François Mitterrand, Mobutu Sese Seko – devait précéder le *réveil*. En l'interprétant, *se réveiller* signifiait "résister" pour reconquérir le pays ».

Dans les rangs des fuyards, les masques tombent. « Notre fuite était complexe », témoigne Philippe Mpayimana[9], qui entend des tueurs reconnaître leurs crimes, ce qui « m'était nouveau » précise-t-il. Un homme, poursuit-il, « expliquait ainsi l'origine de sa robustesse » : « On ne tue pas les morts, on tue les vivants. Or moi, je suis déjà mort [...] Je ne digère

8. Rédacteur en chef du journal *Kangura* (Réveille-toi), qui publia dès décembre 1990 « Les dix commandements du Hutu », un bréviaire de la haine, Hassan Ngeze fonda la Coalition pour la défense de la république et de la démocratie, un parti qui appela ouvertement à l'extermination des Tutsi. Arrêté au Kenya en juillet 1997, il a été reconnu coupable de génocide et condamné à perpétuité, peine réduite après appel à trente-cinq ans de prison.

9. *Réfugiés rwandais entre marteau en enclume, op. cit.*, p. 102.

pas ces “cancrelats” [*inyenzi*, les Tutsi] qui m’appellent “milicien” [*interahamwe*] alors que je suis un soldat. Je n’ai pas peur d’eux, ni de la mort, mais de leur ignoble façon de tuer. Si vous m’aviez vu tuer chez nous, je le faisais vraiment bien!»

Le train a redémarré. Nous sortons en quelques minutes des faubourgs de Kisangani. Il n’y a plus une lumière, que les ombres de la forêt nimbées d’une nuit laiteuse.

Des branches, des bambous et des lianes claquent sur les parois du wagon. J’entends des «schlak», les feuillages glissant sur l’acier, et des «pan», le bois se brisant sur le convoi, incessants. La forêt vit, elle se défend.

Le convoi taille son chemin. C’est une bataille dans un monde hostile, où chaque mètre se gagne. La progression se fait à pas comptés. Les gares sur la ligne s’appellent kilomètre 29, kilomètre 41, kilomètre 82, l’arrivée étant le kilomètre 112.

Isolés sur cette bande de terre, les fuyards dispersés le long de la voie sont ballottés pendant des semaines de kilomètre en kilomètre.

L’accès à Kisangani leur est interdit par l’alliance rebelle qui bloque au kilomètre 8 l’entrée de la ville dont elle vient de s’emparer. Des camps se forment, dans des conditions sanitaires catastrophiques, aux kilomètres 29, 41 et 82.

Pour se refaire une virginité, la soldatesque

défaite de Mobutu se retourne contre ses anciens alliés rwandais. Les militaires montent la population «contre nous», écrit la réfugiée Marie Béatrice Umutesi[10] : «Les villageois qui nous criaient de partir en brandissant une machette étaient les mêmes qui nous avaient accueillis plus tôt.»

Les humanitaires qui avaient quitté Kisangani peu avant sa chute reviennent au compte-gouttes.

Les puissances étrangères commencent à écrire l'après-Mobutu : Washington et Bruxelles négocient en sous-main avec Laurent-Désiré Kabila ; Paris grince des dents, d'impuissance et d'amertume.

Un monde s'écroule.

«Quelques réfugiés le comprenaient et imputaient leur présence dans cette géhenne à leurs anciens dirigeants, qui les avaient conduits comme un troupeau au pâturage le jour, sans le reconduire au bercail le soir», constate Philippe Mpayimana[11].

D'autres fuyards, incrédules, s'en prennent avec une virulence désespérée aux Tutsi, ces «diables» qui, n'ayant pu tous être tués, restent forcément redevables de tous les malheurs endurés.

Enfermé dans un «royaume du mensonge et de l'apparence», comme il l'écrit[12], le réfugié Maurice Niwese dénonce un «holocauste[13]» volontairement

10. *Fuir ou mourir au Zaïre, op. cit.*, p. 209.
11. *Réfugiés rwandais entre marteau en enclume, op. cit.*, p. 103.
12. *Le Peuple rwandais un pied dans la tombe, op. cit.*, p. 146.
13. *Ibid.*, p. 168.

commis par les «rebelles» le long du chemin de fer Kisangani-Ubundu : «En rappelant que les réfugiés à tuer s'évaluaient entre 60 000 et 100 000, je pourrais affirmer que le minimum de personnes mortes [...] s'élève à plus de 30 000», assure-t-il.

Brutalement, des coups ont résonné. Ils étaient différents des «schlak» et des «pan», plus sourds, plus rythmés, et ils venaient de la porte du compartiment, pas de l'acier du train. Tiré de ma somnolence, je me suis frotté les yeux.

«Je n'arrive pas à entrer», ai-je entendu.

Je me suis approché de la porte pour l'ouvrir, elle était bloquée.

«Tirons ensemble, ai-je lancé. Un, deux, trois...»

Il y eut une torsion suivie d'un grincement aigu. La porte s'ouvrit à moitié.

«Bonjour ! Je suis Félix Mbuyi, le directeur de la ligne. Je venais bavarder, voir si tout allait bien. Le compartiment vous plaît ?»

Félix se dressait derrière la porte entrebâillée, en costume léger. Dans le couloir, il n'y avait plus un centimètre libre : le train parti, les passagers étaient descendus des toits pour s'abriter du vent, des branches et de la pluie.

«Mais bien sûr, entrez !»

Félix s'est contorsionné pour passer la porte. Nous nous sommes installés sur la banquette, devant la table brisée.

«Ce wagon-là, dans lequel nous sommes, on me

l'a donné. Ça fait de l'ambiance quand on est nombreux, entama-t-il avec jovialité.

— C'est un wagon de la SNCF des années 1970, non?

— Oui, je crois. C'est notre wagon passagers. Vous avez eu de la chance. On l'accroche pas tout le temps, mais comme là je devais aller à Ubundu... Vous avez vu la couchette?»

Félix avait soixante-quatre ans, son papa était cheminot et il avait hérité de «l'amour du chemin de fer», disait-il sans se vanter.

Je lui ai demandé pourquoi le convoi était parti avec un tel retard.

«Oh, c'est simple. Le train précédent, celui d'avant-hier, était parti avec la vieille locomotive de 1916 qui peut prendre cinq wagons. Mais il n'y avait plus de sable, alors ils ont été bloqués.

— De sable?

— Oui.

— Mais pour quoi faire?

— Ah, vous ne savez pas? a-t-il rigolé, amusé par mon ignorance. Mais le sable, c'est vital pour le train! Sans sable sec, on peut rien faire.

— Expliquez-moi!

— Bon, voilà. Les rails sont usés, ils ont jamais été changés et ils sont couverts par les herbes et les bambous. Ça pousse très vite ici, il faut désherber deux fois par mois. Sur le trajet, il y a trois-quatre montées. Pas importantes, hein! Un pour cent peut-être, mais ça patine. Alors on jette du sable sur les roues de la motrice et sur les rails, comme ça on passe. Sans sable, ça bloque!»

J'ai proposé à Félix de partager une boîte de sardines. Il venait de dîner, m'a-t-il dit: «Du manioc.» Il n'y avait pas de lumière dans le train. De l'huile a goutté par terre sur le lino taché. J'étais embêté: «Laissez, c'est rien», a dit le directeur.

«Vous disiez que la motrice était de 1916?

— Celle-là oui, mais on en a acheté quatre en 2016, des chinoises toutes neuves. Elles sont arrivées par bateau en Tanzanie. On les a fait rouler jusqu'à Lubumbashi et Kindu. À Kindu, on les a embarquées sur le fleuve Congo. Fallait voir les grues pour les charger: elles venaient d'Europe, personne savait les utiliser! Finalement, on a pu les débarquer à Ubundu.

— Et elles marchent bien?

— Oh oui! Mais pour deux, on manque de pièces de rechange.»

Jamais Félix ne se plaignait. Sa voix grave se fondait dans les molles trépidations du convoi. Il m'a parlé de sa famille, du Havre aussi, où il était allé:

«J'ai pris le train Paris-Le Havre, on a même pas passé une nuit. Vous roulez vite. Nous sommes arrivés le même jour, à grande vitesse.»

Je lui ai demandé si, au petit matin, je pourrais monter dans la motrice.

«Bien sûr! Profitez d'un stop, il y en a beaucoup.»

Au départ de Félix, j'ai eu du mal à m'endormir. Nous n'avions pas parlé de la guerre, mais ce train poussif m'y emmenait. Pour m'occuper, j'ai écouté un podcast de France Culture. Dans son émission « Concordance des temps », l'historien Jean-Noël Jeanneney revenait sur la pratique de l'anthropophagie à travers les âges.

J'appris que le roi Richard Cœur de Lion, figure mythique des croisades, était cannibale. Les « infidèles » musulmans n'étant pas tenus pour des hommes, il était admis de consommer leur chair. Ce que firent le roi et ses chevaliers lancés dans la conquête de la Terre sainte.

Où était la civilisation ?

Le convoi avait quitté Kisangani à vingt et une heures. Nous sommes arrivés à Ubundu le lendemain à quatorze heures quinze. J'ai fait le calcul : nous avions parcouru cent vingt kilomètres à une moyenne de huit kilomètres par heure. « Ça s'est bien passé, hein ! » m'a lancé Félix sur le quai de la gare, tout heureux d'avoir respecté « l'horaire » : « On est dans les temps ! »

La gare d'Ubundu – trois entrepôts, un petit bâtiment administratif, une grue à terre – était posée au bord du fleuve Congo, le long de quais déserts plombés par un soleil ardent.

C'est ici que les fuyards de Tingi-Tingi avaient traversé le fleuve aux eaux sombres pour entrer dans ce qui fut appelé le « couloir de la mort », ces cent vingt kilomètres de rails volontairement transformés en «mouroirs» selon MSF France, qui, multipliant les actions de lobbying auprès de la diplomatie internationale, accusa bruyamment l'alliance rebelle, menée par Laurent-Désiré Kabila et le Rwanda, d'avoir mis en place une «politique de liquidation totale» des réfugiés.

«C'était une [...] façon de qualifier les Rwandais d'assassins. À mon avis, c'est ce qu'il fallait faire», assure, dans un document de travail[14], le docteur Jean-Hervé Bradol, alors directeur de la communication de MSF France.

Pourquoi «fallait-il le faire»?

«Puisqu'on ne pouvait pas réaliser des opérations dignes de ce nom, il fallait au moins avoir l'honnêteté de dire pourquoi», poursuit dans le même document le docteur Bradol, qui se dit convaincu d'avoir affaire à des «bourreaux».

Sa certitude, explique-t-il, repose sur le témoignage d'une certaine «Marleen», qui aurait dit au conseil d'administration de l'organisation que «les soldats rwandais massacraient les réfugiés»: «Elle s'en considérait comme témoin», précise-t-il.

J'ai lu le compte rendu du conseil d'administration du 25 avril 1997. Je n'ai trouvé aucun propos aussi accusatoire et direct. Dans son intervention[15], la médecin Marleen Monteyne-Mansour raconte avoir

14. *Traque et massacres des réfugiés rwandais: 1996-1997, op. cit.*, p. 151.

15. *Ibid.*, p. 147 et 148.

constaté en deux semaines de présence une « situation catastrophique » aux kilomètres 25 et 41 :

> La plupart des réfugiés ne pouvaient plus tenir debout : épuisés, ils tombaient malades les uns après les autres… Ces camps étant au milieu de la forêt, les conditions étaient très rudes pour la logistique […] Nous étions submergés par le travail médical et tous les réfugiés étaient très malades. Les huit tentes débordaient de gens qui se trouvaient dans un état de précadavre […] Les gens mouraient d'épuisement. Les corps étaient en état de putréfaction, la puanteur était intenable. C'était un spectacle apocalyptique […] Pendant une semaine, nous avons cru pouvoir faire quelque chose […] Puis les rebelles ont bloqué l'accès aux camps et il y a eu une escalade d'événements graves […] L'action médicale était devenue impossible. Il fallait faire autre chose : arrêter ce travail et dénoncer ce qui était en train de se passer. Nous étions trente-deux expatriés au total et c'est une opinion qui n'était pas partagée. La majorité est restée sur place.

Bernard Pécoul, le directeur général de MSF France, conclut le conseil d'administration. L'analyse est la suivante, assène-t-il : « Il y a une volonté de faire disparaître la population des réfugiés. La responsabilité de Kabila est réelle, mais c'est surtout Kigali qui est en cause. »

En réalité, la direction de la section française nourrit depuis des mois de fortes suspicions à l'encontre du FPR de Paul Kagame – sans disposer d'aucun fait précis. Les French doctors ragent : le drame se déroule sous leurs yeux et ils sont impuissants, tenus en lisière. Pour retrouver une place, ils adoptent au forceps une stratégie de dénonciation. Cette orientation est contestée en interne. Directrice de la communication de MSF aux États-Unis, Samantha Bolton fait part de ses réserves[16] : « Je suis très inquiète au sujet du commentaire "Si nous parlons, nous aurons voie ouverte". »

Et de justifier sa position :

> 1. MSF n'a pas de preuve visuelle de première main de gens en train d'être massacrés et jetés dans les fosses. 2. Voir des « fosses communes » n'est la preuve de rien. Nous ne sommes pas des scientifiques médico-légaux et les fosses communes peuvent avoir été creusées à la suite de famines. 3. Les propos des travailleurs de MSF ou de l'organisation en tant que telle rapportant « ce que les réfugiés nous ont raconté » ne sont pas une

16. *Ibid.*, p. 120.

> preuve de quoi que ce soit. Les Rwandais viennent du pays des mille collines et des rumeurs – les réfugiés sont connus pour exagérer [...] –, nous ne sommes pas là pour transmettre ce que les réfugiés ont à dire. 4. Les seules preuves que MSF peut fournir en restant crédible sont des preuves médicales, en particulier depuis le déficit de crédibilité que nous avons enregistré sur la crise post-Kivu de septembre à décembre 1996.

Les French doctors restent sourds à ces arguments. Avec les «mouroirs du rail», MSF France a l'opportunité de reconquérir son leadership historique sur l'organisation en prenant une «position radicale[17]».

Le coup de force est réalisé avec la publication d'un communiqué ravageur[18] dénonçant la «politique d'extermination des réfugiés» par «les forces militaires de Laurent-Désiré Kabila», soutenues «par les autorités de Kigali».

Impressionnée par la puissance de la charge, la presse internationale répercute l'accusation. La diplomatie s'en empare avec son cynisme habituel: qu'elle soit fondée ou non, la mise en cause permettra d'exercer des pressions sur Laurent-Désiré Kabila

17. *Ibid.*, p. 150.
18. Communiqué du 26 avril 1997.

– cet inconnu en passe de détrôner le roi du Congo – et son allié rwandais, Paul Kagame.

Aux yeux du monde, le communiqué de MSF signe le crime.

Sac au dos, les épaules luisantes de sueur, je marche dans Ubundu. J'ai quitté la gare décrite comme l'antichambre de la « solution finale », dépassé plusieurs anciens comptoirs coloniaux belges décrépits devant lesquels campent des familles congolaises, fait sursauter quelques enfants surpris par la vision d'un Blanc hirsute.

Un agent de la Direction générale des migrations m'a indiqué la direction du centre-ville. « C'est par là », a-t-il lancé de sa moto. Je m'essouffle sur une pente ravinée en rêvant d'un hôtel, d'un seau d'eau et d'une bière. « Par là », confirment les gamins. Le sentier débouche sur un carrefour. Le centre d'Ubundu.

Un commerçant m'explique qu'il n'y a pas d'hôtel, « vraiment pas ». Comment faire ? Il est embêté, il ne voit pas de solution. Et la paroisse ? Ah, peut-être, sourit-il, c'est une bonne idée. Comment s'appelle le prêtre ? Augustin. Et c'est loin ? Oh, juste deux kilomètres.

Va pour deux kilomètres.

La piste est bordée d'échoppes et de petits lampadaires solaires. Étirée dans la forêt, à l'ombre salvatrice des arbres, la ville est presque invisible. Je prends un sentier à gauche : « C'est avant les quartiers, après les champs », m'a-t-on dit.

La silhouette d'un clocher se dessine, puis une cour et un presbytère. Une moto est garée devant la porte, celle du prêtre sans doute.

Je frappe.

« Vous êtes le père Augustin ? je demande à un homme athlétique, d'une quarantaine d'années, en sandales et tee-shirt.

— Oui, c'est moi, répond-il en scrutant, intrigué, mon pantalon sale, ma chemise détrempée, mes chaussures boueuses.

— Vous avez l'air fatigué, reprend l'athlète.

— Un peu, oui…

— Entrez, je vais réchauffer les restes du déjeuner. »

Un siège traditionnel – bas et en bois – traînait sur la terrasse, l'entrée était vide, un vieux canapé aux ressorts défoncés gisait dans le salon, la cuisine était réduite au strict nécessaire : une table à la nappe cirée, une cuisinière, une torche électrique pour la nuit et un grand bidon d'eau.

« Des patates douces, ça va ? Avec un peu de manioc et un reste de viande… »

Ça allait très bien.

« J'ai encore une bière chaude, vous voulez ? »

Le père Augustin était un bon vivant. La quarantaine joviale, il dégageait chaleur et confiance. Aussi à l'aise au café d'Ubundu, où il passait de longues heures, que dans son église, où il dirigeait avec enthousiasme les chants vibrants de ses paroissiens, il débordait d'énergie. Sa seule faiblesse était la conduite de sa moto : mieux valait ne pas grimper derrière lui.

Lorsqu'il s'exprimait, c'était avec prudence. Il connaissait sa communauté, ses divisions, et entendait clairement se situer au milieu.

De Mobutu, le maître du Congo pendant plus de trente ans, il disait qu'il était un « grand idéologue », ce qui était vrai, et ajoutait : « Un peu comme Emmanuel Macron, il exploitait les auteurs latins », ce qui n'était pas faux.

Il se souvenait avec plaisir de son école primaire :

« On dansait sur des chansons à la gloire de Mobutu. Il y en avait une sur la Communauté économique des Grands Lacs, la CEGL. On chantait "CEGL, Rwanda, Burundi, Zaïre". À l'époque, sur le plan militaire, c'est nous qui dirigions ces pays. »

Et il rit :

« D'ailleurs, Mme Habyarimana a presque été reprise par Mobutu après le génocide de 1994 au Rwanda. »

Lui, en 1997, était séminariste à Kisangani.

« Je terminais mes études lorsque les rebelles sont arrivés. »

Se souvenait-il de l'ambiance ?

« On avait du mal à suivre ce qui se passait, on savait même pas qui était qui. Les réfugiés hutu se faisaient passer pour des Congolais, il y avait des infiltrés de partout. Au séminaire, dans nos réfectoires, on mettait plus les assiettes sur la table : tout le monde soupçonnait tout le monde. »

Le père Augustin s'était rendu au premier meeting triomphal du chef rebelle, Laurent-Désiré Kabila, à Kisangani :

« On était tous là, au stade. C'était la liesse, la fin annoncée de Mobutu créait cette liesse. À l'époque, Paul Kagame ne nous faisait pas encore peur, c'est lui qui amenait les libérateurs. Plus tard, quand on a compris l'importance des soldats de Kagame dans la rébellion, on s'est demandé si Kabila avait pas été mis là pour donner une connotation congolaise. C'est là que la suspicion est arrivée. »

Et pour les réfugiés, que s'est-il passé ? Ont-ils été exterminés, comme cela est dit ?

« Il y avait des témoignages de Hutu qui venaient dire comment ils étaient exterminés », a prudemment commencé à répondre le père Augustin. Et soudain, il s'est interrompu : « Ça y est, c'est chaud ! » a-t-il lancé, se levant pour chercher les plats.

J'ai insisté.

Il a répété ce qu'il venait de dire :

« Il y avait des témoignages de Hutu... »

Y croyait-il ?

« Je n'étais pas à Ubundu à l'époque, je ne sais pas. Je vais demander aux notabilités de venir. Eux, ils étaient là. Ils vous raconteront. »

Et posant les plats sur la table : « Voilà, c'est prêt ! »

La bière était bien chaude, les patates douces et le manioc sentaient très bon. Une viande en sauce était disposée dans un plat à part. Le père Augustin m'a servi généreusement. J'ai pioché avec volupté dans l'assiette avant d'apercevoir, noyé dans la sauce, de petits os semblables à ceux de bébés.

« C'est quelle viande ? ai-je demandé.

— Du singe... »

Le presbytère avait des chambres pour les visiteurs de passage. J'ai pu poser mes affaires et me laver à la bassine. L'herbe était coupée, le jardin fleuri, un figuier l'ombrageait. Les lieux étaient entretenus par un simplet dont les propos, comme tirés d'un cauchemar dont il ne parviendrait pas à sortir, contrastaient avec la bonhomie naturelle.

J'ai d'abord rencontré Victor, cinquante-quatre ans, enseignant à Ubundu et admirateur d'Aimé Césaire. Extrayant de sous son tee-shirt jaune un livre chiffonné qu'il portait collé contre le ventre, il m'a lu, en guise d'introduction, quelques pages du *Discours sur le colonialisme*[19], rédigé par l'inventeur du mot « négritude ».

« C'est beau ! » a-t-il dit en relevant la tête, solennel.

J'ai acquiescé. Encore ému par sa lecture, Victor a rendu hommage pendant quelques minutes au chantre de l'anticolonialisme. Dérivant lentement, nous avons fini par arriver au fleuve, à ce fleuve que les réfugiés avaient traversé avant de se trouver piégés dans le « couloir de la mort ».

19. Aimé Césaire, première édition publiée en 1950 par Réclame, une maison d'édition liée au Parti communiste français (PCF), disponible chez Présence africaine.

«Il y a eu beaucoup de noyés. Ils étaient des milliers et des milliers. Ils se battaient pour traverser les premiers sur les pirogues, sur des bouts de bananiers, sur des bidons de vingt litres, à la nage. Ils arrivaient ici en suffoquant comme des poissons. Ceux qui tombaient à l'eau se noyaient. Nous, on pouvait pas supporter, on avait pitié d'eux, on voyait comment ils avaient quitté chez eux.

— Et après?

— Après, ils sont morts de faim et de maladies. Ils avaient plus rien, ils pillaient les champs et vendaient les biens ramassés par-ci par-là. Il y avait la famine, les maladies. Les mamans abandonnaient les petits enfants et les bébés sur la route, et l'enfant meurt derrière. Ils étaient comme une colonne de fourmis. On a remarqué à leur départ les crânes humains un peu partout dans la forêt, mais on était soulagés: la peur était partie.

— Où sont allés les réfugiés?

— Certains à Kisangani, d'où ils ont été ramenés au Rwanda, les autres dans la forêt vers Kinshasa, ceux qui se laissaient mourir sont restés.

— Vous avez vu des soldats rwandais?

— Oui, il y en avait beaucoup.

— Ils ont attaqué les réfugiés?

— Je n'ai pas vu d'attaques, j'ai vu le désespoir et la peur.»

Et Victor a changé, tout à coup, de sujet:

«Vous savez que pas trop loin, à l'entrée de Kisangani, les villageois natifs sont en révolte pour leur forêt? Les autorités veulent créer un parc et ont déplacé six mille personnes de force. Des militaires ont été envoyés de Kisangani, c'est la guerre. Je peux vous donner le téléphone de Célestin, le porte-parole des villageois... »

J'ai d'abord été surpris par ce coq-à-l'âne.

Puis, j'ai réalisé que la petite musique du temps avait, ici, poursuivi sa course. À la différence du Rwanda, entré dans l'année zéro avec le génocide des Tutsi.

Ils sont arrivés à six, pile à l'heure. Le père Augustin s'était éloigné: «Je vous laisse discuter tranquillement avec les notabilités.» La moitié d'entre eux avait la trentaine, l'autre moitié plus de cinquante ans. Les notables étaient les plus âgés, les jeunes se formaient. Ils représentaient les «sages».

Ils se sont présentés un à un: Emmanuel Ramazani, président de la «notabilité», né en 1937; Bernard Kembamangala, vice-président, né en 1955; Adrien Ochuku, chef du quartier Bakumu, né en 1974.

Tout de suite, ils se sont mis à parler dans le désordre:

«Les réfugiés ont remercié le Bon Dieu à l'église en arrivant après s'être jetés à l'eau pour traverser le fleuve...

— Il y en avait qui avaient des armes...

— Les vieillards marchaient avec un troisième pied...

— Ils ont mouru trop...

— Le monde a abandonné ces gens. Moi, j'en ai enterré quatre…

— J'avais jamais vu des réfugiés traverser un pays les armes à la main…

— Moi, je suis bantou, comme les Rwandais hutu. Les Tutsi sont des Nilotiques. Ils étaient venus tuer nos frères hutu… »

D'évidence, ils n'étaient pas d'accord entre eux. La plupart se sentaient proches des Hutu, comme les Français peuvent se sentir proches des Italiens. Mais ce n'était pas suffisant pour créer un ciment commun. Eux étaient congolais ; les autres – les Hutu et les Tutsi – étaient rwandais. Ils étaient chez eux, les autres étaient des étrangers ; et les Congolais avaient beau être généreux – « Dans notre terre hospitalière, on accueille tout le monde » –, il y avait tout de même des limites.

Bien sûr, cela n'a pas été formulé ainsi. La discussion a duré des heures, et je la résume. Il a été mentionné « des filles hutu égorgées », « des militaires congolais et rwandais » qui « tuaient les gens », « des massacres dans la forêt », des « règlements de compte » entre « rouges » et « blancs » : les rebelles et leurs sympathisants portant autour de la tête « des bandeaux blancs » tandis que les derniers fidèles de Mobutu et les réfugiés rwandais avaient, eux, « des bandeaux rouges ».

Tout était flou, indistinct, furtif.

« Au kilomètre 112, c'était le camp des maladies comme au kilomètre 82. Au kilomètre 41, il y a eu des tirs et des morts comme au kilomètre 29. »

Mais qui avait tiré sur qui et combien de morts y avait-il eu ?

« Beaucoup, disait l'un.

— Surtout de la famine et des maladies, précisait aussitôt un autre.

— C'est vraiment au kilomètre 41 qu'il y a eu des morts, ajoutait un troisième. Là, il y en avait trop qui avaient peur de mourir car ils avaient fait du mal au Rwanda. Ils ont été tués par Monsieur Joseph – le fils de Laurent-Désiré Kabila –, qui était devenu général. C'est un Blanc qui était à l'entretien de la route qui a raconté ça, on l'a chassé car il filmait. »

Je connaissais cette histoire. Ce Blanc s'appelait Antoine Declerc. Ancien mercenaire, il était alors associé au patron du *Chalet*, Jean-Marie Bergesio, qui m'avait raconté avoir livré des armes aux réfugiés hutu.

Antoine Declerc avait, à l'époque, affirmé bruyamment que les rebelles lui avaient « emprunté » une pelleteuse pour enterrer les cadavres du « couloir de la mort », ce qui était sans doute vrai. Mais il avait poursuivi en accusant ces mêmes rebelles d'avoir assassiné des dizaines de milliers de réfugiés et de chercher à effacer les traces de leurs crimes.

Que les rebelles aient tué des réfugiés, cela ne faisait aucun doute. C'était une guerre, les réfugiés étaient armés, ils avaient pris parti pour un camp contre un autre. En combattant, ils avaient renoncé au statut de réfugié, ils avaient exposé leurs familles au risque de la vengeance, ils avaient eux-mêmes pris le risque de mourir. Ç'avait été un choix, comme l'avait été dans les camps de Goma la volonté exprimée de «finir le travail» au Rwanda, «finir» le génocide des Tutsi.

Il y eut un moment de silence. Les «notabilités» se concertèrent. Assis en face de leur demi-cercle, je les voyais se murmurer à l'oreille. Les jeunes, extrêmement attentifs, n'hésitaient pas à intervenir.

Je ne sus ce qu'ils se dirent. J'entendis simplement ces mots lancés d'une voix forte un peu chevrotante, par Emmanuel, le président des «notabilités», qui exprimait au nom de sa communauté le jugement des habitants d'Ubundu, station finale du «couloir de la mort»:

«Chez nous, il n'y a pas eu de génocide. Ça a été la vengeance contre cette communauté hutu.»

11

À QUEL MOMENT UNE QUÊTE DEVIENT-ELLE VAINE? Y a-t-il un point de bascule? Un instant décisif? J'étais parti sur les traces d'un deuxième génocide et plus j'avançais, plus celui-ci semblait se dérober sous mes pas pour réapparaître plus loin, toujours plus loin.

Je ne l'avais identifié ni au Rwanda, ni à Goma, ni dans le Kivu, ni à Tingi-Tingi, ni à Kisangani, ni dans le «couloir de la mort». Ce deuxième génocide existait-il vraiment? Ne me faisait-on pas courir sur l'air entraînant du «Devinez s'il est ici/Le furet du bois joli»?

De retour à Kisangani après avoir remonté le «couloir de la mort» par la piste, j'ai repris ma carte du Congo, pleine d'annotations, de dates et de lieux: celles de James Kabarebe, le chef militaire des troupes rwandaises de l'alliance, se mêlaient à mes notes et aux points de repère que j'avais sélectionnés.

«Dès la prise de Kisangani, m'avait expliqué James Kabarebe à Kigali, Laurent-Désiré Kabila a poussé pour que nous allions jusqu'à Kinshasa, ce qui n'était pas prévu. Il ne voulait pas attendre. Je le sentais impatient et suspicieux. Il savait que nos objectifs étaient atteints. Mais Mobutu et les Français avaient été trop loin dans le soutien aux extrémistes, alors nous avons décidé de poursuivre.»

De Kisangani et Gbadolite, le fief de Mobutu en bordure du Centrafrique, partaient en direction du sud-ouest une rafale de flèches balayant le tiers du pays jusqu'à Kinshasa, la capitale du Congo, proche de l'Angola et de l'océan Atlantique. Il n'y avait plus une piste à suivre mais des pistes, un improbable entrelacs de pistes qui couraient en parallèle, se croisaient et sautillaient de fleuves en sous-bois pour, parfois, s'arrêter net.

J'ai hésité.

Les forces de l'alliance rebelle avaient continué à avancer par la forêt, le fleuve et les voies aériennes.

Les réfugiés s'étaient dispersés: des milliers s'étaient enfuis par le fleuve, des milliers d'autres avaient poursuivi à pied, des milliers encore avaient été rapatriés par avion au Rwanda – mais je n'allais pas revenir sur mes pas.

Kinshasa était à mille deux cents kilomètres par avion, mille sept cents kilomètres par le fleuve, deux mille six cents kilomètres par la piste.

J'avais le choix : l'avion, le fleuve ou la piste.

Je suis allé au port. Un bateau s'apprêtait à larguer les amarres. Pour cinquante dollars, je pouvais louer une cabine jusqu'à la ville de Mbandaka, à mi-chemin de Kinshasa. J'ai dit oui, sans réfléchir.

« Départ demain à douze heures », a annoncé Fabien, le chef mécano.

Le bateau s'appelait le *Géra Ier*. J'ai cru comprendre qu'il incarnait le rêve dynastique de son propriétaire, ce qui m'a paru osé. Non que je doute du potentiel des futurs Géra, mais le premier de la lignée, rouillé et souillé, paraissait à bout de souffle. Il disposait néanmoins d'un atout rare : il flottait, une qualité appréciée sur ce fleuve Congo balisé d'épaves et de barges échouées.

C'était un bateau pousseur, à la proue carrée et au faible tirant d'eau. Petit, massif, le *Géra Ier* était enchaîné à trois immenses barges que les manutentionnaires du port chargeaient. Je les voyais émerger des cales tout empoussiérés et courir sur des planches branlantes jetées entre les ponts pour s'emparer d'un nouveau sac de cinquante kilos.

« Y a jamais d'accidents ?

— Si si», a répondu Fabien, occupé à compter les cinquante dollars.

Puis, levant les yeux:

«Le problème, c'est quand y en a qui tombent entre les barges, alors ils sont écrasés. C'est lourd, trop lourd, personne peut rien faire.»

J'ai regardé les barges d'un autre œil. Elles faisaient chacune cinquante mètres de long sur une quinzaine de large, et leur assemblage représentait la surface d'un terrain de football qu'un esprit pervers aurait piégé: des bittes d'amarrage, des écoutilles béantes, des câbles d'acier éclatés et tordus, du métal chauffé à vif, une chaleur de four.

Quand je suis revenu le lendemain, je n'ai reconnu que le pousseur. Les barges étaient métamorphosées. En l'espace d'une nuit, le terrain de football s'était transformé en un village de toile et de plastique occupé par des centaines de passagers: des enfants qui s'amusaient à pisser dans l'eau, des femmes qui avaient installé leurs braseros de cuisine, où elles faisaient frire des boulettes, des hommes allongés ou assis en cercle autour de bières, des marchandes d'allumettes et de sel, des pasteurs la Bible à la main, des policiers et des militaires, des adolescentes en train de se peigner et aussi des chèvres, des poules, des cochons, des étalages de poissons fumés, des régimes de bananes, des réserves de charbon de bois, de la lessive déjà étendue en train de sécher…

Sac au dos, je suis resté quelques secondes béat sur le quai. Au loin, sur la dunette du *Géra Ier*, je voyais le capitaine en pleine négociation avec les autorités portuaires. J'avais une cinquantaine de mètres à parcourir avant d'atteindre le pousseur. L'unique possibilité était de monter sur une barge et de longer les bords, seul espace laissé disponible pour les nécessités de cuisine et de toilette. La voie faisait une cinquantaine de centimètres de large, il n'y avait pas de rambardes, on s'y croisait fréquemment. Il me fallut une bonne demi-heure.

«Ah, t'es là! lança Fabien à mon arrivée. Bon, on a un problème...»

Je n'étais pas vraiment surpris.

«Tu vois là, la cabine, elle est plus disponible. Je savais pas, mais elle était déjà prise hier. C'est pas grave! On a trouvé une solution...»

Et tout en parlant, Fabien m'a mené sur le pont avant, où il s'est arrêté devant une écoutille ouverte.

«Tu verras, c'est bien là! On a aménagé pour toi. Au fond, y a un matelas et une moustiquaire...»

Je suis descendu dans la cale par une échelle métallique. Elle était profonde, étroite – quelques mètres carrés – et pleine de sacs de haricots en partie éventrés. Un matelas – une «mousse», comme disait Fabien – avait été posé dans un recoin sous une moustiquaire tachée accrochée à des poutrelles de fer brûlantes de chaleur.

«C'est bien, hein?» m'a crié Fabien alors que je remontais.

Je n'avais pas vraiment le choix, il le savait.

« Mais t'as pas pris d'eau ? a-t-il enchaîné. C'est pas possible ça, faut en acheter ! Pour la soif et pour pas être malade. Et de la nourriture aussi. Vas-y ! Y en a sur le quai, t'as le temps... »

Et c'est ainsi que je suis parti sur le fleuve : à fond de cale, sous un village de toile, avec dix litres d'eau, un drap, des dosettes de Nescafé, un sachet de sucre, quelques boîtes de sardines et un savon.

Le voyage devait durer quatre jours. Nous avons accosté à Mbandaka au bout de quatorze jours.

En embarquant sur le fleuve, j'avais comme changé de pays. Je n'étais plus dans la forêt, je la côtoyais. Les eaux du Congo faisaient frontière avec un monde désormais inaccessible. Nous le longions, nous le frôlions sans pouvoir le percer. Un rideau d'arbres sans trouée bouchait les rives, ne laissant rien entrevoir.

De loin en loin apparaissaient de petits villages nomades de pêcheurs, de chasseurs et de cueilleurs, qui, sitôt aperçu le *Géra Ier*, couraient charger leurs pirogues de produits de première nécessité : charbon de bois, poisson braisé ou frais, rouleaux de pâte de manioc, régimes de bananes, ragondins grillés, chenilles vivantes, singe braisé, baies... Lancées à l'eau, leurs pirogues n'émergeaient que de quelques centimètres du fleuve. Elles filaient en une course parfois insensée pour arriver en tête.

Elles transportaient aussi des passagers ralliant le bord. On les reconnaissait à leurs habits propres et aux sacs qu'ils tenaient à la main. J'ai vu embarquer de jeunes étudiants de retour de vacances, des familles entières partant s'installer ailleurs, des vieillards marchant difficilement, des hommes d'affaires surgis de la brousse en chaussures de ville, des professeurs au chômage…

À peine sur le pont, ils disparaissaient, avalés par le village de toile qui semblait avoir une capacité d'absorption illimitée.

« On sait combien nous sommes ? ai-je un jour demandé à Fabien.

— Bien sûr !

— Et comment ?

— Tout le monde paye le voyage. Tu vois là, sous la tente, la petite table avec trois hommes, c'est eux qui tiennent le registre. Et ils ont des guetteurs pour s'assurer qu'il n'y a pas de clandestins.

— Les cris que j'ai entendus tout à l'heure, c'était ça : un clandestin ?

— Oui. Ils en avaient repéré un, mais ils n'arrivaient pas à l'attraper. Ils ont fini par l'avoir…

— Et qu'est-ce qu'ils en ont fait ?

— Ils l'ont jeté à l'eau…

— Hein !

— Mais non… Ils l'ont renvoyé sur une pirogue. »

Fabien se marrait.

« Et une fois à terre, dans la brousse, le clandestin fait quoi ?

— Oh, il se débrouille. On se débrouille toujours. Dans une semaine, dans un mois, dans deux mois, il aura bien fait un peu d'argent pour payer le voyage. »

Il n'y avait aucune dureté dans les propos de Fabien. Le bonhomme était plutôt attachant. Il hébergeait dans sa cabine une jeune femme qu'il présentait comme sa « nièce » pour ne pas dire sa maîtresse, mais il lui était « fidèle », ajoutait-il. Lorsqu'une difficulté éclatait – un mauvais payeur, un vol, une querelle –, c'était à lui qu'on faisait appel pour arbitrer.

« Tu fais la justice ?

— Bah, je débrouille les choses... Ta première nuit, ça a été ? »

J'ai menti, par bravade. J'avais rejoint ma cale bien après la tombée de la nuit, reculant l'épreuve au plus tard. En descendant l'échelle, j'avais eu le sentiment de plonger dans une oubliette. En bas, je m'étais cogné aux sacs de haricots et aux poutrelles de fer. Allongé, j'avais été comme dans un caisson de privation sensorielle.

J'étais remonté une première fois fumer une cigarette sous les étoiles, et une deuxième, et une troisième. Lorsque j'avais fini par m'endormir, une boule de poils puante m'avait cogné la tête : un gros rat. Toute la nuit, j'avais guetté leurs petits cris, dormant d'un œil.

À la pointe du jour, je m'étais levé en posant par mégarde le pied dans une petite flaque d'urine de rat. Émergeant sur le pont, je n'avais pu me laver, faute d'un seau et d'une corde pour puiser l'eau du fleuve. J'avais attendu, observant les corps endormis, enchevêtrés les uns contre les autres, sans plus aucun espace libre.

J'étais sur un radeau, une arche de Noé à moteur qui dérivait en un lieu que je ne pouvais situer. Un voile de brume couvrait le fleuve, j'étais sale, j'avais froid. Il n'y avait pas un nuage. Les formes et les couleurs, floues dans l'aube, avaient doucement repris consistance. Une femme s'était levée pour allumer son brasero. Je m'étais approché, en enjambant précautionneusement les corps endormis. Les braises m'avaient réchauffé.

La femme faisait bouillir de l'huile dans laquelle elle jetait de petites boulettes d'une pâte qu'elle venait de pétrir. Je lui avais acheté deux beignets sucrés. Elle avait accepté de me chauffer de l'eau, je m'étais fait un Nescafé. Le pont s'était mis à frémir. Des bébés se réveillaient, des perroquets criaient, des hommes se frottaient les yeux.

Ç'avait été ma première nuit.

« Non, pas de problème, Fabien… »

De fait, je voyageais en première classe.

Mobutu, le roi du Congo, aimait embarquer sur le fleuve, la voie d'évasion, celle de tous les possibles. Né à Lisala, une petite bourgade endormie juchée sur une hauteur surplombant les eaux du Congo, il était un enfant de ses rives. Ses études, il les avait poursuivies à deux cents kilomètres en aval, dans la ville de Mbandaka. De là, toujours par le fleuve, il s'était échappé jusqu'à Kinshasa.

Son bateau présidentiel, un ancien courrier colonial réhabilité, s'appelait le *Kamanyola*, du nom d'une bataille emportée en 1964 contre les rebelles de l'Est. La rumeur le disait équipé de robinets en or. Elle était fausse, pas infondée.

Long de quatre-vingt-dix mètres, large de douze, doté de quatre ponts, de deux moteurs de mille deux cent cinquante chevaux chacun, d'une plateforme pour hélicoptère, de radars, de satellites cryptés, d'un appartement privé de cent mètres carrés, de deux suites VIP, d'une salle de banquet pour une centaine de convives, d'un salon de coiffure, de soixante cabines et de dortoirs pour la troupe, dont des «plongeurs autonomes», le *Kamanyola* en imposait.

Juan Carlos, le roi Baudouin, George Bush père, François Mitterrand, Nicolae Ceauşescu : tous avaient eu, un jour, les honneurs de cette présidence flottante qui fendait les eaux du «fleuve majestueux» – le refrain de l'hymne national – à des pointes de plus de trente kilomètres-heure.

Dans ses dernières années, le *Kamanyola* était devenu un refuge. Loin de la capitale contestatrice et de ses partisans attablés dans son fief de Gbadolite, Mobutu passait l'essentiel de son temps sur son navire amiral. «Le grand timonier» disait s'y ressourcer en parlant «avec l'eau».

Il n'était pas rare que des marabouts et des sorciers, transportés par hélicoptère, y débarquent pour des consultations privées. Aux escales, les villageois se disputaient les « cadeaux » – casiers de bière et médicaments – sortis du ventre du *Kamanyola* par les « huissiers-audienciers » de la présidence. Toque de léopard et canne à la main, Mobutu apparaissait alors sur la passerelle, d'où il jetait par brassées des liasses de billets à son effigie. Père nourricier, roi du faux-semblant, il se rassurait à bon compte, piégé par la fiction qu'il avait créée et ne cessait d'entretenir.

La chute de Kisangani marqua la sienne. Coupé du fleuve, malade, Mobutu ne fut plus que l'ombre de lui-même.

Le convoi mené par le *Géra Ier* avançait pesamment dans les eaux naguère fréquentées par le *Kamanyola*. Dans un moment d'ennui, Papa Rex, le chef d'équipage, m'expliqua que le pousseur avait adopté une formation « en marteau ». Nous étions tous deux accoudés au bastingage à regarder d'un œil morne les rives défiler comme dans un film au ralenti très ralenti.

« C'est quoi la formation en marteau ? lui ai-je demandé ensommeillé.

— On pousse trois barges, chacune de cinq cents tonnes. Et ces trois barges, on peut les arrimer à la queue leu leu ou de front. À la queue leu leu, c'est la formation en flèche, pour remonter le fleuve. De front, c'est la formation en marteau, pour le descendre. En flèche, tu offres moins de prise au

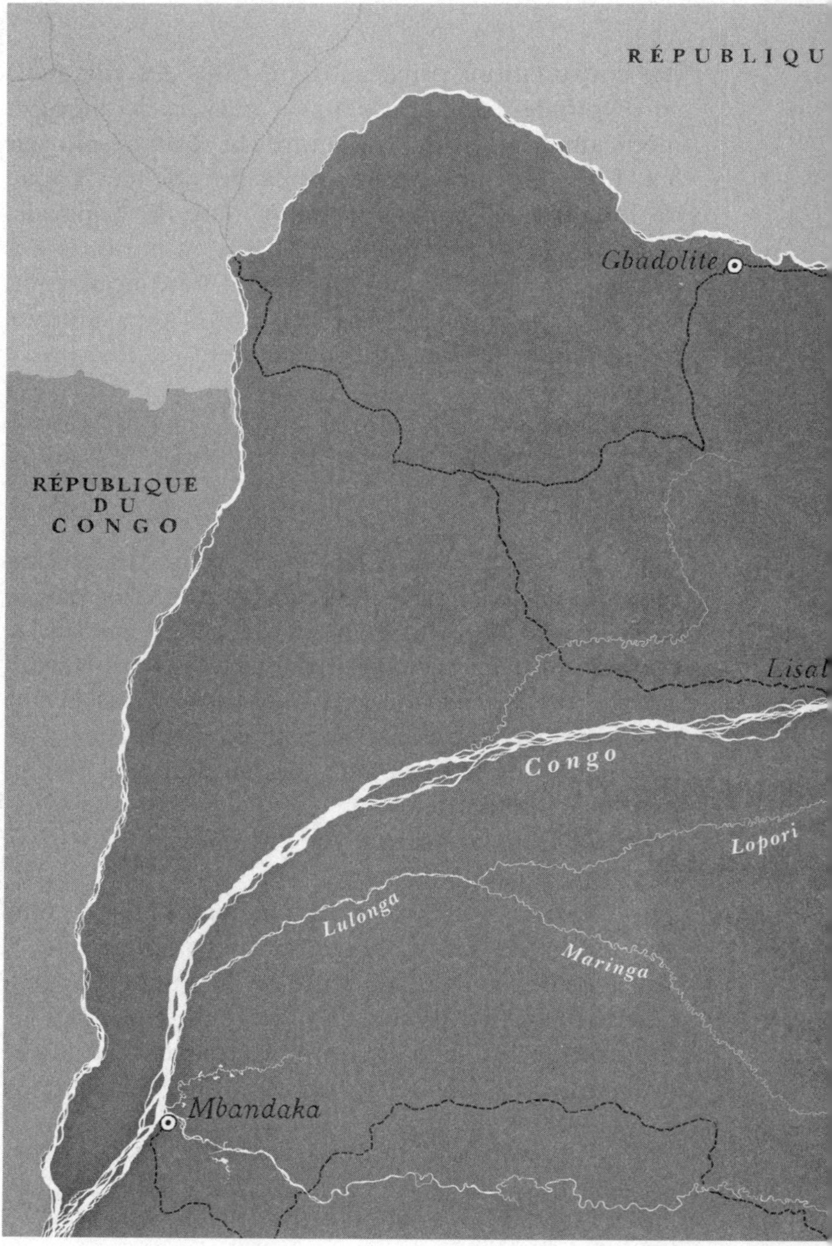
RÉPUBLIQU
Gbadolite
RÉPUBLIQUE
DU
CONGO
Lisal
Congo
Lopori
Lulonga
Maringa
Mbandaka

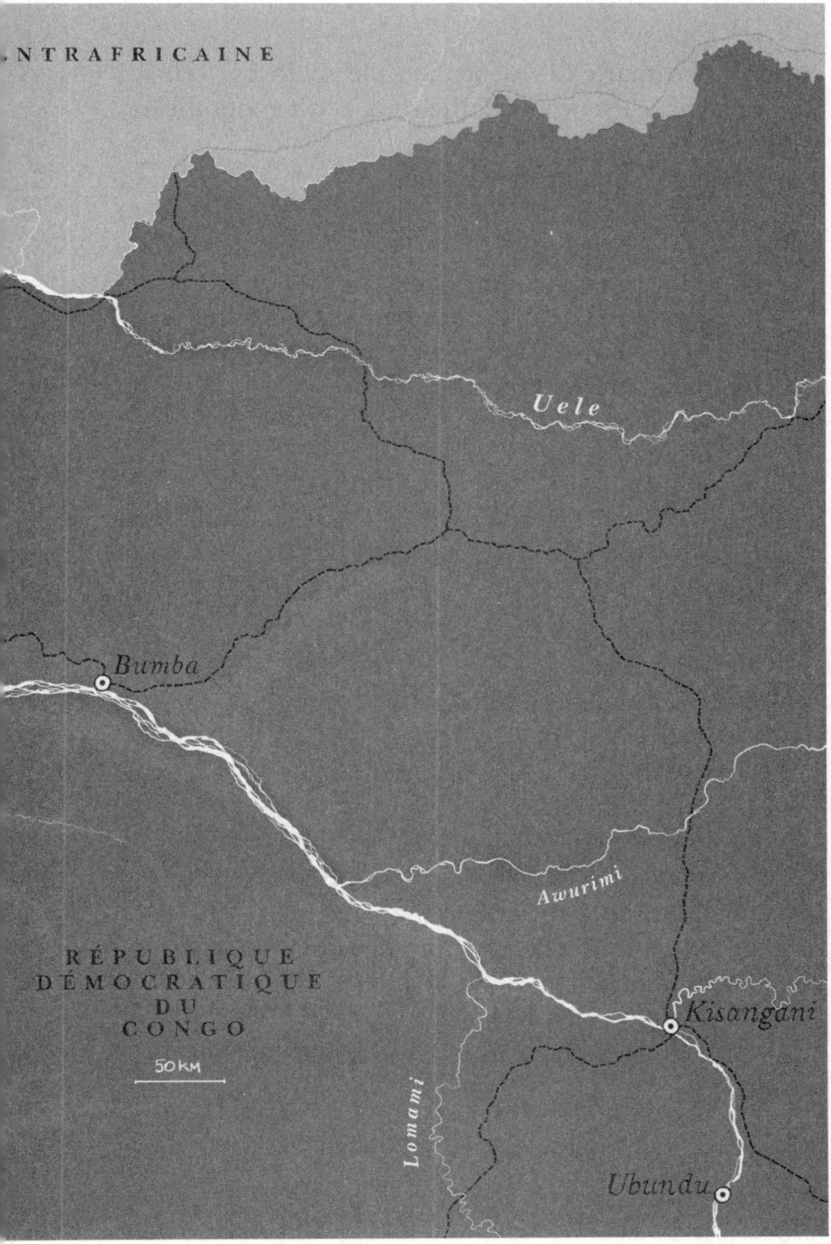
NTRAFRICAINE
Uele
Bumba
Awurimi
RÉPUBLIQUE DÉMOCRATIQUE DU CONGO
50 KM
Kisangani
Lomami
Ubundu

courant; en marteau, tu profites de sa force. Dans les deux cas, c'est moins dangereux et on économise l'essence.

— Il faut beaucoup d'essence?

— Trente-cinq mille litres pour une montée, dix mille pour une descente.

— Waouh, ça doit coûter cher!

— C'est pour ça qu'il y a des bateaux qui tombent en panne d'essence. L'armateur envoie pas l'argent, le capitaine s'arrête au bord du fleuve.

— Et qu'est-ce qu'il fait?

— Il attend.

— Il attend quoi?

— L'argent!

— Et si l'armateur envoie rien?

— Il attend.

— Et les passagers?

— Ils attendent.

— Notre capitaine, il a l'argent?

— Normalement, oui.

— T'es sûr?

— ...»

Nous sommes restés silencieux quelques minutes, les yeux vissés sur la rive. Papa Rex caressait d'une main distraite un petit chimpanzé accroché au bastingage par une ficelle qui lui ceinturait le ventre. J'étais songeur.

«Ça coûte cher une barge?

— Cent mille dollars, mais c'est rentabilisé en un voyage.

— Et un voyage, ça coûte quoi?

— Cent cinquante mille dollars, dont cinquante mille pour l'équipage.

— Vous êtes des rois!

— Oui, quand y a pas d'accident...

— Y en a souvent?

— De moins en moins, parce qu'il y a de moins en moins de voyages. Le *Géra*, là, c'est son troisième voyage de l'année. Et nous ne sommes plus qu'une quinzaine de pousseurs à être encore en état.

— Et les autres?

— Échoués, coulés, ensablés, cassés.»

J'ai sursauté.

«Pourquoi?

— C'est dangereux la navigation. Y a plus de dragage et y a plus de signaux. Des hauts-fonds apparaissent, disparaissent. Le fleuve bouge tout le temps.

— Comme un serpent?

— Oui, c'est ça, mais un serpent si grand que personne peut le connaître!

— Et si on coule?

— Y a une pirogue de secours, avec un moteur.»

J'ai cru que Papa Rex blaguait.

«Tu me fais marcher?

— Mais non, elle est là. Regarde!»

Il me montrait du doigt une pirogue de dix places, amarrée sur le côté arrière. Trois hommes, dos tourné au *Géra Ier*, y pissaient dans le fleuve, deux autres en slip se savonnaient. Elle avait bel et bien un petit moteur hors-bord.

« Tu vois, nous, on est équipés !

— Je croyais que c'étaient les toilettes...

— C'est *aussi* des toilettes ! » s'est renfrogné Papa Rex, en insistant sur le « aussi ».

Les toilettes n'étaient pas une mince affaire. Il y en avait trois – sans compter la pirogue de secours – pour près de cinq cents passagers. Les femmes s'étaient réservé l'unique cabine installée sur les barges, les hommes disposaient de deux cabines sur le pousseur. Ces cabines avaient une fonction mixte : elles faisaient office de douches-toilettes. On s'y rendait avec un seau d'eau du fleuve, une serviette, un savon et, pour les plus chanceux, du papier toilette.

Au plus chaud de la journée comme au plus profond de la nuit, il y avait toujours une longue file d'attente. Après dix minutes, des coups résonnaient sur l'étroit hublot fêlé. C'était le moment de rincer les lieux avec l'eau restée au fond du seau. De l'extérieur, on entendait des « splash » et des « han ». En y entrant, après s'être faufilé au milieu des chèvres et des cochons sauvages parqués dans un enclos improvisé sur le pont arrière, il fallait prendre de solides appuis pour ne pas s'étaler par terre.

Les premiers jours, le *Géra Ier* multiplia les arrêts pour charger des planches, débarquer un triporteur, embarquer des sacs de maïs, acheter du charbon de bois, se ravitailler en essence... Vu du fleuve, rien ne signalait ces points de ravitaillement : ni ports, ni villages, ni pistes, un sentier au mieux.

Après quelques instants immobiles, le feuillage s'agitait et des dizaines d'hommes sortaient de la forêt. Certains embarquaient, d'autres chargeaient et déchargeaient. « Ce sont des ports clandestins », m'expliqua un passager. Le plus curieux était la présence en ces « ports clandestins » d'agents de l'administration réclamant leur dîme. « Ils mangent moins ici », me dit le passager.

Ces arrêts nécessitaient une immobilisation minimale d'une demi-journée, retardant d'autant l'arrivée. Les passagers commencèrent à s'impatienter. Il y eut des réunions, des discussions, des comités, des promesses. Le capitaine s'engagea, cela ne lui coûtait rien : il était seul maître.

À bord, chacun disposait d'un espace vital de l'ordre d'un mètre carré, du moins au début puisque la population embarquée s'accroissait à chaque arrêt. Après quelques jours, il devint très difficile de faire quelques pas. Personne ne se plaignit.

Les familles géraient leur espace avec une impressionnante maestria, leurs quelques mètres carrés se transformant tour à tour en chambre à coucher, en cuisine, en salle à manger, en salle de bains pour les enfants, en salon de discussion pour passer les heures. Les marchandes réduisaient sans fin leur surface d'étalage, gardant toutefois le même nombre de produits – à vrai dire très réduit. Les isolés, eux, trouvaient toujours un coin où se lover pour la nuit : contre une roue de moto, sous le pot d'échappement d'une voiture, entre deux sacs de charbon, sur une pile de fûts d'essence, sur le toit des cabines, dans l'enclos des chèvres...

Avant même que le jour ne se lève, les prêcheurs se mettaient à l'œuvre. Vers cinq heures du matin, ils prenaient position sur les hauteurs de la cargaison et se livraient à une concurrence féroce. Leurs appels stridents résonnaient de la poupe à la proue. Certains disposaient de mégaphones crachotants, d'autres de chanteurs et de danseurs improvisés. Le bateau s'éveillait sous les « alléluia » et les « amen ».

Les journées se ressemblaient. Il y eut des tempêtes, des éclairs, des pluies et des orages. Au huitième jour, alors que nous venions de dépasser la ville de Lisala, la malaria s'invita sur le *Géra Ier*, pris de tremblements. C'est dans cette atmosphère fiévreuse que j'appris la mort de Pierre Péan[1], décédé à Argenteuil, en France.

Je n'avais jamais rencontré Pierre Péan, jamais voulu. Nous croisant par hasard un jour gare de Lyon, nous avions chacun prudemment gardé nos distances, poings serrés dans les poches. Il était d'un camp, j'étais d'un autre, aucune conciliation

1. Dans un communiqué publié sur le site officiel de l'Élysée, au lendemain du décès de Pierre Péan, le 25 juillet 2019, la présidence de la République a rendu hommage à « cet amoureux de Tintin », « libre et indépendant » qui avait « aussi », était-il curieusement précisé, « le respect du secret défense ».

n'était envisageable : le Rwanda nous opposait, irrémédiablement.

Il était à mes yeux le porte-voix des négationnistes du génocide des Tutsi ; j'étais aux siens une âme faible séduite par la « culture du mensonge[2] » d'un « lobby » tutsi mené par un « führer » du nom de Paul Kagame.

Il n'avait jamais mis les pieds au Rwanda ; j'avais été témoin du génocide en 1994.

Il n'avait jamais mené d'enquête de terrain au Congo, théâtre d'un supposé « deuxième génocide » qu'il ne cessait de dénoncer ; j'étais sur le *Géra Ier*.

Pierre Péan et sa famille intellectuelle m'avaient en quelque sorte missionné. Si j'étais sur le fleuve, c'était à cause d'eux : François Mitterrand, Hubert Védrine, l'amiral Lanxade, le général Quesnot, le juge Bruguière, les officiers réunis dans l'association France-Turquoise, les extrémistes hutu réfugiés en France, et ces dizaines d'autres figures acharnées à réécrire l'histoire d'un génocide afin d'esquiver d'éventuelles responsabilités, directes ou indirectes.

Le point d'entrée de Pierre Péan dans cette histoire rwandaise fut, raconta-t-il, une confidence de François Mitterrand recueillie en 1994 alors qu'il travaillait à un livre sur le passé pétainiste du chef de

2. Ces citations sont tirées de *Noires fureurs, blancs menteurs*, de Pierre Péan, Mille et une Nuits, 2005.

l'État: «Savez-vous que les Tutsi massacrent aussi?» lui glissa le maître de l'Élysée.

Le propos n'engageait guère. «Massacrer» est un verbe plastique, ambigu et indéterminé. Combien de morts pour un massacre: deux? Cinq? Dix? Cent? Cinq cents? Mille?... À en croire Pierre Péan, cette vague confidence présidentielle suffit à le lancer sur la piste des «tueurs tutsi[3]».

C'était étrange. Peu avant d'apprendre sa mort, je venais d'avoir sur le *Géra Ier* une discussion avec un étudiant qui m'avait longuement parlé des «massacres au Congo».

«Ça a été un génocide, avait-il conclu.

— Sais-tu combien il faut de grains de sable pour faire un tas?» lui avais-je demandé.

Le jeune homme avait fait les gros yeux, ne voyant pas le lien. Puis, il s'était lancé:

«Dix grains de sable?» avait-il tenté.

J'avais hoché la tête.

«Cinquante grains de sable? avait-il repris.

— Et pourquoi pas deux? l'avais-je interrogé.

— ...

— Et pourquoi pas cent?

— ...

3. L'expression «tueurs tutsi» est issue du titre d'un ouvrage rédigé par Charles Onana, qui se pose en héritier de Pierre Péan: *Ces tueurs tutsi. Au cœur de la tragédie congolaise*, Duboiris, 2009.

— Et pour un génocide, tu dirais qu'il faut combien de tas de sable ? »

L'étudiant m'avait fixé, saisi. Il avait ôté ses lunettes de soleil pour les frotter sur son short et, lentement, un rire contrarié lui était monté du fond de la gorge :

« Ah toi, tu m'as bien eu ! »

Un génocide n'était ni un massacre, ni des massacres, voire même des tas de massacres. Cela, c'était la guerre, des crimes de guerre. Condamné en première instance à perpétuité pour le génocide commis au Rwanda, Théoneste Bagosora, le « colonel de l'apocalypse », le savait bien qui, lors de son procès, avait tenté de minimiser sa responsabilité en parlant de « massacres excessifs ».

Le crime de génocide ne relevait pas de ce registre. Il se caractérisait par une intention sciemment mise en œuvre : tous les exterminer, tous les rayer de la surface de la Terre afin de réaliser une éradication totale, définitive, jusqu'à la mémoire même ; raison pour laquelle le monde l'avait déclaré juridiquement imprescriptible.

Pierre Péan fut le scribe de cette négation. Il joua d'abord sur les chiffres, s'appuyant sur de pseudo-rapports et des rumeurs jamais confirmées pour tenter d'inverser la perception du crime commis au Rwanda. Puis il affirma que l'attentat contre l'avion du président Juvénal Habyarimana, acte déclencheur du génocide, avait été réalisé par Paul Kagame. Thèse qu'il résuma d'une phrase sidérante : « Kagame a planifié l'attentat, donc planifié aussi sa conséquence directe : le génocide des Tutsi mené en représailles[4]. »

Cette théorie de l'autogénocide proclamée, Pierre Péan reçut le renfort du juge Jean-Louis Bruguière, qui, des années durant, s'efforça de l'accréditer au prix d'une instruction manipulatoire. Ce saccage judiciaire se termina sur un pitoyable non-lieu[5].

Le dernier pas fut franchi avec la guerre au Congo, lorsque Pierre Péan clama que Paul Kagame avait commis là un deuxième génocide sur les réfugiés, voire un troisième sur les Congolais. C'était bien la preuve, la preuve finale, la preuve ultime.

Responsable de trois génocides – contre les Tutsi, contre les Hutu, contre les Congolais –, Paul Kagame ne s'en prenait à la France que pour faire oublier ses crimes « sanguinaires ». J'appartenais à une « cinquième colonne » de « blancs menteurs », complice d'une « grave et monstrueuse manipulation ». C'était un complot.

Les thèses de Pierre Péan furent compilées dans deux ouvrages[6] salués en ces termes par Hubert Védrine : « Il fallait quelqu'un comme Péan, qui est farouchement indépendant, qui n'a peur de

4. *Noires fureurs, blancs menteurs, op. cit.*

5. La décision a été rendue le 3 juillet 2020 par la cour d'appel de Paris, qui décida de clôturer les vingt-deux années d'instruction du juge Bruguière.

6. *Noires fureurs et blancs menteurs, op. cit.*, et *Carnages. Les guerres secrètes des grandes puissances en Afrique*, Fayard, 2010.

personne, pour rétablir faits et vérités[7].» Chaque fois qu'il en a l'occasion, l'ancien secrétaire général de l'Élysée promeut le cercle restreint mais bruyant des négationnistes.

La malaria fit des ravages sur le *Géra Ier*.

«Tu as des médicaments? me demanda un jour Odette, qui voyageait avec son mari Jean-Luc et leurs cinq enfants.

— Vous êtes malades?

— Non, pas nous. Mais la famille là-bas, ça va vraiment pas bien…»

J'avais des médicaments, le stock a vite été épuisé. De jour en jour, les réserves individuelles d'eau potable et de nourriture se raréfiaient. Les jeunes élégantes qui, au début du voyage, se lavaient les cheveux et se brossaient les dents à l'eau minérale, étaient passées à l'eau du fleuve. Les haricots, le riz et le manioc devenaient difficiles à trouver.

Irrigué par ses affluents, le fleuve grossissait. De plus en plus boueux, de plus en plus sombre. Pointillé blanc sur une immensité liquide, le *Géra Ier* dérivait au milieu d'îles et de lacs grands comme des mers. Les éclairs des orages tropicaux zébraient le ciel chaque nuit. Des coups de tonnerre résonnaient. Le moteur grondait. Nous étions de plus en plus apathiques, comme ingurgités par le serpent.

7. Hubert Védrine dans *Le Journal du mardi*, n° 245, 6 décembre 2005, p. 12-14.

Au onzième jour, je crois, il fut décidé d'évacuer les ordures accumulées entre les barges. L'opération, rendue indispensable par l'état de faiblesse des passagers, gagnés par les miasmes, requérait une attention extrême : il ne fallait pas que le convoi se disloque. Elle prit des heures.

Il fallait d'abord amarrer le *Géra Ier* à un bout de rive. Puis amarrer chacune des trois barges à un gros arbre. Et alors relâcher lentement les aussières qui maintenaient l'ensemble rigide. Sous l'effet du courant, les barges s'écartèrent.

Une puissante odeur, mêlant pourriture, excréments et jacinthes décomposées, gagna les ponts. Armé de perches, l'équipage repoussa les blocs compacts dans le lit du fleuve. À cent mètres, leur infecte odeur pesait encore. Je ne crois pas que nous les avions dépassés à notre arrivée à Mbandaka.

MBANDAKA,
LA VILLE-FRONTIÈRE SUR L'ÉQUATEUR

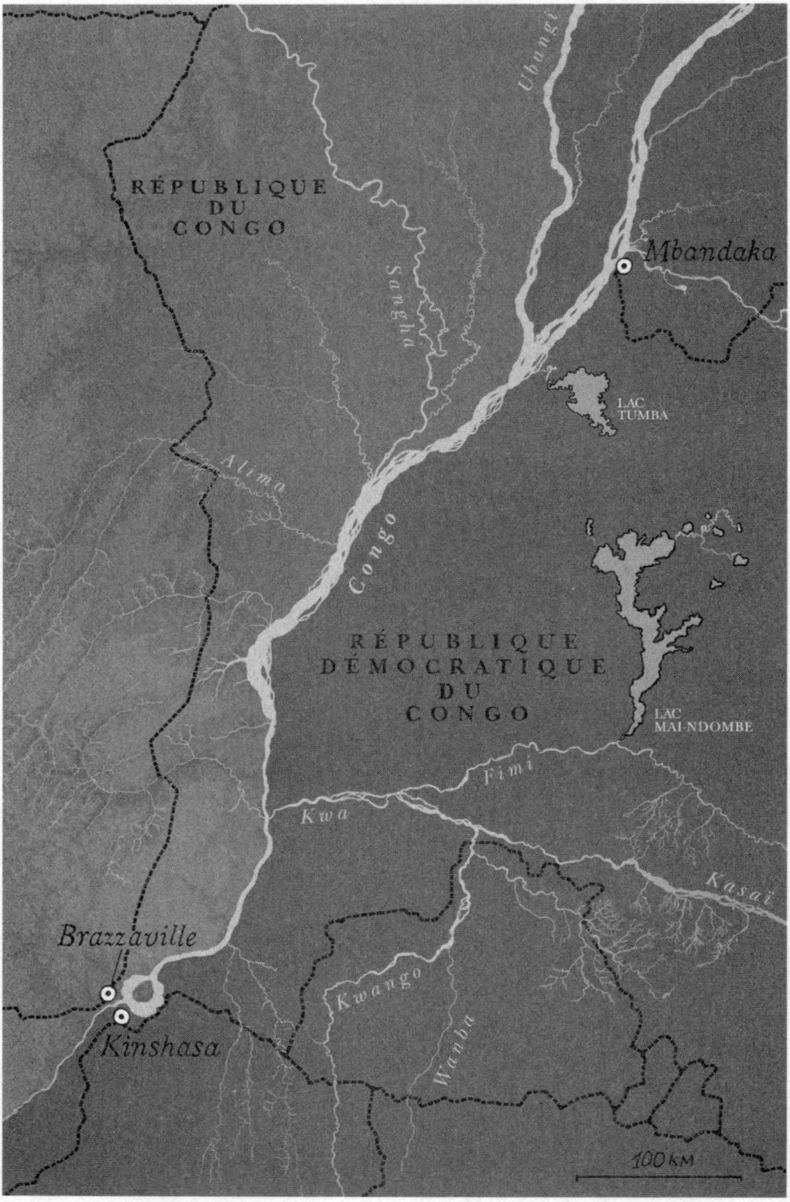

12

J'AI QUITTÉ LE *GÉRA Ier* EN FLAGEOLANT.

À l'arrivée des réfugiés et des rebelles à Mbandaka, la capitale congolaise tremblait.

De retour à Kinshasa, Mobutu vivait en reclus dans sa résidence du camp Tshatshi. Sa cour s'était réduite au premier cercle : son noyau dur familial, son âme damnée Honoré Ngbanda, surnommé « Terminator », et quelques conseillers. La déroute de Kisangani avait placé les Français hors-jeu. Les États-Unis le poussaient à la reddition ; sinon « votre cadavre sera traîné dans les rues [...] et nous n'y pourrons rien », l'avait averti un émissaire.

Terré dans sa tanière, le léopard était acculé.

« À Kinshasa, c'était vraiment compliqué. On voyait le pouvoir glisser des mains de Mobutu. L'ambiance était crépusculaire, tout partait à vau-l'eau », m'avait raconté des semaines plus tôt Ildephonse, l'homme qui avait suivi à la trace les incroyables tribulations de la dépouille présidentielle de Juvénal Habyarimana, « martyr » de la cause hutu.

Je ne sais comment mais, tout juste débarqué à Mbandaka, peinant encore à faire quelques pas, je me suis retrouvé coincé dans un étroit bureau aux cloisons bardées de citations religieuses manuscrites.

« Ah, vous voilà ! » s'est exclamé un officier qui disait s'appeler « Maradona ».

Petit et bedonnant, Maradona manifestait tous les signes d'une agitation extrême. Gesticulant sans cesse, il n'interrompait son flot que pour poser des questions lunaires. Sans attendre de réponses, il sortait d'un vieux classeur des photos ternies : « C'est mon papa, un pasteur américain venu d'Alabama, et là, c'est ma maman. » S'interrompait. Demandait en anglais si j'étais bien français. Ressortait une photo : « J'ai grandi là. » Parlait d'un ami chinois : « Tu le connais ? » S'extasiait après une blague incompréhensible. Engueulait un homme qui lui tendait des papiers.

Après une heure étourdissante, Maradona fit un signe désabusé de la main : « Va-t'en ! » lança-t-il. Il venait de décider que je n'étais pas un espion, ou que je n'étais pas taxable, c'est selon.

J'ai atterri au *Karibou*, un petit hôtel encore en construction, à cinq cents mètres du port, sur les bords du fleuve. Il n'y avait pas d'eau, juste des seaux, pas de sommiers, juste des matelas, pas de fenêtres, juste des cadres vides, pas d'électricité, juste un générateur. C'était royal.

Le pasteur Louis Bonanga m'a dressé le portrait de la ville. Né en 1953, il y vivait depuis 1968, excepté six années passées en Allemagne.

«Nous sommes sur l'Équateur, juste sur le parallèle. Mbandaka est une cité de sept cent mille habitants, mal entretenue, pauvre et isolée. Nous avions des plantations de café et d'hévéas, elles ont fermé. Les étrangers sont partis, sauf les Indiens et les Chinois. Kinshasa est à sept cents kilomètres, Kisangani à mille par le fleuve. Heureusement, nous avons l'université : droit, pédagogie et médecine. Les étudiants sont nombreux, les études coûtent moins cher qu'à Kinshasa.»

Se souvenait-il de la guerre ?

«Oh oui, un jour nous nous sommes réveillés et on nous a dit que les Rwandais étaient arrivés en masse, les réfugiés. Et après, les rebelles sont arrivés avec d'autres Rwandais. Il y a eu une centaine de morts sur le port, en ville, le long des routes.»

Le pasteur parlait d'une voix douce, ses mains fines bougeaient à peine.

«Qu'avez-vous fait ?

— On a caché les réfugiés. Les militaires de Mobutu avaient tout pillé, ils étaient partis. Nous étions seuls, sans direction. Vous savez: ici, si on attrape un voleur, on le brûle. Alors, imaginez!»

J'essayais d'imaginer le désordre, la confusion, la perte de tout repère, l'écroulement d'un monde...

«Vous saviez que les réfugiés allaient arriver?

— On s'en doutait, mais on savait pas quand. On entendait des bruits, des rumeurs. C'est comme ça que j'ai appris la mort de mon papa.

— Que lui est-il arrivé?

— Il vivait à mille kilomètres d'ici, au village. Des réfugiés étaient arrivés. Mon papa a donné une chèvre à un premier groupe. Un deuxième groupe est arrivé. Papa leur a dit qu'il n'avait plus rien. Ils lui ont volé son dernier mouton, et ils ont tué papa.»

J'ai marqué un temps...

Le pasteur m'a fixé:

«C'était il y a longtemps, c'était comme ça...

— Qu'est-il arrivé aux réfugiés qui s'étaient cachés? ai-je repris.

— Beaucoup ont pu traverser le fleuve et s'enfuir au Congo-Brazzaville. Beaucoup ont été rapatriés au Rwanda en camion et en avion. Et beaucoup sont restés en se cachant.

— Même aujourd'hui?

— Oui, toujours. Il y a des Hutu en ville et dans la brousse, des petits commerçants, des cultivateurs qui se sont assimilés et installés avec les Congolais.

— Et ça se passe comment?

— Oh, ils sont discrets. Et ils savent qu'on a gardé le mauvais souvenir. À chaque fois qu'on entend des nouvelles de l'Est, on se dit: "Ah, voilà ces gens qui n'ont pas pitié des autres!" »

À mon retour à l'hôtel, un homme installé à l'ombre derrière une table bancale, chapeau de brousse sur la tête, m'a hélé à grands signes:

« Hé! le Blanc, tu viens boire une bière? »

Sûr de lui, la cinquantaine, bourgeois, il portait d'élégantes bottines de marche en cuir, une chemise à carreaux et un pantalon de toile multipoche. J'ai eu l'impression qu'il venait de faire une razzia au Vieux Campeur, je ne me trompais pas: il était Congolais de Paris, « du XVIe », précisa-t-il.

Ancien mobutiste, il se présenta comme « forestier » et m'expliqua être en train d'attendre une cargaison de bois précieux qui devait arriver par flottage sur le fleuve. À Mbandaka depuis un mois, il pensait y rester encore quinze jours. Il venait tous les ans, et les taxes, déplorait-il, ne cessaient d'augmenter.

C'est alors qu'il se leva pour accueillir un nouveau venu:

« Eh! mon ami », lança-t-il avec force effusion à une silhouette un peu ronde qui s'approchait à pas déhanchés.

C'était Maradona.

J'ai laissé les deux hommes négocier le prix de leur amitié sur le dos de ces taxes qui ne cessaient d'augmenter.

À la nuit, j'ai repris les récits des trois réfugiés : Maurice Niwese, Philippe Mpayimana et Marie Béatrice Umutesi. Dans les dernières pages de leurs témoignages, ils racontaient tous le septième cercle de l'enfer. Encore pire que le génocide au Rwanda, pire que Goma, pire que Walikale, pire que Tingi-Tingi, pire que le « couloir de la mort ». Était-ce seulement possible ?

La fuite de l'étudiant Maurice Niwese s'était interrompue à Kisangani, d'où il avait été rapatrié au Rwanda. Arrêté à son retour au pays, persuadé de figurer sur « des listes noires de personnes à abattre[1] », il redoute à chaque instant qu'on ne veuille le « faire disparaître dans l'anonymat[2] ». Va-t-il finir « au four crématoire[3] ? » s'interroge-t-il dans un cachot qu'il partage avec « des innocents et d'autres [...] responsables de crimes inouïs[4] ». Finalement libéré, il rejoint sa colline natale comme on marche à la mort. L'enfer, proclame-t-il dans les derniers mots de son témoignage rédigé en Europe, ce n'était pas « l'insécurité[5] » des forêts du Congo, mais le Rwanda d'après le génocide.

Philippe Mpayimana, le journaliste, atteint Mbandaka au début de mai 1997. Il est surpris : « Les

1. *Le Peuple rwandais un pied dans la tombe*, *op. cit.*, p. 199.
2. *Ibid.*, p. 184.
3. *Ibid.*, p. 187.
4. *Ibid.*, p. 189.
5. *Ibid.*, p. 201.

cartes consultées à l'Est nous avaient donné une vision fausse du fleuve et du pays, avec la petite ligne bleue qu'on croyait simple frontière fluviale. C'était plutôt un vrai océan! Un fleuve-océan qui cadençait lentement et courait malignement en baignant de nombreux îlots. Océan qui décourageait les piroguiers[6]. » Il parvient néanmoins à embarquer de nuit et est déposé « à quatre heures du matin[7] » sur une plage du Congo-Brazzaville. De là lui parviennent des rumeurs apocalyptiques sur le sort des réfugiés à Mbandaka. Comme halluciné, il parle à sa « muse[8] », évoque dans un poème « l'Atlantique qui gonfle de la marée rouge du sang hutu[9] », et clôt son témoignage sur un vers de son cru : « Point de rancœur, nous crions justice[10]. »

Le récit de Marie Béatrice Umutesi est le plus détaillé. La jeune femme traverse la forêt de Kisangani à Mbandaka avec « quelques éléments » de l'ancienne armée d'Habyarimana qui permettent, écrit-elle, de « maintenir un semblant d'ordre[11] ». Les rebelles sont sur leurs talons : « Les gens [...] les voyaient partout. Ils les voyaient dans les buissons entraînés par les courants, dans les pirogues qui passaient[12]. » La paranoïa

6. *Réfugiés rwandais entre marteau et enclume, op. cit.*, p. 113.
7. *Ibid.*, p. 119.
8. *Ibid.*, p. 123.
9. *Ibid.*, p. 126.
10. *Ibid.*, p. 130.
11. *Fuir ou mourir au Zaïre, op. cit.*, p. 221.
12. *Ibid.*, p. 232.

gagne : « Les rumeurs entretenues par les villageois sur la chasse des réfugiés [...] nous faisaient vivre dans une peur perpétuelle[13]. » Elle s'installe dans un village en forêt. Une mission du Haut-Commissariat aux réfugiés passe. Les délégués lui proposent un rapatriement au Rwanda, où elle ne risque rien, lui disent-ils. Elle refuse : « J'avais envie de leur demander si j'avais fait deux mille kilomètres à pied par plaisir ou par simple envie de visiter le Congo[14]. » Restée dans la forêt, elle finit par « en avoir assez [...] des intrigues, des humiliations quotidiennes, des avances de jeunes garçons qui auraient pu être mes fils... c'était trop[15]. » Elle part pour Mbandaka, qu'elle atteint des mois après la chute de la ville. Et rapporte l'horreur à laquelle elle aurait échappé : « Les rebelles prenaient, nous dit-on, des bébés par les pieds et leur fracassaient le crâne sur le mur des maisons ou leur logeaient une balle dans la tête[16]. » C'est seulement « arrivée en Belgique que je ne devais plus avoir peur[17] », termine-t-elle.

Dans ma chambre du *Karibou*, j'eus le sentiment d'une surenchère absolue. Comme si ces « rescapés » – ils se présentaient ainsi – devaient à tout prix convaincre qu'ils étaient, finalement, les seuls, les

13. *Ibid.*, p. 248.
14. *Ibid.*, p. 250.
15. *Ibid.*, p. 275.
16. *Ibid.*, p. 288.
17. *Ibid.*, p. 293.

vrais, les uniques victimes d'une inexorable mécanique génocidaire que les extrémistes hutu auraient mis en marche, à leurs corps défendant, trois ans plus tôt au Rwanda.

Au petit matin, j'ai recroisé le «forestier»:

«Hé! le Blanc, tu bois un café?»

Je lui ai fait signe que j'étais pressé. On m'avait parlé d'un professeur à l'université, auteur d'une monographie, *Mbandaka hier et aujourd'hui. Éléments d'historiographie locale*, publiée dans le numéro 10 de la revue *Æquatoria*[18]. Je voulais le retrouver.

Pour aller à l'université de Mbandaka, il fallait traverser le marché central, remonter l'avenue de la Libération puis, à mi-chemin, prendre l'avenue de la Révolution. Une longue allée ombragée menait au campus de la fac de sciences sociales. Un appariteur m'a conduit sans un mot chez le doyen, en pleine réunion avec ses professeurs. Très à l'aise, nullement surpris, le doyen s'est lancé dans un discours improvisé.

Il était «très honoré» de me recevoir dans sa «belle» université en compagnie du «corps professoral». Que pouvait-il faire?... Ah, mais bien sûr: que l'on aille

18. Fondée en 1937 par les colons belges, cette revue à la publication irrégulière a été reprise par un centre de recherches culturelles africanistes, le centre Æquatoria, aujourd'hui disparu.

quérir le professeur Maleka Elema, auteur de cette « si fameuse » monographie...

Quelques minutes plus tard, le professeur rejoignait l'assemblée. Maleka Elema, vieux costume fripé et grosses lunettes à monture plastique, ignorait ce qui lui valait pareille convocation. À peine assis, le doyen lui exposait l'affaire. Avait-il cours aujourd'hui ? Non, cela tombait fort bien. Il allait pouvoir répondre aux « curiosités » de l'hôte étranger, Mbandaka était une si belle ville au passé si riche, n'est-ce pas ?

Le professeur et moi avons opiné de la tête. L'assemblée a applaudi, le doyen était ravi. Nous sommes partis, un peu désorientés.

Maleka a pris sa mission très au sérieux. Cheveux gris, la soixantaine, il était éminemment sympathique et passionné. Il m'a d'abord conduit à un mémorial érigé en lisière de la ville, sur le bord du fleuve. L'explorateur Stanley se serait arrêté là en 1883, alors qu'il remontait le fleuve. La résidence qu'il construisit à l'époque donna naissance au premier poste colonial belge, « Équateurville ».

Sous un bloc de limonite[19] exposé sur un piédestal, une plaque affirmait : « Ici passe la ligne de l'Équateur. »

« En réalité, l'Équateur est à cinq kilomètres d'ici », précisa Maleka.

19. La limonite est un sédiment ferreux.

Deux imposants pylônes électriques, sans câbles, brisaient la ligne d'horizon.

« Qu'est-ce ? ai-je demandé.

— C'était la ligne qui, partant du barrage d'Inga, à l'embouchure du fleuve, devait électrifier Mbandaka, a expliqué Maleka. C'était un projet de Mobutu parce qu'il se faisait construire une résidence, juste à côté. Ça n'a jamais marché. »

Nous sommes allés à la résidence, distante d'une centaine de mètres. C'était un bloc de plusieurs centaines de mètres carrés de béton nu. La vue sur le fleuve était splendide, tout semblait figé.

« Ç'a été pillé ? ai-je demandé.

— Non, ça a jamais été fini. Ils ont fait le béton et ils sont partis d'un coup. Comme pour la ligne électrique. Un jour, ils travaillaient ; le lendemain, ils ont tout arrêté. »

Maleka a brutalement changé de sujet :

« Tu sais que votre général de Gaulle est passé à Mbandaka en 1941 pour rencontrer à Brazzaville le gouverneur Félix Éboué. C'était un grand homme !

— Qui, de Gaulle ?

— Non, Félix Éboué. Vous l'avez même enterré dans votre Panthéon, c'est le seul Africain... »

En repartant, nous sommes passés devant la Société nationale d'électricité congolaise (SNEC), un carré d'herbe clôturé.

« Ici, y a eu un massacre, a brutalement lâché Maleka.

— Quand ?

— En mai 1997. J'étais là, j'ai vu. Les rebelles ont tué une trentaine de personnes qui essayaient d'aller au port pour partir. Ils étaient des centaines, tout juste sortis de la forêt. Les rebelles les bloquaient, ils ne voulaient pas d'eux en ville.

— Y a eu d'autres massacres?

— Oui...»

Nous avons traversé le centre-ville pour nous arrêter devant un bâtiment massif de trois étages, en briques rouges:

«C'est le lycée Liziba. Mobutu a fait ses études ici, chez les frères des écoles chrétiennes.

— C'était un bon élève?»

Maleka a rigolé:

«Il a été renvoyé! Les frères en ont pas voulu...»

Et s'adressant au principal, venu saluer:

«Tu te souviens de Mobutu?

— Ah, lui!» a fait le principal en se renfrognant.

La Banque centrale était à côté, au cœur du quartier colonial, un ensemble de villas pleines de charme qui avaient traversé le temps.

«Là, il y a eu un deuxième massacre, a indiqué Maleka. C'était le 13 mai 1997, une centaine de réfugiés. Les rebelles ont chargé les corps dans deux camions conduits par des Congolais. Plus tard, il y a eu un troisième massacre sur le port mais celui-là je ne l'ai pas vu.

— Tu n'as pas eu peur des rebelles?

— Je ne sais pas, c'était bizarre. On était heureux d'être libérés de Mobutu. Tu sais, dans mon pays, l'histoire a toujours été compliquée. Tu as lu le livre de Guido De Weerd, *L'État indépendant du Congo. À la recherche de la vérité historique*[20] ? Tu devrais… »

Et nous sommes repartis. Maleka, infatigable, avait tombé la veste, qu'il portait à l'épaule.

« On va au Jardin botanique ! »

En fait de « jardin », Maleka m'a mené dans un parc de trois cent soixante et onze hectares traversé par de longues allées dégagées, bordées d'une ahurissante variété d'arbres : des conifères, des hévéas, des mangoustaniers, des ramboutans, des noyers du Brésil, des baobabs, des jacquiers… Passant tour à tour de la savane à la forêt profonde, puis aux marécages, nous avons atteint des prairies longées par la rivière Ruki, un affluent du Congo aux eaux translucides.

Le Jardin botanique d'Eala avait été créé en 1900 par le Belge Émile Laurent, botaniste attitré du roi Léopold II, qui avait décidé de faire de cet espace un réservoir naturel à disposition du monde. Dès 1908, il publiait un premier catalogue de plantes et de graines proposées en échange ou à la vente.

Un gardien a ouvert la porte à double battant d'un bâtiment à l'allure de musée. Une bouffée d'air moite chargé de miasmes s'est échappée. L'entrée ouvrait sur un alignement de pièces ceintes de bibliothèques et de rayonnages empoussiérés abritant

20. Dynamedia, 656 pages, 2015.

une collection de plus de trois mille spécimens de la faune et de la flore : des insectes sous verre, des herbiers à l'infinie variété de formes, des squelettes mystérieux, de vieux bocaux de formol au contenu insaisissable… En sortant, j'eus l'impression d'émerger d'un voyage dans le temps.

« Vous avez vu Paulin ? » demanda le gardien.

Paulin était le dernier trophée du domaine, le seul à avoir traversé sans gêne les tumultes du siècle. Installé depuis 1953 dans une piscine de béton, le crocodile mangeait encore allégrement les kilos de viande – vingt par jour – que le gardien peinait à se procurer.

« C'est magnifique », ai-je dit à Maleka.

Le professeur a opiné de la tête.

« Non, vraiment, c'est impressionnant », ai-je repris.

Maleka a fait la moue :

« Tout a été pillé. Par Mobutu, par les rebelles, par la population. Ce que tu as vu, ce sont des vestiges. »

Il avait raison. Nous sommes revenus en ville, sans plus parler.

Au *Karibou*, le mobutiste était toujours derrière sa table. J'étais accompagné, il n'a pas proposé de verre.

Maleka s'est assis face au fleuve. Des baleinières – le bus fluvial – se préparaient au départ. D'une vingtaine de mètres, en bois, parfois avec une cale, toujours surchargées, elles dégageaient d'épais nuages de gaz. Le « teuf-teuf » de leurs moteurs poussifs résonnait comme un tambour assourdi.

Lorsqu'elles remontaient le fleuve, chaque mètre gagné était une victoire.

« C'était horrible la guerre, m'a dit Maleka. En 1965, la rébellion des Simba n'était pas arrivée à Mbandaka. Avec les Rwandais, c'était la première fois qu'on voyait la guerre. »

Il a ôté ses grosses lunettes.

« Pour nous, Hutu et Tutsi, ça voulait rien dire. C'était pareil, c'étaient des Rwandais. L'Est, on connaît pas, c'est trop loin. On voit pas au-delà de Kisangani. »

Maleka prononçait « Tutshi » pour dire Tutsi :

« C'est plus tard qu'on a été sensibilisés...

— Sensibilisés ?

— Oui. Lorsqu'il est arrivé au pouvoir, Laurent-Désiré Kabila s'est retourné : il a sensibilisé la population contre les Rwandais alors qu'il était en complicité avec eux. Il nous a dit qu'ils étaient nos ennemis. »

Je ne comprends pas : qui était l'ennemi ? Les Rwandais ? Les Hutu ? Les Tutsi ?

« Tous. Mais surtout les "Tutshi". Ils l'avaient aidé, alors, une fois dans le fauteuil, il en voulait plus. Il nous a montés contre eux.

— Et les Hutu, que sont-ils devenus ?

— Oh, beaucoup ont pris des papas congolais fabriqués de toutes pièces et ils sont restés. En quelque sorte, Mbandaka, ça a été leur terminus. D'autres se sont éparpillés dans nos villages, dans la forêt, au Congo-Brazzaville, au Gabon, au Mali, au

Kenya, en Europe, jusqu'aux Amériques… Et il y a ceux qui sont rentrés au Rwanda. Pendant des mois, on a eu des avions Mbandaka-Kigali. »

Marie-Rose, l'institutrice devenue gouverneur de province que j'avais rencontrée à Kigali, avait pris un de ces avions après avoir traversé à pied le Congo : Bukavu, Walikale, Tingi-Tingi, Ubundu, l'immense forêt de l'Équateur… Les « éléments d'Habyarimana », m'avait-elle dit, n'avaient cessé de les « mobiliser » pour la fuite.

La masse des fuyards s'était disloquée en petits groupes. Après avoir perdu un enfant d'un an dans le « couloir de la mort », elle avait traversé la forêt avec une cinquantaine de Hutu. Dans les environs de Mbandaka, son mari était tombé dans le coma. Son groupe s'était arrêté, attendant sa mort pour repartir. Marie-Rose était à son chevet, priant « le Bon Dieu » au milieu de la forêt, lorsqu'un soldat est apparu dans le sous-bois :

« C'était un Tutsi. Je me suis dit : "C'est la fin de ma vie." »

Le soldat lui demande en kinyarwanda ce qu'elle fait ici.

« Je suis réfugiée et je pense que tu veux me tuer.

— Nous ne sommes pas venus pour vous tuer, mais pour vous rapatrier », s'entend-elle dire.

Marie-Rose n'y croit pas :

« Ce n'était pas l'idéologie qu'on nous avait donnée auparavant. On avait vu comment les Tutsi avaient été tués. On pensait qu'ils allaient se venger. »

Une poignée de soldats «tutsi» rejoignent l'éclaireur:

«Ils étaient cinq. Ils ont fabriqué un brancard de fortune et mis mon mari dessus. Un soldat lui a fait une injection. J'ai eu très peur, je croyais que c'était du poison. Nous avons marché six heures avant d'arriver à des maisons en bois, et là mon mari s'est réveillé.»

Les soldats demandent à Marie-Rose ce qu'elle veut faire: «Rester ici ou rentrer au Rwanda?»

Elle répond:

«Rwanda!»

Pendant plusieurs jours, elle aide les soldats à localiser les réfugiés dans la forêt:

«Je servais de guide, ma présence rassurait. Je racontais à ceux que nous trouvions ce qui m'était arrivé. Je les connaissais, je savais ce qu'ils pensaient, leurs peurs étaient les miennes.»

Un matin, un camion la dépose à l'aéroport de Mbandaka.

«Nous étions deux cent cinquante, trois cents, tous sortis de la forêt. Nous avons attendu deux jours, et nous sommes montés dans un avion sans bancs. Nous rentrions chez nous.»

Il n'y a plus d'avions pour le Rwanda aujourd'hui, à Mbandaka. Après des mois, le pont aérien s'est arrêté. Combien de réfugiés ont été rapatriés à partir d'ici? Des milliers, c'est certain. Combien de milliers? Je n'ai pas trouvé de chiffre précis.

Mais tout de même. Des centaines de milliers de réfugiés étaient rentrés au Rwanda après l'attaque contre le bastion du Hutuland, des milliers d'autres avaient été rapatriés de Walikale, des milliers encore de Tingi-Tingi, puis de Kisangani, puis de Mbandaka. Était-ce là la marque d'une volonté d'extermination?

Même le rapport Mapping, si biaisé sur nombre de points, convenait de l'évidence. Examinant l'hypothèse d'un «crime de génocide», qui, commis au Congo, aurait validé la théorie du «deuxième génocide», les auteurs du rapport concluaient:

«Finalement, les faits qui démontrent que les troupes de la rébellion congolaise et de l'armée de Paul Kagame ont épargné la vie et même facilité le retour au Rwanda d'un grand nombre de réfugiés hutu plaident à l'encontre de l'établissement d'une intention claire de détruire le groupe[21].»

Hubert Védrine cite régulièrement le rapport Mapping afin d'accréditer la théorie du «double génocide». Il le cite à sa manière, en en faisant un usage partial, incomplet et manipulateur.

Hubert Védrine – comme François Mitterrand en son temps – a un besoin vital de cette théorie du «double génocide». Occultant les faits, elle ouvre la porte à toutes les remises en cause; sans avoir l'air d'y toucher.

21. Rapport Mapping, chapitre «Résumé exécutif», section «Crime de génocide», paragraphe 32, p. 16. Et l'explication détaillée au chapitre V «Qualification juridique des actes de violence», section C «Crime de génocide», paragraphes 518 à 521, p. 290-292.

Créer la confusion sans offrir de prise, enterrer les événements sous de provocantes pseudo-évidences, se poser en débatteur éclairé quand il s'agit d'imposer une théorie sans fondement, c'est ce à quoi s'emploie avec constance depuis 1994 l'ancien secrétaire général de l'Élysée.

Invité d'honneur à un colloque organisé en 2020 au Sénat[22], Hubert Védrine a – de nouveau et sans hésitation – réitéré sa caution à la fine fleur de ceux qui s'efforcent de transformer les victimes en assassins et les assassins en victimes.

Justifiant au nom de la liberté d'« opinion » le « débat » sur le « double génocide », l'ancien secrétaire général de l'Élysée a assuré que celui-ci ne remettait pas « en cause le génocide proprement dit » puisque nul ne contestait son « existence ».

Placer une théorie relevant de la seule « opinion » au même rang qu'un « génocide proprement dit », cela s'appelle faire œuvre de tromperie intellectuelle.

22. Intitulé *L'Afrique des Grands Lacs, soixante ans de tragique instabilité*, ce colloque parrainé par les sénateurs Alain Richard et Gérard Longuet, tous deux anciens ministres de la Défense, s'est tenu le 9 mars 2020 dans la salle Médicis du palais du Luxembourg. Les vidéos des interventions sont accessibles sur YouTube par l'intermédiaire de l'association France-Turquoise, présidée par le général Jean-Claude Lafourcade, ancien commandant de la force Turquoise déployée au Rwanda à la fin du génocide.

13

JE SUIS À L'AÉROPORT DE MBANDAKA, D'OÙ MARIE-ROSE S'EST ENVOLÉE POUR REGAGNER LE RWANDA. J'essaie de l'imaginer ici, attendant l'avion du retour. Était-elle assise dans l'herbe ou allongée dans le hall ? Elle puait, m'avait-elle dit. Puaient-ils tous, ces deux cent cinquante à trois cents réfugiés qui étaient avec elle ?

La peur devait suinter de leurs pores, se mêlant à la crasse et à l'épuisement. Arrivés au bout du voyage, ils se préparaient à traverser le miroir. Pour retrouver ces « démons » qu'ils n'avaient cessé de fuir pendant des années dans une peur panique instrumentalisée par les extrémistes.

Des soldats de l'alliance rebelle devaient les surveiller : des Congolais et des « Tutsi ». Les réfugiés osaient-ils regarder les « Tutsi » ? Ou baissaient-ils la tête ? Craignaient-ils de boire l'eau qui leur était tendue ? S'attendaient-ils encore à être « exterminés » à chaque instant ?

« J'imaginais un pays chargé de cadavres, c'était comme s'il n'y avait plus de Hutu et de vivants », m'avait dit Séraphine Mukantabana, la présidente de la communauté hutu réfugiée à Brazzaville qui rentra au pays dix-sept ans après le génocide de 1994.

« C'est l'idéologie qui a fait la propagande aussi forte », avait-elle poursuivi : « Penser tuer pour la bonne cause, faut être expert. Ceux qui sont à la base de cette propagande sont des gens trop forts dans la méchanceté. On a tous été dupés par cette idéologie. J'ai perdu dix-sept ans de ma vie. »

Je n'étais pas au bout du voyage. J'approchais, je le savais, mais il me restait un point du récit d'Ildephonse à confirmer. Errant dans l'aéroport de Mbandaka, je nous revoyais tous deux perchés sur les tabourets de sa véranda à Kigali, lui me racontant les tribulations de la dépouille du président Habyarimana à travers le Rwanda et le Congo : la morgue de la résidence officielle de Kigali où le cadavre présidentiel est entreposé à la hâte ; le départ précipité d'Agathe, sa veuve, qui abandonne la dépouille en se faisant évacuer par l'armée française ; le transfert cahin-caha à Gisenyi dans un frigo de la brasserie Bralima; Goma, transformé en bastion du Hutuland, où le corps du «martyr» est porté en procession, et son «sacrifice», célébré; la surprise d'Ildephonse lorsqu'il découvre, dans une morgue de Kinshasa, le cadavre présidentiel avec ses cheveux «cramés comme de la lave»; la cérémonie d'inhumation à Gbadolite, le «Versailles» de Mobutu, où les extrémistes renouvellent leur serment d'allégeance à la cause du «peuple majoritaire»...

Avec son histoire abracadabrante, Ildephonse m'avait tenu en haleine. Tout était vrai, je le savais maintenant. Mais un point restait en suspens, un dernier détail.

J'ai pris l'avion pour Kinshasa.

C'était un petit appareil à hélice de dix places qui volait en crabe, incliné vers l'arrière. Le vol était long, j'ai relu mes notes, et redécouvert avec la même stupéfaction la fin du récit d'Ildephonse:

«Ça faisait trois ans qu'Habyarimana était enterré dans son mausolée à Gbadolite, chez Mobutu. À Kinshasa, on avait tous oublié l'histoire. Les rebelles allaient entrer. C'était la fin, la confusion totale. Et c'est là qu'on a appris que le cadavre de Juvénal Habyarimana était de retour. Au début, on n'y a pas cru. Tu y croirais, toi, au retour d'un spectre? Mais c'était vrai: Mobutu avait fait sortir le cercueil du mausolée pour le renvoyer à Kinshasa.

— Pour quoi faire? Ça n'a aucun sens! avais-je contesté.

— De ton point de vue peut-être. Mais Mobutu savait qu'il allait partir en exil. Il ne voulait pas que la dépouille de son ami soit exhumée, alors il a décidé de la faire disparaître dans une cérémonie religieuse: une crémation avec tous les rituels.

— C'est dingue!

— Peut-être, mais Mobutu l'a fait. Il a fait ouvrir le mausolée, il a fait sortir le cercueil et l'a expédié par avion à Kinshasa avec un de ses gardes du corps. Le gars avait ordre d'organiser la crémation, il était drôlement ennuyé. Le cercueil est resté trois jours dans l'avion sur le tarmac de Kinshasa. Le gars téléphonait partout, il savait pas comment faire...»

J'étais abasourdi. Sans s'interrompre, Ildephonse m'avait expliqué que la communauté indienne de la capitale avait finalement accepté de donner un coup de main. Utexco, une entreprise spécialisée dans la fabrique de pagnes, employait de nombreux Indiens: «Ils savaient faire», disait-il.

La dépouille de Juvénal Habyarimana fut donc déposée le 15 mai 1997 au bord du fleuve, sur la parcelle d'Utexco. Un bûcher funéraire avait été préparé. Les flammes et la fumée avalèrent le «martyr». Ses cendres furent dispersées dans le fleuve Congo. «Le pauvre, il a fini tout seul dans l'eau», conclut Ildephonse.

Le lendemain, Mobutu fuyait le Congo après trente-deux ans d'un règne sans partage.

Mon petit avion atterrit sur l'aéroport de Ndolo, au centre de la capitale. Le fleuve scintille, c'est la fin de journée. Kinshasa baigne dans un nuage de brume.

C'est de ce même aéroport de Ndolo que le roi du Congo s'était envolé, au lendemain de la crémation, pour un vol sans retour. Son gendre belge, Pierre Janssen, a raconté[1] la fuite de Mobutu : « Deux chars d'assaut nous frayaient le chemin, fendant une foule bigarrée et hostile, qui crachait rageusement sur notre passage en brandissant un bras vengeur. Le jour pointait à peine, mais les rues de Kinshasa grouillaient déjà d'une cohue indescriptible et surexcitée, qui vociférait et courait dans tous les sens, enivrée par un parfum de violence et de mort. Nous formions un petit cortège encadré par des Jeep et des camions bourrés à craquer d'hommes de la Division présidentielle, mitraillette au poing. »

J'étais à Kinshasa ce jour-là. Je n'ai pas assisté au départ de Mobutu, parti en catimini à l'aube. Mais quelques heures plus tard, j'avais vu les diplomates français arpenter le toit de l'ambassade pour y brûler à la hâte leurs archives dans un brasero. À Kigali aussi, l'ambassade de France avait brûlé ses archives en avril 1994. On brûlait beaucoup à cette époque en Afrique. Même des présidents défunts. Peut-être était-ce l'histoire elle-même qui était brûlante, cette série d'événements enclenchés à partir

1. *À la cour de Mobutu*, Michel Lafon, 1997.

**À KINSHASA,
EN FRANCE**

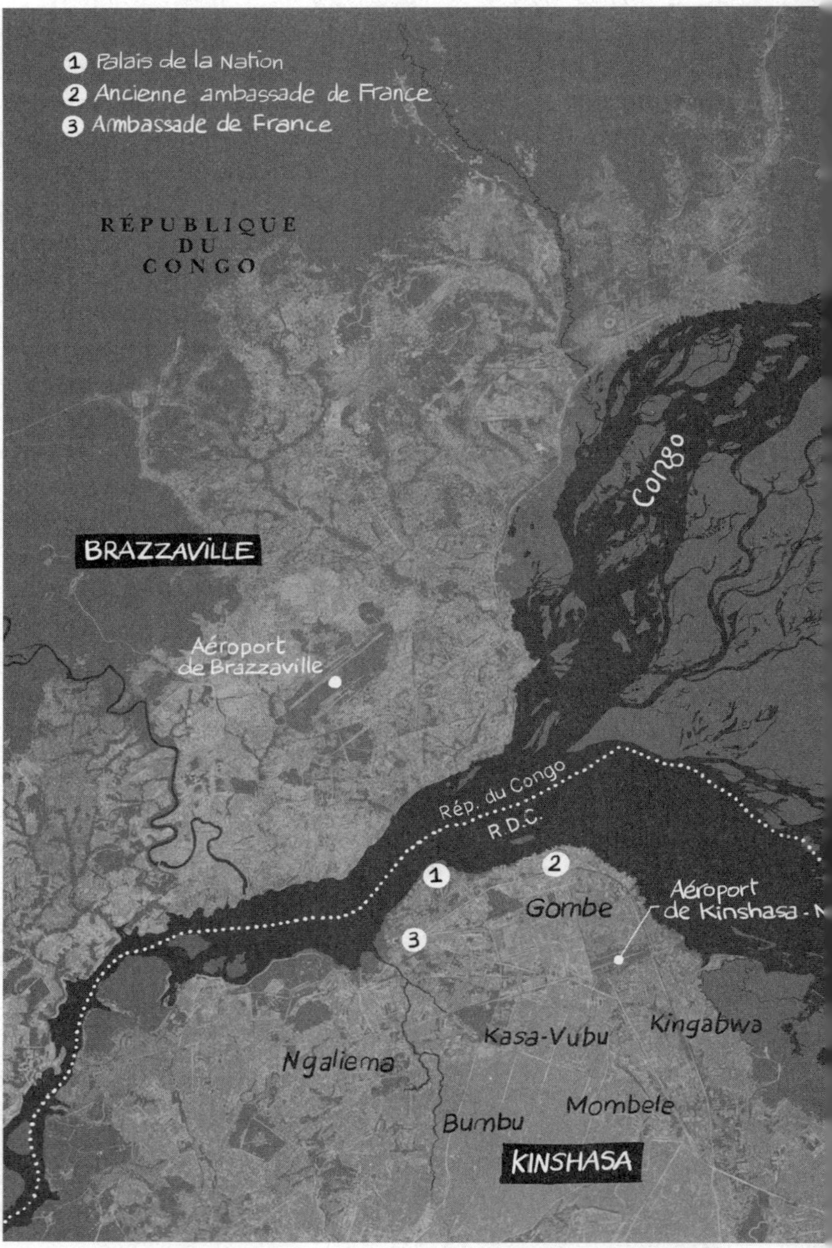

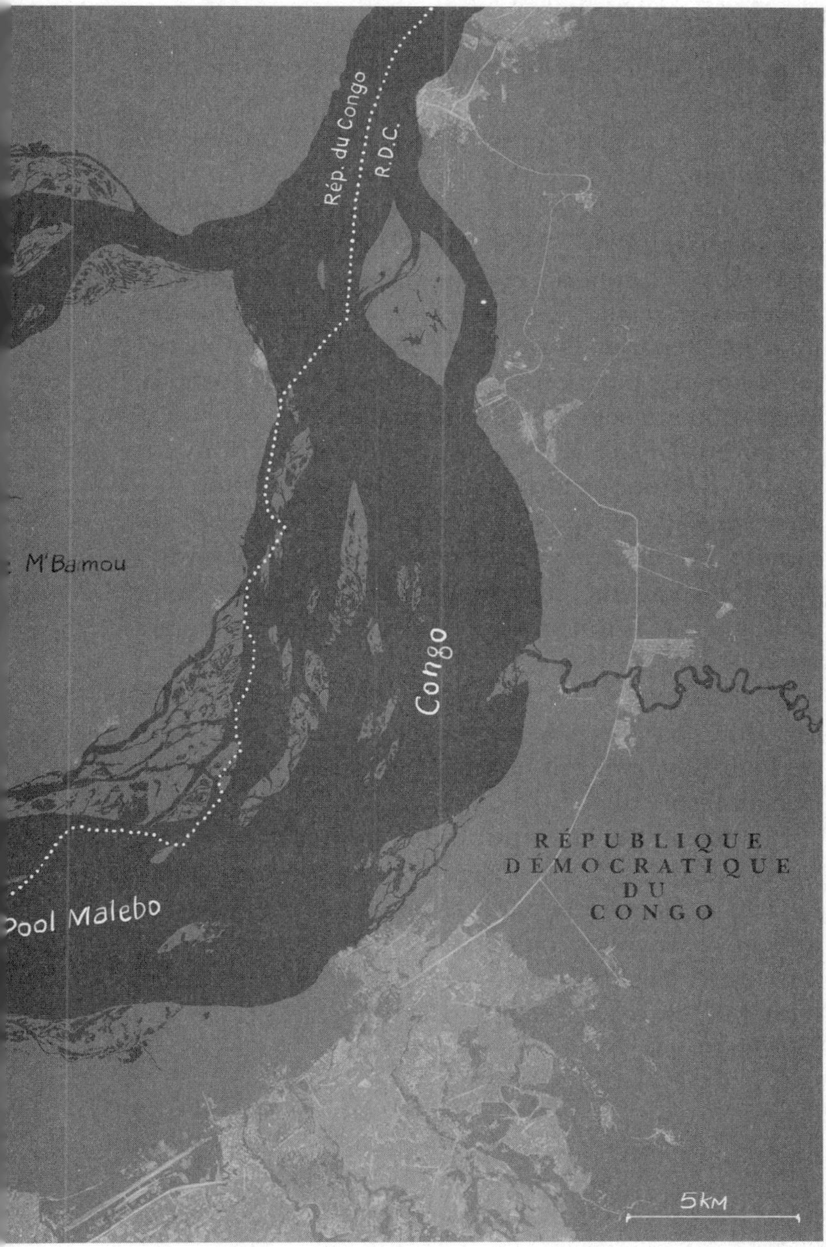
Rép. du Congo
R.D.C.
M'Bamou
Congo
Pool Malebo
RÉPUBLIQUE
DÉMOCRATIQUE
DU
CONGO
5km

d'un « génocide » jugé « sans importance » par François Mitterrand...

Le soir, je m'étais rendu dans la villa d'un des fils de Mobutu. Le roi du Congo y avait passé sa dernière nuit. La villa avait été vidée, mais pas « pillée » au sens congolais : les lavabos, les moquettes, les lustres, la plomberie étaient restés. Il y avait des couches partout, des bleues et des roses, toutes intactes. Répandues sur le sol, pendant à un lustre, tapissant une baignoire, au bord d'un évier. Mobutu avait soixante-sept ans, il était malade.

Laurent-Désiré Kabila s'est emparé du pouvoir vacant. Névrotique, angoissé, imprévisible, l'homme aux yeux de toupie s'est rapidement coupé du monde. Se retournant contre son ancien allié rwandais, Paul Kagame, il conduisit son pays à une nouvelle guerre. Il tint quatre ans, et mourut assassiné en 2001.

Son fils Joseph, ce garçon timide initié au métier des armes par James Kabarebe, l'homme de confiance de Paul Kagame, prit la relève en quelques heures. Il avait trente ans.

Président de la République démocratique du Congo jusqu'en 2019, Joseph est aujourd'hui sénateur à vie. Passionné par les voitures et les motos, il a récupéré la collection personnelle de limousines de Mobutu et s'est fait aménager un bus luxueux dans lequel il part tester ses engins sur les rares bouts de bitume du pays.

La France a toujours une ambassade à Kinshasa.

J'ai voulu m'y rendre pour saluer un gendarme qui m'avait averti des risques du voyage et formellement déconseillé de l'entreprendre. Je m'y suis cassé le nez, l'ambassade avait déménagé. J'ai sauté dans un taxi qui a dévalé sur plusieurs kilomètres l'immense boulevard du 30-Juin. Arrivé en lisière du quartier de la Gombe, le chauffeur s'est égaré. Cela m'a surpris. En Afrique, tout le monde est supposé savoir où est l'ambassade de France…

J'ai fini par descendre. Il faisait bon, l'air était sec et léger. J'ai marché au hasard jusqu'à un restaurant chic. Un serveur en chemise blanche et pantalon noir m'a expliqué que l'ambassade se trouvait à quelques centaines de mètres.

Le gendarme m'a gentiment proposé un café, le premier vrai depuis des semaines. Il était de l'Ardèche, nous avons parlé du Sud, peu du Congo, qu'il n'avait guère l'occasion de sillonner. Il m'a raccompagné sur le perron, que dominait un bâtiment de type colonial joliment aménagé au milieu d'un jardin ouvrant sur le fleuve. Un conseiller passait. Nous avons devisé à trois. J'ai demandé au conseiller quand l'ambassade avait déménagé, il ne savait plus.

« C'est un grand bâtiment, ai-je remarqué. C'était quoi avant ?

— Oh, le siège social d'une société…

— Laquelle ?

— Elle s'appelait Utexco. Il reste des entrepôts un peu plus loin… »

Entendant ces mots, je me suis figé.
«Utexco, c'est bien ça?
— Oui», a confirmé le conseiller.
J'ai repris mon souffle.
«Savez-vous que c'est ici qu'a été incinéré le corps de Juvénal Habyarimana la veille de la chute de Mobutu, en 1997?»
Le diplomate et le gendarme m'ont fixé. Sans un mot, pas une question. Il y eut un silence. Je leur ai raconté la crémation du président Juvénal Habyarimana qui s'était déroulée ici, sur cette terre maintenant française.
Les deux hommes se taisaient toujours.
J'étais atterré.
Je savais que ce n'était là qu'un détail, que ce seul détail ne prouvait rien, qu'il pouvait être le fruit d'un enchaînement hasardeux.
Mais quand bien même.
J'étais au bout de la traversée, en France.

REMERCIEMENTS

J'ai longtemps hésité : comment remercier les vivants-toujours-présents et les morts-jamais-oubliés croisés tout du long de cette histoire de plus de vingt-cinq ans ? Comment dire l'immense dette dont je leur suis redevable ? Comment saluer leur courage tranquille ? Avec quels mots inscrire leur force de vie ; cette humanité qui, au-delà du mystère des épreuves, est un legs ?

En premier lieu, cette traversée je l'ai faite avec Jean-Philippe Stassen, artiste-compagnon magnifique habité depuis si longtemps par les ombres lumineuses que dessinait le muret d'un jardinet de la ville de Butare.

Je l'ai faite aussi avec en tête le visage d'Éric, les bougies de Thierry, le sourire d'Inès, la confiance de Dafroza, la force d'Alain, les strophes de Gaël, la tranquillité de Scholastique, les mots de Sven, la colère de cet autre Alain, le savoir de Jean-Pierre, la mémoire de Marcel, la délicatesse de Beate, la compassion de Naasson, la passion de Jean-François, le talent d'Hippolyte, la curiosité de Colette, la chaleur de Lieve, la gourmandise de Benjamin, l'indignation de Guillaume, la voix grave de José, la confiance de Rafaelle, la discrétion affligée de Diego, les déclics de Gabriel, le saisissement de Thierry, la gravité de Christiane, l'effroi silencieux de Richard, la générosité d'Annick, la douce ironie de Stéphane, l'incrédulité domptée de Boris, l'affliction d'Annie, la vivacité de Serge, la maîtrise de Louise, la ténacité de Jacques, la diplomatie de Charles, la complicité d'Atiq, la discrétion de Jean-Christophe et de tant d'autres auxquels, jamais, je ne cesse de penser.

Cette traversée a également été rendue possible grâce au soutien, à l'engagement sans faille et au professionnalisme d'une maison d'édition, Les Arènes, qui se vit comme une « maison ».

Enfin, et bien sûr, il n'est pas de traversée sans port d'attache, ferme, solide, prêt à affronter vents et tempêtes.

L'EXEMPLAIRE QUE VOUS TENEZ ENTRE LES MAINS
A ÉTÉ RENDU POSSIBLE GRÂCE AU TRAVAIL DE TOUTE UNE ÉQUIPE.

ÉDITION : Laurent Beccaria
COUVERTURE ET CONCEPTION GRAPHIQUE : Éric Pillault
ICONOGRAPHIE : conception des fonds de cartes, Lucille Dugast ; conception et réalisation des cartes, Victor Gurrey
RÉVISION : Jean-Luc Demizieux, Isabelle Paccalet et Laurent Raymond
MISE EN PAGE : Soft Office
PHOTOGRAVURE : Les Artisans du Regard
FABRICATION : Marie Baird-Smith
COMMERCIAL : Pierre Bottura
RELATIONS LIBRAIRES : Jean-Baptiste Noailhat, Damien Nassar
PRESSE ET COMMUNICATION : Isabelle Mazzaschi
LES ARÈNES DU SAVOIR : Pierre Bottura, Marc Blactot, Fanny Boidron, Adèle Hybre et Guillaume Lollier

RUE JACOB DIFFUSION : Élise Lacaze (direction), Katia Berry (grand Sud-Est), François-Marie Bironneau (Nord et Est), Charlotte Jeunesse (Paris et région parisienne), Christelle Guilleminot (grand Sud-Ouest), Laure Sagot (grand Ouest), Diane Maretheu (coordination), Charlotte Knibiehly (ventes directes) et Camille Saunier (librairies spécialisées)

DISTRIBUTION : Interforum

DROITS FRANCE ET JURIDIQUE : Geoffroy Fauchier-Magnan
DROITS ÉTRANGERS : Sophie Langlais (Books And More Literary Agency)
ACCUEIL ET LIBRAIRIE : Laurence Zarra
ANIMATION : Sophie Quetteville
ENVOIS AUX JOURNALISTES ET LIBRAIRES : Vidal Ruiz Martinez
COMPTABILITÉ ET DROITS D'AUTEUR : Christelle Lemonnier, Camille Breynaert et Christine Blaise
SERVICES GÉNÉRAUX : Isadora Monteiro Dos Reis

Achevé d'imprimer sur les presses d'Elcograf
à Vérone (Italie), en janvier 2021.

ISBN : 979-10-375-0286-5
Dépôt légal : mars 2021